GENSCHOREK
ERNST LUDWIG HEIM

LEIPZIG

Humanisten der Tat
Hervorragende Ärzte im Dienste des Menschen

Herausgegeben von Wolfgang Genschorek und Albrecht Gläser

ERNST LUDWIG HEIM

Das Leben eines Berliner Volksarztes

VON DR. SC. WOLFGANG GENSCHOREK

Mit 79 Abbildungen

1987

S. HIRZEL VERLAG LEIPZIG

BSB B. G. TEUBNER VERLAGSGESELLSCHAFT

Genschorek, Wolfgang:
Ernst Ludwig Heim : d. Leben e. Berliner Volksarztes / von Wolfgang Genschorek. – 4. Aufl. – Leipzig : Hirzel : BSB Teubner, 1987. – 228 S. : mit 78 Abb.
(Humanisten der Tat)
NE: GT

ISBN 3-7401-0106-7

Humanisten d. Tat
ISSN 0233-1012

4. Auflage
VLN 267-245/10/87 · LSV 2008
Lektor: Dr. Rüdiger Thiele
Gesamtgestaltung: Egon Hunger, Leipzig
Printed in the German Democratic Republic
Gesamtherstellung: INTERDRUCK Graphischer Großbetrieb Leipzig, Betrieb der ausgezeichneten Qualitätsarbeit, III/18/97
Bestell-Nr. 796 816 6
01400

Inhaltsverzeichnis

Reifejahre

Sorgenkind der Familie

Es gab kaum jemanden, der dem kleinen schwachen Wesen, das am 22. Juli 1747 gegen sechs Uhr am Nachmittag das Licht der Welt erblickt hatte und nun stumm und reglos im Körbchen lag, eine Überlebenschance gegeben hätte. Nur allzu bald würde es wohl wieder seinen Abschied von dem kurzen Dasein nehmen. Um ihm den Weg ins Jenseits zu ebnen, vollzog sein Vater, der angesehene Dorfpfarrer Magister Johann Ludwig Heim, eilig die Nottaufe. Nun könnte Ernst Ludwig, mit den erforderlichen Sakramenten versehen, wenn es das Schicksal so wollte, getrost hinüberschlummern. Der Vater hatte des geistlichen Amtes gewaltet und trat beruhigt seine Reise nach Wasungen an, wo er den Superintendenten vertreten mußte.

Die Mutter aber gab das Kind nicht verloren und nahm den

Kampf um sein Leben auf. Ihre Liebe und unermüdliche Opferbereitschaft triumphierten über das scheinbar Unvermeidliche. So fand Magister Heim bei seiner Rückkehr den kleinen Ernst wider Erwarten noch am Leben vor. Er war zwar noch schwächlich, aber doch recht lebhaft. Dorothea Regina Heim hatte dank der aufopferungsvollen Pflege dem Tod ein Schnippchen geschlagen. Nach Ludwig und Georg war es nun ihr dritter Sohn, dem auch künftig, gerade weil er so kränklich war und lange das Sorgenkind blieb, ihre besondere Liebe gehörte. Ernst blieb während seiner ganzen Kindheit äußerst anfällig. Sein Organismus vermochte drohenden Infektionen nur wenig Widerstand entgegenzusetzen, und eine Kinderkrankheit folgte der anderen. Kaum hatte er als Fünfjähriger den Scharlach überstanden, brachten ihn die Pocken an den Rand des Grabes. Nach dieser schrecklichen Krankheit bedrückten die Eltern neue schwere Sorgen. Trotz körperlicher Schwäche ließ der kleine Ernst bisher eine seinem Alter durchaus gemäße geistige Entwicklung erkennen. Die Pocken hatten ihn aber so angegriffen, daß er nun auch geistige Entwicklungsstörungen zeigte. Noch im 12. Lebensjahr bereitete ihm das Lesen erhebliche Schwierigkeiten, und der um zwei Jahre jüngere Bruder Anton überflügelte ihn bald in seinen Leistungen.

Es war eine arme Gegend, in der Magister Heim seine Pfarre hatte. Das Kirchdorf Solz lag entfernt von größeren Städten, unberührt von den Handelsstraßen, auf denen der Verkehr immer reger wurde, eingebettet zwischen Rhön und Thüringer Wald. In dieser kärglichen Landschaft konnte auch der Pfarrer mit seinen geringen Einkünften zu keinem Wohlstand kommen. Mehr schlecht als recht wurden die hungrigen Münder der vielköpfigen Kinderschar gestopft. Das Mittagessen bestand meist nur aus Kartoffeln mit Milch. Wer davon nicht satt wurde, bekam bestenfalls noch eine Scheibe trockenes Brot. Wesentlich reichhaltiger war auch die Sonntagsmahlzeit nicht. Fleisch kam nur an Festtagen auf den Tisch. Jedes Kind hatte nach Kräften zur Sicherung des Lebensunterhalts beizutragen. Da waren Holz zu sägen und zu spalten, der Garten zu bearbeiten, das Obst zu pflücken, Eicheln und Bucheckern mußten gesammelt, das Heu gemäht und das Vieh versorgt werden. An Müßiggang war nicht zu denken. Um die Arbeitskraft der Söhne so lange wie möglich dem Hause zu erhalten, hatte es der Vater mit Ausnahme von Musik und Rechnen selbst übernommen, ihnen den Elementarunterricht zu erteilen, der freilich vor allem aus Gehorsamkeitsübungen bestand. Neben der Pfarrtätigkeit widmete sich Johann Ludwig Heim mit großem Eifer historischen Arbeiten,[1] besonders zur Geschichte seiner engeren Heimat. Im Jahre 1748 war seine erste Publikation, eine kurzgefaßte Geschichte des Dreißigjährigen Krieges und des Westfälischen Friedens, erschienen. 1755 legte er eine Veröffentlichung über den Schmalkaldischen Krieg, den Passauer Vertrag und den Augsburger Religionsfrieden vor. Allerdings konnte er mit diesen zeitraubenden Arbeiten keineswegs den Familienetat verbessern. Im Gegenteil, er ließ sie auf eigene Kosten drucken und verteilte die Schriften unentgeltlich an die Zuhörer seiner Vorträge. Als weitere Schriften folgten 1761 eine Abhandlung über die Schlösser Dißburg und Hutsberg, 1766 zwei kurze Arbeiten über die Kämpfe zwischen Kaiser Heinrich IV. und den Sachsen und zur Heimatgeschichte des Gebietes um Fischberg. Schließlich legte er 1767 eine Hennebergische Chronik vor, die er im Jahre 1776 überarbeitete.

Bei der Vielzahl dieser Arbeiten kam die Ausbildung der Kinder recht kurz. Ernst Heims älterer Bruder Georg berichtet über den Ablauf eines solchen »Schultages«: Der Vater »stand gewöhnlich um 7 Uhr des Morgens auf und brachte mit seinem Anzuge und mit Zubereitung eines von ihm selbst gesammelten Kräutertees eine Stunde zu, während welcher seine Kinder ihr Frühstück, trockenes Brot und Wasser, oder einen Trunk leichten Bieres verzehrten und sich in ihrer Ordnung herumsetzten. Um 8 Uhr wurde erst von ihm, dann von den Kindern laut gebetet und ein kurzes Lied gesungen. Darauf arbeitete er an seinen Predigten, und die Kinder nahmen jedes ein Buch in die Hand. In dem Aufgeben und Hersagen der Lektionen schien er sehr nachlässig zu sein, indem er selten danach fragte, ob es ein Katechismus oder die Grammatik, ein lateinisches oder griechisches Testament war, welches sie vor sich nahmen. Dieses Stillsitzen, um Sitzfleisch zu erlangen, wie er sich ausdrückte, dauerte bis 11 Uhr, wo gegessen wurde. Nach dem Essen durften sich die Kinder mit Spielen und Springen im Garten bis 1 Uhr die Zeit vertreiben, so wie sich der Vater in dieser Stunde mit seinen

Blumen beschäftigte, zu deren Wartung ihn die Neigung von der Jugend an bis ins hohe Alter nie verließ. Von 1 Uhr nachmittags bis um 3 Uhr mußten sich die Kinder im Schreiben üben. Schönschreiben, abschreiben, Exercitien machen, aus dem Lateinischen oder Griechischen übersetzen, das war ihm meist einerlei. Er schrieb in diesen Stunden an seinen vaterländischen Geschichten oder sammelte Nachrichten dazu. Von 3 Uhr bis abends 6 Uhr im Sommer durften die Kinder spielen, drechseln, den Fisch- oder Vogelfang abwarten, in Feldern und Wäldern umherspringen.«[2]

Nach dem Abendessen konnten die Kinder sich nach Belieben mit Lesen, Schreiben oder Malen die Zeit vertreiben. Auf jeden Fall mußte äußerste Ruhe herrschen, da der Vater sich bis gegen 23 Uhr erneut mit seinen Büchern und Manuskripten beschäftigte. Wehe dem Ruhestörer, der ihn daran hinderte. Er wurde sofort ins Bett gesteckt und mußte darüberhinaus mit einer gehörigen Tracht Prügel rechnen. Mit Schlägen wurde keinesfalls gegeizt und das geringste Vergehen damit reichlich gesühnt. Ernst Heim versicherte, daß bis zu seinem siebzehnten Lebensjahr »der Rücken nie heil geworden ist.« Nach überstandener Tortur kam die Mutter an das Bett des Übeltäters, um mit ihrem Trost den Schmerz zu mildern. So unbeherrscht und heftig der Vater war, so zärtlich und liebevoll war die Mutter. Magister Heim war von der gottgewollten Unterwerfung der Frau unter die Macht des Mannes durchdrungen. Ihr Amt war das Dienen und das Kindergebären. Freude und Erholung gab es im Leben von Dorothea Regina Heim äußerst selten. Still und zurückgezogen widmete sie sich hingebungsvoll der Familie, und oft steckte sie, wenn die karge Mahlzeit nicht reichte, den Kindern ihren Teil zu.

Einen Tag in der Woche nutzte Magister Heim, um Freunde und Bekannte in der näheren Umgebung aufzusuchen. Dabei durften ihn ein oder zwei seiner Söhne begleiten. Darauf freute man sich riesig; denn so strenge es im Pfarrhaus sonst zuging, so ausgelassen konnte man auf dem Wege durch Feld und Wald sein, und der Vater wußte viel Interessantes über die Natur zu erzählen. Neben der Heimatgeschichte zählte der Anbau von Würz- und Heilkräutern sowie deren Anwendung zu seinen Interessengebieten. Schon manchen Dorfbewohnern hatten die

Heimschen Teemischungen bei den verschiedensten Beschwerden geholfen.

Besonders glücklich war Ernst, wenn er den Vater begleiten durfte. Weit mehr als seine Geschwister zog es ihn in die Natur, war er an der Wirkung der Heilkräuter interessiert. Während die stürmische Brüderschar danach trachtete, sich gehörig auszutoben, suchte er versteckte Feld- und Waldwege auf, um in Muße seine Naturbeobachtungen durchzuführen. Vor allem die Moose und Farne fanden seine Aufmerksamkeit, und ein sorgfältig angelegtes Herbarium zeugte von seinem kindlichen Sammeleifer. Großes Interesse hatte er auch an der Anatomie. Jedes verendete Tier, dessen er habhaft werden konnte, kam unter sein Messer und wurde systematisch zergliedert.

Trotz des kärglichen Einkommens war Magister Heim bestrebt, alle seine sechs Söhne studieren zu lassen. Der älteste, Johann Ludwig Heim (1741–1819) studierte Theologie, war aber später als Hauslehrer tätig. Er widmete sich auch naturwissenschaftlichen Problemen. Seine in den Jahren 1796 bis 1812 erschienene sechsbändige »Geologische Beschreibung des Thüringer Waldgebirges« war ein vortreffliches, von den Fachexperten mit viel Lob bedachtes Werk. Georg Christoph Heim (1743–1807) wurde wie sein Vater Pfarrer, beschäftigte sich aber wie viele Amtsbrüder seiner Zeit, denen nur der Zwang zum baldigen Broterwerb das geistliche Amt auferlegte, ebenfalls mit den Naturwissenschaften. Durch seine »Flora germanica« und das aktive Mitwirken an wissenschaftlichen Zeitschriften trug er nach Kräften zur Popularisierung naturwissenschaftlichen Wissens bei. Als nächster Sohn war 1747 Ernst Ludwig Heim geboren worden. Ihm folgte bereits zwei Jahre später Anton Christoph Heim (1749–1813). Nach dem Studium der Rechte bekleidete er am herzoglich Sachsen-Meininger Hof das Amt des Hofadvokaten.

Wiederum im Abstand von zwei Jahren erblickte Friedrich Timotheus Heim (1751–1820) das Licht der Welt. Er erwarb sich vornehmlich auf dem Gebiete der Obstbaumzucht große Verdienste. Der Jüngste unter den Heimsöhnen war Johann Christoph Heim (1753–1814), der seinem Vater im Solzer Pfarramt folgte. Nachzüglerin unter den Kindern war eine Tochter, Christiane Louise Heim (1755–1803).

Zum Arzt wird's schon reichen

Den Vater beschäftigte seit langem die Frage nach dem Berufsziel für das Sorgenkind Ernst. Die Hoffnung, daß ihn ein entfernter Verwandter, der zu Besuch geweilt hatte, zu sich nehmen würde, um ihm später seine Apotheke zu übertragen, zerschlug sich leider, obwohl er anfangs großes Wohlwollen für den Jungen gezeigt hatte. Der Grund für diesen Gesinnungswandel war dem Vater glücklicherweise verborgen geblieben. Ernst hatte nämlich seinen »Mäzen«, als dieser nicht sogleich der Aufforderung nachgekommen war, die Kegelkugel zurückzurollen, kurzerhand mit der Schrotflinte bedroht. Das war dem Herrn Apotheker nun doch zu viel, und er zog es vor, das Weite zu suchen.

Was aber sollte aus Ernst werden? Für einen Geistlichen war er offenbar zu leichtlebig, für einen Juristen entbehrte er, wie es dem Vater schien, des logischen Denkens. Die Naturwissenschaften kamen aus gleichen Erwägungen nicht in Frage, ganz abgesehen davon, daß es nur ein Beruf sein konnte, der einen baldigen Broterwerb versprach. Zum Lehrer ermangelte es wahrscheinlich auch der Fähigkeiten – aber zum Arzt, zum Doktor, schienen seine Geistesgaben gerade noch zu reichen. Uns mag eine solche Einstellung schockieren, doch wird Johann Ludwig Heims Urteil über die Ärzte verständlicher, wenn wir uns den Zustand des Gesundheitswesens in den ländlichen Gebieten Mitte des 18. Jahrhunderts vergegenwärtigen. Dabei muß natürlich beachtet werden, daß auch in dieser Zeit auf vielen Gebieten der Medizin hervorragende Leistungen vollbracht wurden. Die Medizingeschichte belegt das mit eindrucksvollen Zeugnissen.[3] Doch reichte das durchschnittliche Niveau der ärztlichen Kunst nicht im Entferntesten an die Pioniertaten heran, und der Masse des Volkes blieb die ärztliche Hilfe aus finanziellen Gründen ohnehin versagt.

Der allgemeine Entwicklungsstand der Medizin und die Qualität der ärztlichen Versorgung sind abhängig von den gesellschaftlichen Verhältnissen. Der gesellschaftliche Charakter des Absolutismus fand in der verheerenden Lage des Gesundheitswesens beredten Ausdruck. Über die Situation der ärztlichen Versorgung in den ländlichen Gebieten finden sich in medizinhistorischen Darstellungen leider nur wenig Angaben, um so eindrucksvoller aber sind zeitgenössische Zustandsschilderungen, die dringend nach Abhilfe riefen und eine Veränderung der unerträglichen Verhältnisse forderten.[4]

An der Spitze der ärztlichen Hierarchie stand die illustre Schar akademisch gebildeter Ärzte, die es in der Regel für unter ihrer Würde hielten, außerhalb von Städten zu wirken. Sie stritten untereinander erbittert um die rechte Auslegung antiker Lehren. Fußend auf Hippokrates, Galen oder Aristoteles leiteten sie ihre divergierenden Theorien über das Wesen der Krankheiten ab. Am Krankenbett der Patienten aber versagten alle Dogmen, hier standen sie hilflos herum, die Praxis war nicht ihres Amtes. Chirurgie und blutige Arbeit hatten handwerklich ausgebildete Wundärzte zu besorgen.

Wie eine Anfang des 18. Jahrhunderts gültige Medizinaltaxe zeigt, waren die Gebühren so hoch, daß der »gemeine Mann« schwerlich in der Lage war, ihre Hilfe in Anspruch zu nehmen. Hierin war vorgesehen:

»Von einem Armbruch mit einer Röhren zu heilen	3 Thaler
Von einem Armbruch mit beiden Röhren	4 Thaler
Von einem Beinbruch oberhalb dem Knie	6 bis 8 Thaler
Von einem Schlitzbruch	6 bis 8 Thaler
Von gemeinen Verrenkungen	1 bis 2 Thaler
Von Verrenkung der Hüfte	6 Thaler
Von einem Fontanell zu setzen oder in Fluß zu bringen	1 Thaler/ 2Groschen.«[5]

So fanden allerlei Quacksalber, Zahnbrecher und sonstige Pfuscher, die das Land überschwemmten, ein reiches Betätigungsfeld. Sie nutzten die Hilflosigkeit und Leichtgläubigkeit der breiten Volksschichten aus und kannten in ihren Betrügereien keine Grenzen. Auf diese Weise prägten die weltfremde Ratlosigkeit der Mehrzahl wissenschaftlich gebildeter Mediziner, der unwürdige, geldgierige Konkurrenzkampf der Wundärzte und die Betrügereien der Kurpfuscher das landläufige Bild vom ärztlichen Stande.

Die vom Vater angeregte Berufswahl kam Ernst Heims Interessen und Neigungen sehr entgegen. Nach dem plötzlichen Tod der Mutter, die offensichtlich einer falschen Behandlung zum Opfer gefallen war, reifte der Entschluß: Der junge Heim wollte als Arzt mit seiner praktischen Arbeit zur Veränderung der Lage beitragen, er wollte ein Arzt des Volkes werden. Das Schicksal der Mutter hatte ihn tief erschüttert. Sie war Mitte Januar 1764 nach kurzem Krankenlager an Lungenentzündung verstorben. Wäre der Tod nicht vermeidbar gewesen? Immer wieder stellte er sich die Frage. Die Mutter hatte ihn bisher mit all ihrer Liebe und Fürsorge umgeben. Alles in Haus und Hof erinnerte ihn an den schmerzlichen Verlust. So war es geradezu eine Erlösung, daß er im Mai gleichen Jahres gemeinsam mit seinem Bruder Anton an das Meininger Lyzeum geschickt wurde. Hier hatte er wenig Zeit, über sein Schicksal nachzudenken. Obwohl die Vorbildung durch den Vater sehr lückenhaft gewesen war, bestand dieser darauf, daß die beiden Söhne, ebenso wie es bei den älteren Brüdern Ludwig und Georg bereits der Fall gewesen war, in die oberste Klassenstufe aufgenommen wurden. Da hieß es fleißig und intensiv lernen. In der Mathematik stand Ernst Heim sehr bald seinen Mitschülern keineswegs nach. Große Schwierigkeiten bereiteten ihm die alten Sprachen. Doch mit der Hilfe seines Schulfreundes Hans Zierlein, der ihm in Latein und Griechisch Nachhilfeunterricht erteilte, wurde auch diese Hürde genommen.

An den Wochenenden zogen die Brüder nach Hause, wo sie von Vater und Geschwistern sehnsüchtig erwartet wurden. Anläßlich eines solchen Wochenendbesuches konnte Ernst seine guten anatomischen Kenntnisse unter Beweis stellen und die erste »ärztliche« Bewährungsprobe ablegen. Sein Bruder Fritz war vor einigen Wochen von einem Hund ins Bein gebissen worden. Seitdem lag er, mit einem dicken Verband versehen, im Bett. Als Ernst darauf bestand, daß er erste Gehversuche machen sollte, stellte es sich zum allgemeinen Entsetzen heraus, daß sich bei der Heilung durch die Narbenbildung die Beinmuskulatur gleichsam verkürzt hatte. Es galt schnell zu handeln, um den Bruder vor bleibendem Schaden zu bewahren. Durch starke Belastung wurde die verheilte Wunde wieder aufgebrochen und das Bein sachkundig verbunden, so daß der Patient später wieder ohne Behinderung laufen konnte.

Mit großem Fleiß erlangte Ernst Heim nach zweijährigem Lyzeumsbesuch die Hochschulreife. Einer alten Tradition folgend, hielt er am 17. März 1766 als Abiturientensprecher die in Hexametern gestaltete Abschiedsrede zu dem Thema »Von der eiteln Begierde ein Polyhistor zu werden«. Darin heißt es:

»Kaum erschallet das Wort ihm, Philosophie in die Ohren,
Wird er alsbald begeistert und will sich von nun an ihr widmen,
Will auch gleich jeglichen Teil in derselben geschwinder durchirren.
Bald nun durchschaut er die schwierigen Bücher von Bildung der Seele,
Bald die gepriesene Kunst den Verstand und Willen zu bessern,
Bald ermißt er die Größen, bald sucht er die Rechte der Völker,
Dann der Gesellschaft und dann der einzelnen Menschen zu fassen;
Bald will er auch den Umfang der himmlischen Weisheit erkennen,
Dann auf einmal erforschen Geheimnis und Künste des Arztes,
Dann auch dringt sein Geist in die unterirdischen Klüfte,
Schwinget sich dann hinauf zum erhabenen Pol und berechnet
Der Gestirne Entfernung und ob sie auch alle bewohnt sind,
Was für Bürger dort hausen; dies Alles versteht er aufs Klarste...
So, so wächst sein Verstand, so mehrt sich gewaltig sein Wissen.«[6]

Mit diesem guten Vorsatz endete der erste Lebensabschnitt des jungen Ernst Heim, der gemeinsam mit seinem Freund Zierlein Ostern 1766 die Universität Halle bezog.

Traditionsreiche Alma mater

Die Stadt Halle stand zu Beginn von Heims Studentenzeit bereits mehr als acht Jahrzehnte unter brandenburgisch-preußischer Herrschaft.[7] Entsprechend den Bestimmungen des Westfälischen Friedensvertrages von Münster und Osnabrück war nach dem Tode des Herzogs August von Sachsen (1680) die Angliederung an das Kurfürstentum Brandenburg erfolgt. Als Kurfürst Friedrich Wilhelm I. (1640–1688) seine Regentschaft antrat, konnte von einem zentralisierten Staat noch keine Rede sein. Er herrschte über ein weit verstreutes Gebiet, das keinen inneren Zusammenhang hatte. Durch die systematische politische Entmündigung der Stände, den Aufbau eines schlagkräftigen stehenden Heeres und die Errichtung einer zentralisierten Verwaltung legte er den Grundstein des absolutistischen brandenburgisch-preußischen Territorialstaates. Als gegen Ende seiner Regierungszeit das alte Erzbistum Magdeburg, zu dem Halle gehörte, dem Herrschaftsgebiet einverleibt wurde, wuchs Preußen zum stärksten und aggressivsten deutschen Partikularstaat heran. Friedrich Wilhelm hatte mit dem widerstrebenden hallischen Bürgertum wenig Federlesens gemacht. Das neuerworbene Gebiet war als Verbindung zwischen dem alten Kernland und den niederrheinischen Territorien sehr willkommen und wurde schonungslos angegliedert. Brandenburgische Truppen zogen in Halle ein und erstickten jeden Gedanken an Widerstand bereits im Keime. Die städtische Verfassung wurde geändert und die gesamte Verwaltung einer strengen Reglementierung unterworfen. Nach dem Tode seines Vaters hatte Kurfürst Friedrich III. (1688–1713) die Regentschaft übernommen, zeigte aber im Gegensatz zu seinem Vorgänger wenig Interesse für Verwaltung und Staatsgeschäfte. Seine »Stärke« war die Renommiersucht, um mit Pomp möglichst noch größer und stabiler zu erscheinen. Der von ihm als Oberpräsident des Geheimen Rates und damit de facto als Premierminister eingesetzte Eberhard von Danckelmann (1643–1722), der einer bürgerlichen Familie entstammte, setzte sich für die Entwicklung des Manufakturwesens, Handels und Verkehrs ein. Er verstand es geschickt, die Prahlerei des Kurfürsten für die Förderung von Kunst und Wissenschaft zu nutzen.

Während seiner Amtszeit (1688–1697) wurde im Jahre 1694 die Universität Halle gegründet, die sich bald zu einem Zentrum des geistigen Lebens entwickelte und entscheidende Bedeutung bei der Verbreitung der bürgerlichen Ideologie erlangte. Der wissenschaftliche Fortschritt der Universität hatte erheblichen Einfluß auf das hallische Wirtschaftsleben.[8] Es entwickelten sich ein umfangreiches Druck- und Verlagswesen[9] sowie eine ansehnliche Medikamentenmanufaktur.[10] Der wirtschaftliche Aufschwung fand jedoch durch die kostspieligen und opferreichen Eroberungskriege Friedrichs II. (1740–1786), die den preußischen Staat, vor allem aber die Bevölkerung, auf welche die Kriegskosten abgewälzt wurden, schwer belasteten, ein Ende. Die Grenzstadt Halle hatte als Objekt ständiger militärischer Operationen besonders gelitten, und die Auswirkungen waren auf allen Gebieten des wirtschaftlichen und kulturellen Lebens verheerend. Die Wirtschaftskrise von 1763 hatte allgemeine Preissteigerungen und eine katastrophale Zuspitzung des sozialen Elends zur Folge.[11] In diesen schweren Notjahren hatte Ernst Heim sein Studium in Halle aufgenommen.

Schon zu dieser Zeit konnte die Universität auf eine reiche Tradition zurückblicken. Als Zentrum der deutschen Frühaufklärung hatten die von hier ausgehenden humanistischen Lehren internationale Bedeutung erlangt. Zu den Gründern der Universität zählte der Staats- und Rechtswissenschaftler Christian Thomasius (1655–1728). Von seinem Lehrer Samuel von Pufendorf (1632–1694) hatte er die im bewußten Gegensatz zum Gottesgnadentum stehende Auffassung übernommen, daß der Staat Ergebnis eines Vertrages zwischen Volk und Fürsten sein müsse. In seinen antiorthodoxen Schriften forderte er die Befreiung der Wissenschaften von der Herrschaft der Theologie.

Als Fortsetzer und Propagandist der Leibnizschen Lehren vertrat der in Halle wirkende Philosoph Christian Wolff (1679–1754) die Ideologie des aufstrebenden Bürgertums. In seiner geradezu enzyklopädischen Lehrtätigkeit sind vielfältige Ansätze materialistischen und dialektischen Denkens erkennbar, die Christian Wolff, der häufig zu Unrecht nur als Leibniz-Schüler, ja gar als Verflacher seiner Lehre charakterisiert wird, einen festen Platz in unserem progressiven philosophischen Erbe sichern. Er wandte sich mit aller Entschiedenheit gegen dogmatische Gelehrsamkeit und stellte der Wissenschaft das Ziel, im Dienste des Lebens zu stehen. Als einer der ersten hatte er die deutsche Sprache anstelle des vorherrschenden Lateinischen oder Französischen in die Philosophie eingeführt. Von besonderer Bedeutung war auch seine fruchtbare Einwirkung auf die Naturwissenschaften, die er auf die Notwendigkeit des Experiments verwies.

Den ersten medizinischen Lehrstuhl hatte in Halle der Kliniker Friedrich Hoffmann (1660–1742) inne, der auf der Grundlage der naturwissenschaftlichen Kenntnisse die unterschiedlichen medizinischen Theorien seiner Zeit zu vereinigen suchte. Ratio und Erfahrung betrachtete er als die entscheidenden Voraussetzungen der medizinischen Wissenschaft. Zu den Leitgedanken seiner Lehre gehörte die Vorstellung, daß alle Kräfte des lebenden Organismus der Materie anhaften und sich in ständiger Bewegung befinden. In seinem System einer »mechanischen Arzneigelehrtheit« zog er zur Erklärung des menschlichen Organismus und seiner krankhaften Störungen Analogien zu technischen Prozessen. So verglich er die menschlichen Lebensvorgänge mit der Funktion einer hydraulischen Maschine, deren Ablauf mathematisch-physikalischen Gesetzen folgt. Krankheit war für ihn vergleichsweise gestörte Hydraulik. Auch der pharmazeutischen Chemie galten seine experimentellen Arbeiten. Noch heute ist sein durch Destillation gewonnenes Äther-Alkohol-Gemisch, »Hoffmanns Tropfen«, ein beliebtes Hausmittel.

Zu hohem Ansehen gelangte auch der zur gleichen Zeit in Halle wirkende Mediziner Georg Ernst Stahl (1659–1734). Nach der von ihm entwickelten Phlogistonlehre sollten alle brennbaren Körper den gleichen Stoff, das Phlogiston, enthalten, das im Verbrennungsprozeß entweicht. Als gewisse Parallele dazu vermutete er in der sogenannten »Anima« das Lebensprinzip des Organismus, das den Körper belebe und bei Eintritt des Todes verlasse. Er trat mit diesem immateriellen Leib-Seele-Prinzip bewußt der mechanistischen Auffassung von Leben und Krankheit seines wissenschaftlichen Antipoden Friedrich Hoffmann entgegen. Wenn auch Stahls Animismuslehre in den Irrweg des Vitalismus führte, so hatten doch die von ihm abgeleiteten therapeutischen Maßnahmen, die eine ungestörte Wirksamkeit der »Anima« gewährleisten sollten, praktische Bedeutung.

In ihrem Bemühen, die Fülle der angesammelten und ständig weiter anwachsenden Erkenntnisse in ein durchdachtes System zu bringen und der praktischen Medizin zu erschließen, gingen Hoffmann und Stahl, das gleiche Ziel anstrebend, unterschiedliche Wege. Während Stahls Stärke die theoretische Bearbeitung des Problems war, lagen Hoffmanns Verdienste mehr in der Praxis. Beeinflußt wurden beide durch Hermann Boerhaave (1668–1738), der seit 1709 in Leiden, der damaligen Hochburg der medizinischen Wissenschaft, wirkte. Er zeichnete sich dadurch aus, daß er Theorie und Praxis in seiner Tätigkeit in hervorragender Weise vereinigte.

Durch das hohe Ansehen Hoffmanns wurde der preußische Hof auf ihn aufmerksam. Dem Ruf nach Berlin war er 1709 jedoch nur sehr zögernd gefolgt, »wohl wissend, wie trügerisch das Geschick und Leben der Hofleute ist, fern aller Freiheit und Ruhe der Seele und des Leibes.« Er sollte Recht behalten. Bereits drei Jahre später veranlaßten ihn Hofintrigen an den Ort seiner früheren Tätigkeit zurückzukehren. Das Resumé seiner Leibarzttätigkeit war: »Ein glänzendes Elend ist das Hofleben; alles Hofwesen ist der größte Feind der freien Geister«. Wenige Jahre später mußte Ernst Heim gleiche bittere Erfahrungen sammeln. Zunächst aber hatte auch Stahl, der ebenfalls nach Berlin gerufen wurde, die Widrigkeiten der Hofatmosphäre auszukosten.

Der Ruhm Halles als anerkannte Lehranstalt für angehende Mediziner[12] wurde durch das fortschrittliche klinisch-poliklinische Ausbildungssystem des Klinikers Johann Juncker (1679–1759) abgerundet. Er bezog die Bettenstation der Zöglinge der Franckeschen Stiftungen in die medizinische Ausbildung an der Universität ein und ermöglichte damit eine praxisverbundene Unterweisung. Die von Juncker durchgeführte poliklinische Armensprechstunde, an der er die Studenten ebenfalls beteiligte, hatte neben der praktischen auch eine zutiefst soziale Funktion.

Alles in allem konnte man erwarten, daß dem angehenden Arzt in Halle profunde theoretische Kenntnisse, aber auch praktische Fertigkeiten vermittelt wurden. Diese Verbindung von Theorie und Praxis ist ein besonders hervorzuhebender positiver Umstand, der keineswegs für die medizinische Lehre damaliger Zeit typisch war. In der wissenschaftlichen Ausbildung lernte der zukünftige Arzt zwar jedes Detail des aristotelischen

Organons kennen, hörte gegebenenfalls auch etwas über Chirurgie – aber nur theoretisch. Das Messer zu führen war nicht Sache der Ordinarien, das taten die handwerksmäßig ausgebildeten Praktiker des Landes. Auch über die Notwendigkeit hygienischer Verhältnisse wurde gelehrt, doch konkrete Maßnahmen des vorbeugenden Gesundheitsschutzes in der Praxis zu erleben, war ausgeschlossen. Anders in Halle[13]. Mit dem 1754 sein Amt antretenden Stadtphysikus Christian Friedrich Daniel (1714–1772), dem alle kommunalen Einrichtungen des Gesundheitswesens unterstanden, wurde eine für Halle typische Verbindung zwischen Stadtphysikat und medizinischer Fakultät eingeleitet, die sich auf die studentische Ausbildung sehr positiv auswirkte.

Die Universität Halle war im 18. Jahrhundert zweifellos die führende Hochschule in Brandenburg-Preußen und stand während ihrer Blütezeit in ihrem wissenschaftlichen Ruf auch an der Spitze der deutschen Universitäten[14]. Erst die Kriegsperiode Friedrichs II. leitete gegen Mitte des Jahrhunderts eine Stagnation ein. Wenn auch die Nachfolger von Stahl, Hoffmann und Juncker unter den gegebenen Umständen das bisherige Niveau der Ausbildung nicht halten konnten, so kam doch die Kontinuität praxisorientierter Lehre nicht völlig zum Erliegen. Der preußische Staat wandte nur noch höchst bescheidene Mittel für die Unterhaltung der Universität auf. Ihr Etat beschränkte sich jahrelang auf 7000 Taler, der Siebenjährige Krieg kostete Preußen hingegen 139 Millionen Taler! In dem Maße, wie sich unter Friedrich II. die Mittel für die Universität verringerten, wurden die Bemühungen verstärkt, die höchste Bildungsstätte zu einem Werkzeug der Adelsherrschaft umzufunktionieren, in dem willfährige Beamte, Lehrer und Geistliche ausgebildet werden sollten. An der Universität setzte eine strenge Überwachung der Lehre und des studentischen Lebens ein. Der allgemeine Aufschwung der antifeudalen Bewegung nach dem Siebenjährigen Krieg erfaßte auch die Universität Halle. Das Wirken hervorragender Naturwissenschaftler, Mediziner, Ökonomen und Philosophen führte die Alma mater zu neuer Blüte. Heim war als Student Zeuge dieses geistigen Umbruchs, in der sich die Wissenschaft von den Fesseln des »aufgeklärten Absolutismus« befreite und die Grundlagen zur Herausbildung einer bürgerlichen Universität gelegt wurden. Dabei erlangten die Naturwissenschaften bei der Entwicklung der Produktivkräfte besondere Bedeutung. Die hallische Universität hatte sich in erster Linie den angewandten Naturwissenschaften verschrieben. Die Studenten sollten für ihre künftige Tätigkeit in Gewerbe und Handel, den Errungenschaften der Zeit entsprechend, vorbereitet werden. Diese sachlich-nüchterne Orientierung prägte den Studenten Ernst Heim.

Zum Kompetenzbereich der Medizinischen Fakultät zählten auch Disziplinen wie Chemie, Physik und die sogenannte »Naturgeschichte«[15]. Darunter verstand man die Fachgebiete Botanik, Zoologie und Mineralogie, die zumindest zeitweilig, je nach der Persönlichkeit des Ordinarius, als »Ars medica« betrachtet wurden. Viele Medizinstudenten besuchten auch mathematisch-naturwissenschaftliche Vorlesungen und Fachkollegs. So ist es nicht verwunderlich, daß mancher von ihnen von seinem ursprünglich gewählten Fach abwich oder sich mehreren Gebieten widmete. Nicht selten vollbrachten Mediziner dieser Zeit ihre wissenschaftlichen Hauptleistungen auf anderen Fachgebieten. Das traf in besonders hohem Maße im Bereich von Flora und Fauna zu, wo während des 18. Jahrhunderts nahezu alle bedeutenden Exponenten Mediziner waren. Viele Mediziner zeigten ebenfalls zu den Geowissenschaften Neigung. Auch Ernst Heim widmete sich seit Beginn seines Studiums mit großem Interesse diesen Disziplinen. Zu seinen wissenschaftlichen Lehrern in Halle zählte Johann Andreas Segner (1704 bis 1777)[16], der 1755 aus Göttingen kommend, wo er noch als Repräsentant der theoretischen Medizin gegolten hatte, das Ordinariat mit der erklärten Absicht antrat, künftig nicht mehr ärztlich, sondern ausschließlich als Mathematiker und Physiker tätig zu sein. Heim hörte bei dem Universalwissenschaftler, der vor allem als »Vater der Turbine« in die Wissenschaftsgeschichte eingegangen ist, Vorlesungen in Mechanik und Astronomie. Mit Aufmerksamkeit verfolgte er auch die Lehrtätigkeit von Andreas Elias Büchner (1701–1769), dem nach dem Rücktritt des Extraordinarius für Physiologie und Botanik Heinrich Michael Alberti (1722–1782) seit 1749 die Oberaufsicht über den Botanischen Garten, einem Hauptstudienort Heims, übertragen worden war.[17] Büchner las über »Nutzen und Anwendung der Historia naturalis in der Medizin« und setzte sich nachdrücklich für eine fundierte Ausbildung der angehenden Ärzte in der medizinischen Botanik ein. Bleibende Verdienste erwarb er sich in Halle auch bei der Einführung der »Kräuterdruckerey«, eines Naturselbstdruck-Verfahrens von eingeschwärzten, getrockneten Arzneipflanzen. Büchner betraute den begabten Studenten Philipp Casper Junghans (1738–1797) mit Vorlesungen, der sich vorwiegend der deskriptiven medizinischen Botanik widmete.

Auf dem Gebiet der Zoologie informierte sich Heim im wesentlichen über Zootomie, die ihm zur Bereicherung seiner anatomisch-physiologischen Kenntnisse diente. Insgesamt gesehen betrieb er in Halle kein spezialisiertes Studium der Medizin, sondern widmete sich darüberhinaus der Naturlehre in ihrer Gesamtheit. Auf seinem eigenen Fachgebiet war er vor allem an der praktischen Unterweisung, der Anwendung und kritischen Überprüfung der vermittelten Theorien sowie an der Vervollkommnung seiner Fertigkeiten interessiert.

Studentenzeit

Die materiellen Bedingungen seines Studiums waren denkbar schlecht. Gemeinsam mit Hans Zierlein hatte er in der Jakobsgasse eine kleine Dachkammer bezogen. So eng es hier auch war, wurde sie doch zum Schauplatz mancher erregter mitternächtlicher Diskussionen, wenn die Parteigänger von Stahl und Hoffmann, wobei letztere in der Mehrzahl waren, sich erbitterte Wortgefechte lieferten. Heim nahm dabei eine Vermittlerrolle ein. Für ihn bildeten Theorie und Praxis eine unabdingbare Einheit. Freilich konnte er für derartige Debatten nur wenig Zeit opfern, es galt so schnell wie möglich, das Studium abzuschließen. Vater Heim konnte von seinem spärlichen Gehalt, es betrug jährlich etwa 200 bis 300 Taler, nur wenig abzweigen. Die 83 Taler, die er seinem Sohn jährlich zur Verfügung stellte, waren für ihn ein großes Opfer, zumal Ernst ja nicht der einzige Sohn war, den er unterstützen mußte. Während sich Zierlein dank guter Sprachkenntnisse durch Nachhilfestunden ein Taschengeld hinzuverdienen konnte, war Ernst Heim auf das angewiesen, was ihm der Vater erübrigen konnte. So galt es zunächst, nach einer billigen Verpflegungsstelle Ausschau zu halten. Verwöhnt war er ja zu Hause auch nicht gerade worden. So waren die kärglichen Mahlzeiten, die er sich mittags für einen Groschen und abends für vier Pfennige leisten konnte, keine große Umstellung. Der älteste der Heimsöhne, Ludwig, hatte bereits das Studium abgeschlossen und war nach kurzer Hauslehrertätigkeit einem Ruf an den Meininger Hof als Prinzenerzieher gefolgt. Er sah es als Verpflichtung an, den jüngeren Brüdern väterlicher Berater und Mahner zu sein. Eine Rolle, die er äußerst gewissenhaft wahrnahm, in der er aber auch sehr unangenehm werden konnte. Besonders Ernst und Anton mußten so manche Strafpredigt über sich ergehen lassen.

Ernst Heim, der sich mit großem Fleiß dem Studium widmete, hatte weder Zeit noch Geld, an dem ausschweifenden studentischen Treiben seiner begüterten Kommilitonen teilzunehmen. Er huldigte jedoch einer großen Leidenschaft, dem Rauchen, und die wäre ihm bald zum Verhängnis geworden. Um zu sparen, hatte er sich unter Umgehung der Steuern im benachbarten sächsischen Gebiet ein Päckchen billigen Tabak organisiert und war dabei von den Tabakspächtern erwischt worden. Nach einem Spruch des akademischen Gerichts sollte er eine für ihn unerschwingliche Strafe von 30 Talern zahlen. Ludwig versuchte deshalb auf ihn einzuwirken, als Buße besser ersatzweise drei Wochen im Karzer abzusitzen. Er bemühte sich aber gleichzeitig beim Vater um die Beschaffung des Strafgeldes. Dieser hatte daraufhin dem armen Sünder gehörig die Leviten gelesen. Ernst teilte das am 19. Januar 1768 Ludwig mit:

»Kaum bin ich aus dem Unglück mit dem Tabak heraus, mein lieber Bruder, siehe so bin ich in ein anderes gestürzt, welches mir noch weit empfindlicher ist als das erste. In jenem hatte ich es mit den Tabakspächtern zu tun, welche mich im Übrigen nichts angehen; in diesen aber mit meinem besten Vater. Ich will Dir nur ohne Umstände den Brief hier abschreiben, welchen ich vor einigen Tagen von unserm Vater erhielt, damit Du daraus mein Leiden erkennest: ›Du bist von Jugend auf ein leichtsinniger und liederlicher Mensch gewesen, und wie man sonst hört, ist Deine Haushaltung sehr unordentlich. Du hältst nichts zu Rate. Du hast mir im abgewichenen Jahre einen Brief voller

Aufschneidereien geschrieben: Du hättest einen halben Freitisch, Du hättest Gelegenheit nach Berlin. Von dergleichen Zeug wird meine Seele matt. Du bist nun Ostern zwei Jahre drinnen; hast Du etwas gelernt, so ist's gut, wo nicht, so ist der Schade Dein. Lange kann ich Dir kein Geld geben, zumal wenn Du es liederlich anwendest.‹«[18]

Der Vater vermutete in der Tabaksangelegenheit einen faulen Trick, um zu mehr Geld zu kommen: »Dein Unglück, davon Du an Ludwig geschrieben, hält er für eine Fabel und ich für eine Lüge. Unterdes habe ich Dir Geld geschickt; es geht auf Dein Konto. Es gefällt mir aber gar nicht, Du magst Dein Leben ändern, und was verboten ist, soll man nicht tun. Ich wünsche Dir zum neuen Jahr auch einen neuen Sinn und gute Gesundheit. Du kannst mir einen Brief durch Anton schicken und schreiben, was mit Dir werden soll und wo Du Dich hinzuwenden gedenkst. Lege auch eine Spezifikation bei, wieviel Du Geld erhalten.«[19]

Ernst war zutiefst getroffen und niedergeschlagen:

»Fast dürfte ich sagen, ich sei zum Unglück geboren. Zu Hause habe ich wenig lernen können; auf Schulen kam ich für meine Erkenntnis zu hoch in den Klassen, und zu bald mußte ich abgehen und kam also sehr dürftig hierher... Nun will ich das ganze Studium medicum gründlich erlernen, will auch das noch nachholen, was ich auf Schulen nicht lernen konnte. Was für eine Arbeit ist dies!«[20] Er erwog sogar den Gedanken, nach abgeschlossenem Studium im Ausland sein Glück zu versuchen.

Ludwig versuchte ihn zu trösten und versicherte, daß sich der Zorn des Vaters inzwischen wieder gelegt habe. Aber auch er hielt es für notwendig, eine Strafrede zu halten: »Söllte Dir nicht zuweilen eben dieses Gewissen sagen, daß Du ein wenig leichtsinnig und unbeständig bist? Vergib mir, lieber Bruder! diese kleine, Dir vielleicht unangenehme, aber doch wahrhaftig gut gemeinte Anmerkung über Deinen Charakter. Ich habe mich nicht enthalten können, dieselbe bei Lesung des Briefes, in welchem Du mir Dein Unglück mit allen Umständen beschrieben hast, zu machen. Wie ist es möglich, in einem Augenblick in den Abgrund der Verzweiflung versinken zu wollen und in dem andern wieder so munter und aufgeräumt zu sein, als wenn einem nicht das Geringste widerfahren wäre! Wie wenig gesetzt mußt

Du nicht sein, da es Dir etwas Leichtes ist, in einem Atem und mit allem dazu erforderlichen Gefühl auszurufen: Himmel! welche Freude und Himmel! welches Elend! Überall herrscht in allen Deinen Gedanken, in ihren Wendungen, in ihrer Verbindung und folglich auch in den Handlungen, die davon entspringen, so viel windiges, so wenig gründliches und standhaftes Wesen... Und hierzu ist Dir vor allen Dingen nötig, daß Du Deine natürliche Flüchtigkeit mäßigest, mehr Überlegung und Nachdenken in Deiner Aufführung anwendest und gesetzter, ernsthafter und gründlicher werdest. So lange Du noch auf Universitäten bist, wirst Du zwar schon mit Deiner gewöhnlichen Denkungsart durchkommen, allein, wie es hernach gehen wird, weiß ich nicht. Wer wird sein Leben einem Arzte anvertrauen wollen, der zwar den ersten Tag gefällt, an dem man aber schon den folgenden bemerkt, daß viele leere und luftige Gedanken in seinen Gesprächen vorkommen.«[21]

Das war deutlich und aufrichtig. Ernst Heim erkannte sehr wohl, daß diese Freimütigkeit von dem Wunsche zu helfen diktiert wurde. Er saß mit sich selbst zu Gericht und mußte bekennen: »Ich kann, liebster Bruder, nicht ganz leugnen, daß ich zuweilen etwas leichtsinnig bin«.

Offenbar aber hielt diese Selbsterkenntnis nicht lange vor und ließ die notwendigen Schlußfolgerungen vermissen, denn wenige Monate später schrieb er seinem Lieblingsbruder Anton, der in Jena Jura studierte und ebenfalls einen Hang zur Sorglosigkeit hatte: »Drücken die Schulden in Jena auch so wie in Halle? O verdammte Schulden, verwünschte Sklaverei! Du hast ihrer wohl auch so viele als Haare auf dem Kopfe. Doch wer kann es ändern, wir können nichts tun als dergleichen noch mehre machen«,[22] und er schloß den Brief mit den Worten »Kannst Du in den Ferien zu mir kommen, so soll es mich sehr erfreuen. Bringe nur einen recht vollen Geldbeutel mit.«

Der Vater hatte seine liebe Not mit den beiden Studenten. Ernst hatte in einem Brief erneut, und wie er vermutete, auf geschickte Weise seine Finanzprobleme anklingen lassen. Magister Heim konterte: »Deinen Brief habe ich richtig erhalten und daraus gesehen, daß Du Anton, der so mit Schulden bis über den Kopf überladen, dergleichen noch mehr hast machen helfen. Du hättest nicht nötig gehabt, Dein liederliches Brüderchen zu sehen. Du schreibst, Du habest kein Geld mehr; ich habe auch keins mehr. Was soll nur daraus werden? Voriges Jahr habe ich Deinetwegen 100 Gulden borgen müssen; Du weißt nicht, wie mir zu Mute und wie Ihr gottlosen Kinder mich quälet, daß ich vor der Zeit zu Grabe gehen muß.« Aber schließlich: »Ich schicke Dir 2 Louis'dor«. –[23]

Die ständige belastende Finanzkalamität des Studiosus Ernst Heim besserte sich dadurch ein wenig, daß der angehende Arzt in späteren Studienjahren unter den Studenten eine kleine Praxis ausübte. Dabei befreite er den Sohn des Brandenburgischen Gutsbesitzers von Karstedt mit einfachen Hausmitteln von der Furunkulose, die diesen seit Jahren plagte und bisher erfolglos behandelt worden war. Karstedt, der bald sein Freund wurde, ermöglichte ihm aus Dankbarkeit ein besseres Studentendomizil und verbreitete Heims Ruhm in den »noblen Kreisen«, wodurch sein spärlicher Etat aufgebessert wurde. Doch so sehr diese zusätzlichen Einnahmen auch willkommen waren, ein Privileg konnten sich die »Noblen« damit nicht erkaufen:

»Bei den Studenten stehe ich in sehr gutem Ansehen; man ehrt und liebt mich allenthalten, mehr, als ich wirklich zu verdienen fühle. Beinahe zweihundert Studenten sind mir alle gewogen. Unter diesen sind Geschickte, Fleißige, Fromme, Liederliche, Vornehme, Geringe, Arme, Reiche, Adelige und Bürgerliche. Ich weiß mich bei jedermann zu insinuieren, indem ich keinem Vornehmen und Reichen schmeichle, aber auch keinen Armen verachte. Ich rede überall frei und so, wie ich denke. Bekomme ich einen Reichen in die Kur, der selbst an seiner Krankheit schuld ist, so lese ich ihm so gut die Moral als jedem anderen. Daher werde ich allenthalten für einen ehrlichen und aufrichtigen Menschen gehalten.«[24]

Am Wochenende zog Heim auf die Dörfer der Umgebung und bot seine Dienste an. Besonders gefragt war sein perfekter Aderlaß. Wenn er diesen Eingriff, der bei der Landbevölkerung als Allheilmittel galt, auch unentgeltlich vornahm, so geizten die Bauern jedoch nicht mit Naturalien, die dann in der folgenden Woche den Speisezettel bereicherten. In der Praxis des jungen Heim, auch während seiner frühen ärztlichen Tätigkeit, spielte der Aderlaß[25] eine relativ große Rolle. Er nahm damit keine Sonderstellung ein, die überwiegende Mehrheit seiner

Berufskollegen machte davon reichlich Gebrauch. In dieser Frage waren sich sogar die Anhänger Hoffmanns und Stahls einig, da beide Lehrmeister den Aderlaß als therapeutische Maßnahme zwar mit Hinweis auf bestimmte Voraussetzungen, aber doch empfohlen hatten. Sie waren dabei einer uralten Praxis gefolgt. Bereits in der Urgesellschaft hatte man den Aderlaß zur Minderung von Spannungen oder zur Reinigung des Körpers von schädlichen Bestandteilen ausgeführt. Die griechischen Ärzte nutzten ihn zu therapeutischen Zwecken. Hippokrates (460–375 v. u. Z.) vermittelte in der Schrift »Die Natur des Menschen« eine Beschreibung seiner Anwendung.[26] Doch auch bereits in dieser Zeit melden sich Stimmen zu Worte, die wie Erasistratos von Keos (300–240 v. u. Z.), ein führender Vertreter der alexandrinischen Ärzteschule, vor einer zu häufigen Anwendung dringend warnen. Der letzte bedeutende Repräsentant der wissenschaftlichen Medizin in der Antike, Galen (129 bis um 200), nutzte den Aderlaß neben der Diätetik und Gymnastik als wichtiges therapeutisches Mittel und erarbeitete für seine Ausführung detaillierte Indikationen. Danach sollte der Eingriff in Abhängigkeit von der jeweiligen Krankheit, dem Kräftezustand und Alter des Patienten durchgeführt und bei Alten und Schwachen vermieden werden.

Infolge dogmatischer Auslegungen seiner Lehre wurde jedoch der Blutentzug geradezu zur Hauptmethode der Therapie, wobei man unabhängig von der Konstitution des Kranken den Aderlaß bis zum Eintreten des Kollaps ausführte.

Die arabischen Ärzte nahmen den Aderlaß, wie bereits von Hippokrates empfohlen, an Körperstellen vor, die von dem Krankheits- bzw. Schmerzherd möglichst weit entfernt lagen. Sie entzogen dem Körper mehrmals jeweils nur kleine Mengen Blut.

Auch in der mittelalterlichen Klostermedizin war der von Wundärzten und Badern ausgeführte Aderlaß weit verbreitet. Es wurden spezielle Blutbrunnen gebaut, um zu vermeiden, daß die Straßen durch große Blutlachen verunreinigt wurden. Schließlich fand der Aderlaß nicht nur als Therapie, sondern auch als Prophylaxe breiteste Anwendung. Da nur Barbiere und Wundärzte diesen »unentbehrlichen« Eingriff vornahmen, wurde dadurch ihr Ansehen außerordentlich erhöht. Sie konnten sich des ständig steigenden Zuspruchs kaum erwehren. Erst die Medizin der Renaissance brachte wieder kritische Stimmen zu dem überlieferten Dogma. Es entbrannte eine heftige Aderlaßkontroverse, die von dem Pariser Arzt Pierre Brissot (1478 bis 1522) entfacht wurde. Man stritt sich um die Derivation oder Revulsion, also darum, ob der Eingriff am erkrankten oder an einem davon entfernt liegenden Körperteil erfolgen sollte. Abweichend von der revulsiven Technik der arabischen Medizin empfahl Brissot den Aderlaß unmittelbar am Krankheitsherd. Obwohl seine Gegner nichts unversucht ließen, die »Ketzerei« zu bekämpfen, bestätigte schließlich doch der entscheidende Spruch des Begründers der wissenschaftlichen Anatomie, Andreas Vesal (1514–1564), in seiner Schrift »De sanguinis missione in pleuritide« grundsätzlich die Feststellung Brissots.

Neue, richtige Erkenntnisse schlossen jedoch verhängnisvolle Irrtümer nicht aus. So Hervorragendes Leonardo Botallo (geb. 1530) als Anatom und Chirurg geleistet hatte, so katastrophal war seine Aderlaß-Manie. Der Aderlaß war für ihn ein Allheilmittel. Auch Fieber, Koliken und Blähungen wurden damit behandelt. Ja selbst Tuberkulose und Pest glaubte er mit Hilfe des Aderlasses heilen zu können. Botallo leitete das »Zeitalter des Aderlasses« ein. Das Blut floß allerorts in Strömen.

Verantwortungsbewußte Ärzte, wie Lorenzo Bellini (1643 bis 1704), ein Schüler des Entdeckers der Kapillargefäße, Marcello Malpighi (1628–1694), waren um eine exakte Bestimmung der Maximalmenge des Blutes bemüht, das dem Körper ohne Gefahr entzogen werden konnte. Auch warnende und ablehnende Äußerungen fehlten in der Zeit der Aderlaßhochkonjunktur nicht. Der hervorragende Chirurg Ambroise Paré (1510 bis 1590) erhob seine Stimme ebenso wie der bedeutende Arzt und Chemiker Johann Baptist von Helmont (1577–1644). Doch das Blut floß weiter. Die Mehrzahl der Ärzte war von der therapeutischen und prophylaktischen Zweckmäßigkeit des Aderlasses bei einer Vielzahl von Krankheiten überzeugt.

Mehr als hundert Jahre später wogte der Kampf um das Für und Wider noch immer. Die Opfer waren inzwischen unzählbar geworden. John Brown (1735–1788), dessen Erregbarkeitstheorie wesentlich zur Erkenntnis der Wechselwirkung von Organismus und Umwelt beigetragen hat, riet dringend zur Mäßigung.

Mehr und mehr setzte sich schließlich diese Auffassung durch, zumal sich auch so bedeutende Ärzte, wie die Vertreter der angesehenen Wiener Schule, Gerard van Swieten (1700–1772) und Maximilian Stoll (1742–1788) ihr anschlossen. Gemäßigte Anwendung unter ganz bestimmten Voraussetzungen lehrten Hoffmann und Stahl.

Ihnen schloß sich Ernst Heim an. Er führte den Aderlaß nur bei kräftigen Naturen aus und räumte ihm mit zunehmenden Praxisjahren einen immer geringer werdenden Stellenwert ein. Noch nach seinem Tode aber ging der Streit um den Aderlaß weiter. Die Feststellung des Klinikers Joseph Dietl (1804–1874), daß die Phlebotomie zur Heilung keineswegs nötig, hingegen aber häufig schädlich sei, ließ erneut die widersprüchlichen Auffassungen aufeinanderprallen. Umfangreiches statistisches Material hielten sich die Parteien dabei als Stütze ihrer Argumente entgegen.

Bei der Ausführung des Aderlasses fand die Lanzette des Wundarztes Ende des 18. Jahrhunderts ihre Ergänzung durch Blutegel. Nun kam auch der akademisch gebildete Arzt, der in der Regel bisher dem Chirurgen oder Wundarzt das »blutige Handwerk« überlassen hatte, stärker ins Geschäft. Es blühte eine einträgliche Blutegelproduktion auf. Allein in Frankreich wurden zwischen 1828 und 1832 etwa 16 Millionen Blutegel verbraucht.

Heims Lehrer, der Physiologe Adam Nietzky, ein Anhänger der Lehre Hoffmanns, machte sich nach Kräften die Hilfe seines Schülers in der ausgedehnten Praxis zu nutze. Dabei lernte der natürliche junge Mann vom Lande die sogenannten »besseren Kreise« kennen und übte sich darin, sich in Sprache und Benehmen dieser Gesellschaft anzupassen. Freilich jeweils nur immer so lange, wie es notwendig war. Zu seiner Lebensart konnte und wollte er die ungewohnten Umgangsformen nicht machen.

Der resoluten Gattin Nietzkys hatte er es zu danken, von der belastenden Schuld der Tabakstrafe befreit zu werden. Dank ihrer persönlichen Beziehungen zu der Akzisenbehörde wurde die Angelegenheit stillschweigend zu den Akten gelegt.

Die Erfolge seiner Praxis waren ihm Impuls und Ansporn. Mehr und mehr festigte sich Heims diagnostische Sicherheit.

Wenn es seine Zeit nur irgend erlaubte, ging er in die Armenviertel der Stadt, wo er viele dankbare Patienten fand, die sich keine ärztliche Hilfe leisten konnten. Der verbreiteten Auffassung, daß die ständige Konfrontation mit Krankheit und Elend den Arzt abstumpfen müsse, trat er energisch entgegen und bekannte damit schon in der Studentenzeit die Grundauffassung seiner hohen ärztlichen Ethik: »Es ist gänzlich fehl zu glauben, daß die Wärme des menschlichen Gefühls in einem rechten Arzt durch den täglichen Anblick des Jammers erkaltet. Bei aller Besonnenheit und Tatkraft seines Handelns wird immer das Mitempfinden für den Leidenden das tiefste Motiv für seine Wirksamkeit sein.«[27]

Praktischer Arzt oder Hochschullehrer?

Seit Anfang 1769 war Ludwig Heim bemüht, sich für den Bruder nach einer Stelle umzuschauen. Damit sah es keineswegs günstig aus. »Im Vaterlande finden sich für Dich als einen Arzneikundigen wenig Aussichten«, mußte er berichten. Er gab Ernst deshalb den guten Rat, »suche Deine Freunde und Gönner zu erhalten und wo möglich zu vermehren«. Heim ließ sich nicht beunruhigen, kommt Zeit, kommt Rat war seine Devise: »So verdrießlich auch mancher sein würde, der sich in meinen Umständen befände, so bin ich doch immer vergnügt und schlage alle Sorgen in den Wind«.

Anton Heim hatte inzwischen das Studium beendet und durch Vermittlung Ludwigs eine Hofmeisterstelle in Meiningen erhalten. Da er nun keine Zuwendungen des Vaters mehr benötigte, konnte der Etat des Sorgenkindes Ernst etwas erhöht werden. In einer äußerst gebefreudigen Stunde übersandte der Vater ihm im Frühjahr 1769 zur angekündigten Promotion 204 Taler. Leider zu voreilig, wie es sich herausstellte.

Nach eifrigem Suchen glaubte der große Familienregisseur Ludwig für seinen Bruder Ernst die richtige Lösung gefunden zu haben. Eine reiche Frau galt es zunächst ausfindig zu machen! In Aschersleben schien sich eine solche Möglichkeit anzubieten. Doch Ernst zeigte zu seinem Ärger keine Eile. Anstelle der erhofften »Vollzugsmeldung« erstattete er nur einen belanglosen Zwischenbericht: »In Aschersleben bin ich noch nicht gewesen, wo ich aufs Geratewohl das reiche Mädchen heiraten und Physikus mit 250 Rthlr. werden soll... Ich will es eben nicht verreden, aber sollte es geschehen, so geschieht es nicht so bald. Ich bin ein hübscher Junge, wenigstens sagen es die Leute; wenn ich durch eine Frau mein Glück machen will, so habe ich noch Zeit genug dazu. Unterdes lebe ich kreuzfidel und studiere was das Zeug halten will«.[28]

Der Zufall sollte schließlich bei der Gestaltung des weiteren Lebenswegs Ernst Heims die Hände im Spiel haben. Ostern 1769 hatte der einzige Sohn von Friedrich Hermann Ludwig Muzell (1716–1784), eines Leibarztes Friedrichs II., in Halle sein Studium aufgenommen. Er gefiel Heim zunächst gar nicht: »Er sah immer ernsthaft aus und redete ernst von Kleinigkeiten«. Das ganze Gegenteil also von ihm selbst: »Ich war damals ein Mensch, der nie eine finstere oder traurige Miene machte; bei jeder Gelegenheit war ich lustig und munter. Mein Muzell glaubte daher von mir, daß ich ein leichtsinniger und also auch zu allen Lastern fähiger Mensch sei. Er konnte mich so wenig leiden als ich ihn«.

Der offene, ehrliche Charakter Heims, seine Zielstrebigkeit und sein Fleiß hatten ihm nicht nur das Wohlwollen der Lehrer erworben, sie öffneten ihm auch die Türen vieler Bürgerhäuser, keineswegs nur zu Patientenbesuchen. Der Historiker Hausen erschloß ihm mit seiner reichhaltigen Büchersammlung eine neue geistige Welt. In der Familie seines verstorbenen Lehrers von Büchner war er ein ständiger, gern gesehener Gast. Christiane Leo, die Tochter der Witwe Büchners aus erster Ehe, machte ihn während eines geselligen Abends mit Friedrich Wilhelm Daniel Muzell (1750–1778) näher bekannt, und bald wurden beide gute Freunde. Das Interesse an der Botanik hatte die Brücke zueinander geschlagen. Auf ausgedehnten Wanderungen lernten sie sich immer besser kennen und schätzen. Heim war trotz aller Ungewißheit um seine Zukunft nicht bange. Er vertraute auf sein Wissen. Außerdem war er äußerst bescheiden und konnte, wenn es notwendig war, sich auch mit seiner Hände Arbeit das Brot verdienen. Weit mehr fürchtete er für seinen Bruder Anton, dem der »Große« scheinbar ein gutes Nest gebaut hatte, auf das er aber allzu gern verzichten würde:

»Du lebst unter Hofleuten, diese verstellen sich gern und auf ihre Worte ist nicht zu bauen. Weit entfernt, Dir so schlimme Eigenschaften beizumessen, glaube ich doch, daß die besten Gemüter durch den Umgang mit Hofleuten können verderbt werden«. Da zog er sein freies, ungezwungenes Leben vor: »Ich bin gesund, munter und vergnügt, mit einem Worte ... fidel. So viel mir möglich suche ich meine Pflichten gegen Gott und meine Nebenmenschen zu erfüllen, und dieses Bemühen macht die ganze Grundlage meiner Zufriedenheit. Ich glaube daher, daß mir gar nichts fehlt, ob mir gleich gewiß noch sehr viel fehlt. Also zufrieden bin ich. Übrigens aber habe ich im verflossenen Sommer Folgendes getrieben. Chemie, Botanik und der Besuch meiner Kranken haben meine meiste Zeit weggenommen. Der Botanik wegen bin ich in Leipzig gewesen, in Jena und in der Gegend um Halle. Mein treuer Freund Muzell ist fast immer mein Begleiter gewesen, oder vielmehr ich der seinige. Wir reisten meist zu Pferde und machten erst vor kurzem um einiger Herbstpflanzen willen den Weg nach einen 5 Meilen von hier entfernten Orte. Auch mit den Insekten haben wir uns in diesem Sommer viel beschäftigt, so daß sich meine Erkenntnis beträchtlich vermehrt hat.«[29]

Heims Tagesablauf war in der Regel folgender: Morgens um 6 Uhr stand er auf und widmete sich nach bescheidenem Frühstück dem Studium. Dabei studierte er neben medizinisch-naturwissenschaftlichen Werken auch philosophische Schriften und bemühte sich, die französische Sprache zu erlernen. Sein Interesse galt auch der schöngeistigen Literatur, vor allem Wielands Werke fanden Aufmerksamkeit. Von 11 bis 12 Uhr besuchte er die Astronomievorlesung bei Segner, dann aß er Mittag. Ab 13 Uhr studierte er erneut oder machte Krankenbesuche. Von 14 bis 15 Uhr nahm er an medizinischen Vorlesungen teil und führte anschließend sein Praktikum durch. Daran schloß sich bis 18 Uhr die Physiologievorlesung. Nach dem Abendbrot diskutierte er mit seinem Zimmergefährten, ging mit Muzell spazieren und vor dem Schlafengehen, so gegen 23 Uhr, hatte sein Mitbewohner immer noch einige Fragen, die sie gemeinsam zu klären versuchten. Am Sonnabend widmete er sich ab morgens 8 Uhr gemeinsam mit Muzell der Botanik. Da Heim wegen seiner Offenheit und Hilfsbereitschaft allgemein beliebt war, reichte der freie Sonntag kaum aus, um die vielen freundlichen Einladungen anzunehmen.

In seiner Praxis hatte Heim große Erfolge, wenn auch die dabei von ihm angewandten Mittel und Methoden zuweilen etwas ungewöhnlich waren. So litt ein Student schon seit langem an Magenkrämpfen, ohne daß ihm bisher geholfen werden konnte. Der Arzt hatte ihm schließlich sogar seine Lieblingsbeschäftigung, das Reiten, untersagt. Doch auch das führte zu keiner Besserung des Zustandes. Nun kam der Student hilfesuchend zu seinem Kommilitonen. Der empfahl, zwei Flaschen Wein zu trinken und sich aufs Pferd zu setzen, um zu reiten was das Zeug hielt. Das war eine Verordnung nach dem Geschmack des Patienten. Er führte alles gewissenhaft aus und wurde gesund.

In seiner Praxis vertrat Heim den Standpunkt: »Ich unternehme nichts, ohne hinreichenden Grund dazu zu haben; wo ich diesen aber finde, wähle ich danach meine Mittel, sie mögen so paradox scheinen wie sie wollen.«[30]

Heim wurde vor allem für die Armen ein Arzt ihres Vertrauens. Er sprach ihre Sprache, er kannte ihre Probleme aus eigenem Erleben und konnte ihre Sorgen nachfühlen. Daß er ihre Behandlung kostenlos vornahm, verstand sich von selbst. Häufig versuchte er sogar mit dem Griff in die eigene Tasche die größte Not zu lindern. Das war möglich, so lange des Vaters Vorschuß für die Promotionskosten ausreichte. Anfang Januar 1770 aber mußte Heim bekennen: »Von dem Gelde, so mir mein bester Vater zur Promotion gesandt, habe ich noch 30 Rthlr., so ich aber an Studenten verliehen, und wovon ich etwa 15 Rthlr. wiederbekommen möchte. Das übrige habe ich teils an barem Gelde an Arme verschenkt, teils habe ich es mit Willen, teils ohne diesen verkuriert; denn in Halle gibt es gar zu viele arme Leute, diesen habe ich, wenn sie krank waren, sowohl guten Rat als auch Arzneien freigegeben. Es wäre noch gut, wenn ich nur so lange, als ich Geld hatte, freie Arzneien gegeben hätte; allein ich habe später auch in den Apotheken für Arzneien ungefähr 20 Rthlr. Schulden gemacht, die ich am Ende doch bezahlen muß.«[31]

Insgesamt war so nach seiner Aufstellung die Schuldensumme auf 40 Taler angewachsen. Um überhaupt noch den Lebensunterhalt bestreiten zu können, mußte er einige seiner Sachen verkaufen. Die Finanzlage war äußerst kritisch. Die bevorstehende Promotion kostete 110, das Drucken und Binden der Dissertation weitere 20 Taler. Um vor den kritischen Augen der Opponenten bestehen zu können, war ein neuer Anzug erforderlich. Hinzu kamen diverse kleinere Ausgaben, so daß eine Gesamtsumme von etwa 200 Talern notwendig war. In der Hoffnung, bei seinem Abschied von den Patienten vielleicht 100 Taler zu erhalten, bat er Bruder Anton, beim Vater ein gutes Wort für ihn einzulegen, um weitere 100 Taler zu bekommen. Er selbst zog es vor, den Gang nach Canossa zu vermeiden. Ein wenig zu leicht machte er sich die Angelegenheit wohl doch, denn im gleichen Brief, in dem er seine Nöte schildert, heißt es: »Ich bin indes unbesorgt. Mein Geld ist zwar weg, und ich habe oft, wenn ich es hingab, an den Sirach gedacht, da er sagt: ›Vergiß des Armen nicht, wenn Du den fröhlichen Tag hast, so wird Dir auch Freude widerfahren, die Du begehrest.‹ – Mir aber war jeder Tag ein fröhlicher Tag, und also dachte ich, wozu soll mir das Geld?«[32]

Auch die Liebe scheint erstmals im Leben des jungen Heim gesprochen zu haben. Christiane Leo übte auf ihn – aber auch auf Muzell – zunehmend große Anziehungskraft aus. So wetteiferten die beiden Freunde mit der Häufigkeit ihrer Besuche, die Gunst der Angebeteten zu erringen, bis sie ihnen anvertraute, insgeheim bereits verlobt zu sein. Der gemeinsame Mißerfolg und vereinte Kummer festigte die Freundschaft der Leidensgefährten. Die Brüder, die Heim regelmäßig über den Stand der Herzensangelegenheit informiert hatte, atmeten erleichtert auf. Für sie war die Tatsache, daß ein Arzt unverheiratet war, geradezu Voraussetzung, um eine Stelle zu erhalten. Die Übernahme des Physikats in Aschersleben war allerdings daran gescheitert, daß sich der Schützling hätte verpflichten müssen, mit der Stelle zugleich die Tochter des Vorgängers zu übernehmen, wie es hieß, ein ältliches, hysterisches Wesen, wofür sich Heim herzlich, aber entschieden bedankte.

Erneut suchten die Brüder nach einer geeigneten Anstellung. Da der alte Kreisphysikus in dem unweit von Solz gelegenen Städtchen Wasungen verstorben war, sahen sie hier eine neue Chance. Ernst Heim, dem sie die eventuell in Aussicht stehende Stelle mit Engelsworten empfohlen hatten, zeigte durchaus Interesse und ließ Anton am 19. November 1770 wissen: »Nach Deinem Briefe soll ich mich sogleich erklären, ob ich Lust habe, als Physikus nach der weltberühmten Stadt Wasungen zu gehen. Ich habe die Sache gestern und heute so viel als möglich überdacht. Ich will alles auf den Willen unseres besten Vaters ankommen lassen; kann ich ihm in seinen alten Tagen ein wirkliches Vergnügen dadurch verschaffen, so will ich herzlich gern dahin gehen.«

Einen Haken hatte die Angelegenheit aber auch hier. Die Brüder hatten ihm unklugerweise angeraten, sich unter den begüterten Bürgertöchtern des Städtchens die künftige Ehefrau zu suchen. Damit trafen sie erneut auf Heims neuralgische Stelle, und er machte aus seinem Unwillen darüber keinen Hehl: »Ein Umstand freilich, von welchem Du schreibst, will mir im Geringsten nicht gefallen; ich soll nämlich um des lieben Brotes willen auch eine Frau aus Wasungen heiraten. Darüber kann ich jetzt nichts bestimmen. Wie leicht ist es möglich, daß in Wasungen kein Frauenzimmer zu finden, welches mir gefällt und die Eigenschaften besitzt, so ich von meiner künftigen Frau notwendig verlange? Ehe ich aber eine andere heirate, lieber will ich betteln gehen. Um eine Frau mit Geld zu gewinnen, brauche ich nicht nach Wasungen zu gehen.«[33] Ihm war daran gelegen, daß er unabhängig von der Mitgift einer Frau seine Existenzgrundlage durch eigene Praxiseinkünfte sichern konnte. Als man ihm schließlich darin zugestimmt hatte, wandte er gegen eine eventuelle Niederlassung in Wasungen nichts mehr ein. Lange konnte schließlich sein Studentendasein nicht mehr währen, zumal auch Muzell und andere Freunde im Frühjahr 1771 die Universität verlassen wollten. Er hätte zwar gern noch in Halle sein Wissen erweitert, doch er tröstete sich: »man kann für sich auch studieren, und was ein gewissenhafter Physikus verstehen muß, glaube ich meistens zu verstehen.

Sehr gesund, ganz vergnügt und fidel bin ich und denke dies auch in Wasungen zu sein. Aus Reichtum, Ehre und Ansehen mache ich mir nichts. Mittelmäßiger Unterhalt und ein gutes Gewissen, die können den menschlichen Geist schon munter erhalten. Jenen glaube ich in Wasungen zu finden, und das Letzte kann ein rechtschaffener Mann allenthalben behaupten.«[34]

So ganz sicher schien die Anstellung in Wasungen aber doch nicht zu sein, und die Brüder ließen durchblicken, daß einige Tricks dabei unumgänglich waren. Solche Umwege lehnte Heim kategorisch ab. Er schrieb an Anton: »Sölltest Du indessen aller angewandten Mühe unerachtet mir dies Physikat nicht verschaffen können, so sei versichert, daß ich deshalb gar nicht verdrießlich sein werde. Ich bitte Dich inständig, keine unerlaubten einer vernünftigen Moral nicht anständige Mittel dabei zu gebrauchen. Daß ich zum Exempel den Dr. Wagner vor den Kopf stoßen sollte, das gefällt mir nicht... Ich werde mir, wenn ich nach Wasungen komme, alle Mühe geben, ihn mir gewogen zu machen... Mit den alten Doctoribus, mit den Damen und den Priestern darf es ein junger Medikus niemals verderben. Hat er diese zu Freunden, so kommt er leicht durch die Welt.«[35]

Um das Wasunger Physikat endgültig zu sichern, sahen es die Brüder für sehr zweckmäßig an, wenn der Bewerber am Meininger Hofe persönlich vorstellig würde. Doch hegten sie, angesichts der Offenherzigkeit ihres Bruders, nicht unbegründet erhebliche Bedenken, ob das ihrem Ernst, der sich wenig um höfische Etikette scherte, von Nutzen wäre, oder ob es nicht gar das Gegenteil bewirken könnte. – Anton versuchte ihn deshalb höchst behutsam auf das beabsichtigte Unternehmen einzustimmen. Heim reagierte prompt: »Sollte ich das Glück haben, in die Mauern Meiningens einzutreten, so will ich Dich sogleich zu meinem Hofmeister annehmen und um Unterricht bitten, wie ich mich gegen die Großen und Gewaltigen des Landes zu verhalten habe, welche Titel ihnen gebühren, wie oft man dieselben hersagt, wenn man die Ehre hat, ihnen seine alleruntertänigste Aufwartung zu machen und wie weit die Entfernung des Kopfes von der Erde bei der Beugung des Rückens sein muß. Ei, wie freue ich mich, so viele nützliche Sachen von meinem alten Anton zu lernen!«[36]

Die Gemüter waren umsonst in Bewegung geraten. Die Wasunger Stelle war bereits einem notleidenden Familienvater übertragen worden. Ernst Heim war über diese Entscheidung keinesfalls enttäuscht, war er doch ohnehin skeptisch gewesen, und nun konnte er seinen Aufenthalt in Halle noch etwas verlängern. Am meisten freute sich Professor Nietzky, der seinen tatkräftigen Helfer nur ungern verloren hätte. Unermüdlich war Ernst Heim in seinen Diensten unterwegs. Dabei machte er sich über die Rolle, die er für seinen Lehrer spielte, keine Illusionen: »Nietzky, so ehrlich er es auch sonst meint, handelt doch in dieser Sache vielleicht etwas wider sein Gewissen. Er hat ziemlich viel Praxis und ist dabei äußerst faul. Seit Michaelis habe ich ihm vom Morgen bis in die Nacht in seiner Praxis gedient, so daß ich ihm jetzt fast ganz notwendig geworden bin.«[37]

Überall war der angehende Arzt beliebt. Seine umsichtige, freundliche Art mußte einfach Vertrauen erwecken. Im Jahre 1771 hatte er begonnen, Tagebuch zu führen. Es trug den Titel »Aufrichtige Erzählung meines Lebenswandels und einiger andern Personen, mit denen ich oft umgehe, auch einige Merkwürdigkeiten, so ich an andern Menschen wahrgenommen.« Gewissenhaft wurden darin alle Details der ärztlichen Praxis vermerkt.

Ein schwerer Schmerz war am 11. Mai die Trennung von seinem besten Freund Muzell, der sich auf Anraten des Vaters in Berlin auf die Promotion vorbereiten sollte. Auch Heim hielt es jetzt, plötzlich vereinsamt, nicht länger in Halle. Nach vorübergehendem Aufenthalt in Jena, wo er seinen Bruder Fritz abholte, zog er gemeinsam mit ihm über Gotha in Richtung Heimat, wo sich alle Brüder beim Vater treffen wollten.

Am Pfingstsonntag traf er nach fünfjähriger Abwesenheit zu Hause ein und wurde von seiner nun inzwischen bereits elfjährigen Schwester herzlich begrüßt. Der Vater hatte die Witwe Margareta Sybilla Pilger des Wasunger Superintendenten geheiratet, die zu den Kindern ihres Mannes ein ausgezeichnetes Verhältnis hatte. Die Freunde und Dorfbewohner konnten von den lieben Gästen nicht genug erfahren, was so in der Welt vor sich ging. Stundenlang mußte ihnen Ernst Heim von seinen Erlebnissen berichten. Alle, die ihn trafen, wollten ihm die Hände drücken, ihren Ernst willkommen heißen. Doch die schönen Ferientage verflogen allzu schnell. Die Hoffnung, Freund Muzell bald wieder zu sehen, minderte den Abschiedsschmerz. Heim hatte ihm bei der experimentellen Vorbereitung seiner Dissertation »De mixtione lactis et inde dependibus viribus in corpus humanum« (Über die Zusammensetzung der Milch und die daraus resultierenden Kräfte im menschlichen Körper) durch Versuche mit Pflanzenmilch wertvolle Hilfe geleistet. Für den Freund war dank des Einflusses seines Vaters und dessen nicht unbeträchtlichem Vermögen die Zukunft gesichert. Nach abgeschlossenem Studium sollte er zunächst auf einer Bildungsreise weiteres Wissen erwerben und sich dabei auch die Welt ansehen, bevor er zu praktizieren begann. Ein wenig wehmütig konnte einem da schon werden, wenn man an die eigene, völlig ungewisse Zukunft dachte.

Nietzky versuchte seinen ganzen Einfluß geltend zu machen, um den Schüler für die akademische Laufbahn zu gewinnen. Doch Ernst Heim hatte dazu wenig Neigung. Er wollte Arzt sein und nicht Lehrer. Anfang Dezember 1771 erreichte ihn ein Brief des Freundes, der alle Zukunftssorgen vertrieb: »Rate einmal alter Junge«, schrieb Muzell, »was ich Dir für einen Vorschlag zu machen habe? Willigst Du ein, und ich könnte ihn sogleich ausführen, ich würde mich mehr freuen, als wenn ich eine Tonne Goldes geerbt hätte. Mein Vater ist entschlossen, mich auf Ostern reisen zu lassen. Wie gerne ich einen Gefährten hätte, besonders der mit mir von gleichem Handwerk wäre, kannst Du Dir leicht vorstellen. Doch wagte ich es nicht, meinem Vater dieses vorzuschlagen, weil es evident doppelte Kosten macht. Da er indes wegen der Sicherheit seines lieben Söhnchens sehr besorgt ist, so erbot er sich, mir einen treuen Diener mitzugeben. Wenn die Sicherheit nur der Grund ist, erwiderte ich, so wäre es ja für mich zuträglicher, wenn ich einen Reisegesellen bekommen könnte; und weil dieser womöglich gleiche Absichten mit mir haben müßte, so hielte ich es für das Beste, jemanden von meinen Freunden umsonst mitzunehmen. Er schlug mir sogleich Dich dazu vor, und Du kannst denken, wie sehr ich mich freute.«[38]

So verlockend das Angebot war, ohne seine Brüder zu konsultieren, wollte Ernst Heim, so sehr es ihn auch dazu trieb, nicht zusagen. Galt es doch eine Grundsatzentscheidung zu treffen: entweder dem Angebot Nietzkys zu entsprechen oder als praktischer Arzt seinen Weg zu nehmen. Muzell hatte angedeutet, daß nach der Rückkehr von der Reise sein einflußreicher Vater auch für Heims weitere Entwicklung sorgen würde. Da gab es für das Brüderkollektiv wenig zu überlegen. Ludwig teilte die Entscheidung mit: »Du bist nicht geeignet Professor zu werden, Du hast nicht den feinen Geschmack für Literatur, noch die Eleganz des Stils, noch eine Menge von Dingen, die darauf Bezug haben – wie Klarheit der Gedanken, Schärfe des Ausdrucks u.s.w. Ich würde Dich ungern Bücher schreiben sehen, sie könnten sehr gute Wahrheiten in sehr mittelmäßiger Form enthalten. Deine Neigung und Dein Geschick für die Praxis werden Dich Deine Pflicht als Professor vernachlässigen lassen, oder wenn Du beiden genügen willst, wirst Du in beiden sehr wenig leisten.«[39]

Mit diesem Brief, der Heims eigene Auffassung bestätigte, war die Entscheidung getroffen. Nun mußte die Promotion so schnell wie möglich abgeschlossen werden. Allerdings war dafür noch immer das erforderliche Geld zu beschaffen, was mit Hilfe Muzells, der Anfang März 1772 nach Halle zurückgekommen war, auch gelang. Ernst Heim beendete seine Dissertation »De origine calculi in viis urinariis quantenus est arthritidis effectus« (Die Entstehung des Steines in den Harnwegen durch die Gicht), und die Freunde promovierten gemeinsam am 15. April 1772. Damit hatten die Studenten- und Reifejahre des angehenden Arztes ihr Ende gefunden.

Auf Bildungsreise

■

Besuch berühmter Heilquellen

Am 2. Mai 1772 traten die Freunde ihre Reise an, die von Muzells Vater, der selbst vor Aufnahme der Praxis eine Bildungsreise unternommen hatte, aufgrund eigener Erfahrungen sorgfältig vorbereitet worden war.

Bereits im 16. Jahrhundert war es üblich, an das Studium eine Bildungsreise anzuschließen. Während die Söhne des Adels damit vornehmlich »galante« Ziele verfolgten, waren die Vertreter des aufstrebenden Bürgertums um Vervollkommnung ihres Wissens bemüht, um für die spätere Tätigkeit in Wirtschaft und Wissenschaft gerüstet zu sein. Die Bildungsreisen wurden zu Ausbildungs- und Forschungsreisen.[1] In der medizinischen Ausbildung ermangelte es des klinischen Unterrichts sowie der praktischen Übung und Unterweisung. Die naturwissenschaftlich-medizinischen Sammlungen waren, soweit überhaupt vorhanden, in kläglichem Zustand. Mit den Bildungsreisen folgte man nicht einer überlieferten Tradition, sondern die mißlichen Verhältnisse an den deutschen Universitäten zwangen zu diesem Zusatzstudium. Das um so mehr, da auch das Angebot an Fachliteratur, mit deren Hilfe man sich hätte informieren können, unzureichend war, ja aufgrund des geringen Verallgemeinerungsgrades des Wissens, noch unzureichend sein mußte. Die Empirie war dominierend, und ihre Erfahrungen konnten am besten durch unmittelbare Anschauung erworben werden.

Freilich setzte eine solche Reise auch die notwendigen finanziellen Mittel voraus. Die verbesserte ökonomische Stellung des Bürgertums ermöglichte in der Regel den Söhnen das Reisevorhaben. Wer sich jedoch aus Kreisen des Kleinbürgertums bereits in der Heimat das Studium hatte erhungern müssen, dem bot sich, wenn er, so wie Ernst Heim, Glück hatte, allenfalls die Chance des Reisebegleiters. In Gesellschaft von wohlhabenden Patienten oder im Gefolge von Adelsgesellschaften konnten auch junge Ärzte ihre Kenntnisse vervollständigen. Teilweise schickten Fürstenhäuser ihre Leibärzte mit konkreten Aufträgen aus. So sollte sich ein Leibarzt Friedrichs II. in Paris mit den neuesten Operationsmethoden vertraut machen.

Vielen Ärzten bot sich jedoch keine Reisemöglichkeit. Für sie entstand Ende des 18. Jahrhunderts eine Reihe von Reisebeschreibungen. Neben Darstellungen allgemeinen Charakters, war das »Almanach für Ärzte und Nichtärzte« auch um die Vermittlung medizinischen Wissens bemüht. Es veröffentlichte 1787 eine »Geschichte der Arzneikunde aus Reisebeschreibungen«, der 1792 ein »Versuch einer Pathologie aus Reisebeschreibungen« folgte. Nicht zuletzt gab eine Reihe von Autobiographien angesehener Ärzte Erlebnisse während der Ausbildungsreisen wieder.

In dem Maße, wie sich die Ausbildungsverhältnisse im eigenen Lande verbesserten, nahm die Reisetätigkeit ab. Erste kritische Stimmen, ob sich denn ein solcher Kostenaufwand lohne, wurden Ende des 18. Jahrhunderts geäußert. Auch die Frage, wann die Reise angetreten werden solle, wurde diskutiert. War es zweckmäßig, sie unmittelbar an das Studium anzuschließen, oder sollte der junge Arzt erst eigene Erfahrungen sammeln, um das Gebotene mit kritischem eigenem Urteil besser aufnehmen zu können?

Die Mehrzahl entschied sich, so wie Muzell, für eine Reise nach Abschluß des Studiums. Unumgängliche »Reiseausrüstungen« waren möglichst viele Empfehlungsschreiben angesehener Fachkollegen, die manche sonst verschlossen gebliebene Tür öffnen konnten. Vater Muzell hatte vorgesorgt. So litten die beiden Freunde an diesem »Sesam öffne Dich« keinen Mangel. Ihr erstes Ziel waren die viel gerühmten Heilquellen des Wesergebiets, im Bereich des Teutoburger Waldes, des Taunus, der Lahn und der Ems. In einem fünfmonatigen Streifzug besuchten sie so bekannten Bäder wie Pyrmont, Driburg, Wiesbaden, Schwalbach, Selters, Ems und Fachingen. Muzell sen. hatte ihnen aufgetragen, die chemische Zusammensetzung der Heilquellen und deren Heilwirkung zu untersuchen. Das war keine bloße Pflichtübung, die er den beiden auferlegte, gewissermaßen als Einstimmung in die folgenden Aufgaben. Der kritische Muzell wollte Gewißheit haben über die therapeutische Funktion der Heilbäder. Dem verbreiteten Glauben an ihre Heilkraft setzte der nüchterne Denker, so lange er keine naturwissenschaftlich begründeten Beweise in den Händen hatte, eine gesunde Skepsis entgegen. Es galt, den Wunderglauben an einen wohltätigen Brunnengeist zu verlassen und der Balneologie ein wissenschaftlich begründetes Fundament zu geben.[2] Die Wirkungsweise des Brunnens, falls diese objektiv gegeben war, mußte schließlich als chemisch-physikalischer Prozeß nachweisbar sein, der zu physiologischen Effekten führte. Die bisherige balneologische Praxis des 17. und 18. Jahrhunderts war eine, auf gewissen Erfahrungswerten basierende, rein empirische Verfahrensweise. Die Ärzte empfahlen ihren Patienten eisenhaltiges Wasser, um die Blutbeschaffenheit zu verbessern, Magenbeschwerden oder Nervenschwäche zu beheben. Schwefelhaltige Quellen wurden bei Hautkrankheiten und die Thermen bei rheumatischen Beschwerden aufgesucht.

Größtes Vertrauen setzte Christoph Wilhelm Hufeland (1762–1836) in die Heilkraft der Quellen. Seine »Praktische Übersicht der vorzüglichsten Heilquellen Teutschlands«[3] faßte die bisherigen Erkenntnisse über die Wirkungsweise zusammen. Den wissenschaftlichen Beweis mußte er jedoch schuldig bleiben, ja Hufeland zog sogar in Zweifel, ob sich dieses »herrliche Naturprodukt« einer exakten Analyse unterziehen ließe. Im letzten Drittel des 18. Jahrhunderts waren Bäder wie Pyrmont, Karlsbad, Spa, Aachen, Lauchstädt und Schwalbach bevorzugte Orte, in denen sich allerdings ein nur sehr kleiner Kreis Wohlhabender den kostspieligen Aufenthalt leisten konnte. Dabei handelte es sich keineswegs in jedem Falle um Patienten. Nicht selten zog es die »große Welt« auch zu ganz anderen als therapeutischen Zwecken an die luxuriösen Stätten. Hier wurden dynastische Ehen geschmiedet und Ränke aller Art ausgebrütet.

Geschäftstüchtige Spekulanten nutzten die einsetzende Euphorie und ließen vielerorts neue Bäder entstehen, die sie der wachsenden Besucherzahl in endlosen Indikationslisten für alle nur erdenklichen Krankheiten und Beschwerden empfahlen. Das war noch bis in die ersten Jahrzehnte des 19. Jahrhunderts, wie die von dem verdienten Badearzt Ludwig Spengler (1818 bis 1866) herausgegebene »Balneologische Zeitung« berichtet, der typische Zustand:

»Es ist doch ein wahrer Jammer, wie es bis jetzt zugegangen: Badeorte kommen in und aus der Mode wie Leibröcke und Damenhüte. Ein Bad, das vor wenig Jahren noch ein großes Renommée hatte, ist jetzt vergessen; neue, früher fast gar nicht benutzte Badeorte kommen dagegen in Gunst; andere werden bloße Vergnügungsorte. Sieht das nicht aus, als ob das Ganze nur ein Spiel sei? Soll es wirklich so bleiben, daß Ärzte und ein großes Publikum lediglich der Gunst des Augenblicks und der Mode huldigend dorthin getrieben werden?

Der Mangel aller festen Anschauungen über die eigentlichen Indikationen für die einzelnen Heilquellen, das Herumtappen der Ärzte in Benutzung derselben, das fortwährende Umherreisen und Sich-Empfehlen der Brunnenärzte gleicht den mit Proben ihrer Ware herumreisenden Commis voyageurs, das fortwährende Kokettieren mit immer neuen Badeschriften über hundertmal dagewesene Dinge – bloß als Empfehlungskarte – ist wahrhaft unerträglich, und der Nachteil für die Bäder sicherlich kein geringerer! Es ist zu fürchten, daß der Schwindel unsere herrlichen Quellen, diesen großen Heilschatz, immer mehr in Verruf bringe.«[4]

Der von verantwortungsbewußten Ärzten seit den letzten Jahrzehnten des 18. Jahrhunderts angestrebte Nachweis von chemischen Substanzen konnte nur ein erster Schritt sein. Noch völlig ungeklärt war deren Einwirkung auf den Organismus. Eingehende wissenschaftliche Studien über die chemische Zusammensetzung und biologische Wirkung der Heilquellen blieben der 2. Hälfte des 19. Jahrhunderts vorbehalten. Den Auftakt zur systematischen Erforschung hatte der Berliner Arzt August Vetter mit seinem »Theoretisch-praktischen Handbuch der Heilquellen« gegeben.[5] Auch Mitarbeiter des von Rudolf Virchow herausgegebenen »Handbuchs der speziellen Pathologie und Therapie« waren um die Darstellung zahlreicher Indikationen für die Anwendung von Mineralquellen bemüht.[6] Diese Arbeiten lieferten die Grundlage für die wissenschaftliche Lehre von der Wirkung der verschiedenen Heilwässer, Moore, Kreiden, Schlicken usw. auf bestimmte Krankheiten.

Die den jungen angehenden Ärzten Muzell und Heim aufgetragenen chemischen Quellenanalysen waren erste Versuche, die von ihrem wissenschaftlichen Streben und Verantwortungsbewußtsein beredtes Zeugnis ablegen.

Ein krasserer Gegensatz als zwischen den Bädern, wo sich die »Vornehmen« ein Stelldichein gaben und den sogenannten Siechenhöfen, wo abgelegen von den Ortschaften, von Seuchen Befallene ihren Tod erwarteten, war schwerlich denkbar. Auch diesen Schreckensorten, wo die von der Gesellschaft Verfemten in verzweifelter Lage, auf mildtätige Spenden angewiesen, ihr Leben bar jeglicher ärztlicher Hilfe fristeten, widmete Heim seine Aufmerksamkeit. Das unsagbare Elend und Leid der Unglücklichen erschütterten ihn zutiefst. Er beschloß, in seiner ärztlichen Tätigkeit vor allem den Kampf gegen die schrecklichen Seuchen aufzunehmen.

Während der Reise fanden keineswegs nur medizinische Fragen Berücksichtigung. Daß man keine Sehenswürdigkeit außer Acht lassen würde, stand ohnehin fest, daß sich die beiden jungen Ärzte aber auch für die im Harzgebiet gelegenen Berg- und Hüttenwerke und deren technische und vor allem sozialen Belange interessierten, war alles andere als typisch für eine medizinische Bildungsreise. Selbstverständlich sollten auch Heims Neigung für die Pflanzenkunde und Muzells Liebe für die Mineralogie zu ihrem Recht kommen. Das Erforschen der Gebirgsflora und Sammeln von Gesteinsproben konnte nicht vom Reisewagen aus erfolgen. So durchquerten die Freunde oft in tagelangen beschwerlichen Exkursionen die Gegend und schickten das Gepäck voraus. Ihr Nachtlager suchten sie in einfachen Landgasthäusern oder bei Bauern.

Die Reise hatte mit der Postkutsche über Bernburg nach Aschersleben ihren Anfang genommen. Hier ließ es sich Heim nicht nehmen, die Stätte näher zu besichtigen, die beinahe sein Lebenshafen geworden wäre. Übrigens waren sowohl das Physikat als auch die Tochter des Physikus, die sich übrigens keineswegs als so unansehnlich und unverträglich erwies, wie vermutet, noch zu haben.

Von Wernigerode aus bestiegen die Reisegefährten den Brocken, wo Heim zu seiner größten Freude reiche Ausbeute für die Moossammlung machen konnte. Überall wo die beiden auftauchten, fanden sie freundliche Aufnahme. Nach gründlicher Besichtigung der Bergwerke von Zellerfeld, Clausthal und Osterode begaben sie sich nach Göttingen. Hier wollten sie ein weiteres wichtiges Anliegen ihrer Reise, möglichst viel bedeutende Gelehrte und wissenschaftliche Institute kennenzulernen, zu verwirklichen beginnen. Die wissenschaftlichen Einrichtungen der Stadt standen noch ganz im Zeichen des hervorragenden Naturforschers, Arztes und Dichters Albrecht von Haller (1708–1777), der von 1737 bis 1753 an der neu errichteten Göttinger Universität als erster Professor für Medizin und Botanik gewirkt und auch die »Sozietät der Wissenschaften« gegründet hatte.[7] Sein achtbändiges Standardwerk »Elementa physiologiae corporis humani« (1757) bildete die Grundlage der experimentellen Physiologie. Mit Hallers Tätigkeit, mit der die Grundlagenfächer der Medizin selbständige Bedeutung zu erlangen begannen, ging der Ruhm der berühmtesten deutschen medizinischen Ausbildungsstätte mehr und mehr von Halle auf Göttingen über. Die Göttinger Universität nahm frei von scholastischem Ballast unter den deutschen Universitäten als Bollwerk des Neuen eine Sonderstellung ein. Hier dominierten die progressiven Ideen der Aufklärung unbehindert von den Fesseln dogmatischer theologischer Theorien. Auf Heim übte der Botanische Garten besondere Anziehungskraft aus.

Bald nach Antritt der Reise mußte Heim feststellen, daß er nicht nur neue Kenntnisse auf naturwissenschaftlich-medizinischem Gebiet erwerben konnte. Es wurde ihm, teilweise auch recht schmerzlich, mit aller Deutlichkeit bewußt, daß er noch viel lernen mußte, um den gesellschaftlichen Umgangsformen und Verhaltensweisen zu entsprechen. Trotz aller Anforderungen, die diesbezüglich bereits in Halle an ihn gestellt worden waren, war er doch im großen und ganzen einem ungezwungenen Studentenleben nachgegangen, und wenn er einmal unangenehm auffiel, verzieh man das dem liebenswürdigen, offenen Naturburschen. Nun aber wehte ein gänzlich anderer Wind. Der Kontakt mit sehr unterschiedlichen Kreisen wurde eine erneute wichtige Schule für seine spätere ärztliche Tätigkeit. Ein Brief nach Hause zeigt, wie schwer ihm die Umstellung fiel:

»Jetzt, da ich bereits über zwei Monate das Studentenleben verlassen habe, erkenne ich immer mehr und mehr, wieviel Lebensart mir noch mangelt. Vom Zeremoniel weiß ich nicht das Geringste, nach welchem man einem jeden Stande in der Welt begegnen muß. Wie glücklich wollte ich mich schätzen, wenn ich in dieser Hinsicht einige Monate bei Dir am Hofe in die Schule gehen könnte. In Halle bin ich zwar auch mit vornehmen Leuten umgegangen; aber alles geradezu, so wie mir es gut dünkte. Außerhalb der Universität ist das nun ganz anders. Ich habe schon mancherlei Verdruß gemacht, und ich glaube, es wird noch mancher gemacht werden, ehe ich einem jeden seine gebührende Ehre werde erweisen und dabei die meinige behaupten können.«[8]

Auch bei den jungen Damen scheint er mit seiner Urwüchsigkeit und der Tendenz zum Reden, wie ihm der Schnabel gewachsen war, mancherlei Probleme gehabt zu haben, denn er hebt hervor: »Besonders wird es schwer halten, mit den Frauenzimmern fertig zu werden, wo man so leicht anstößt.«

Mitte Juli verließen die Freunde Göttingen, um sich nach Hannover und den Heilquellen des Wesergebietes zu begeben. Weitere Stationen waren Detmold, Kassel und Wiesbaden. Regelmäßig schickten sie in vierwöchigem Abstand an Vater Muzell einen ausführlichen Bericht. Er hatte ihnen, obwohl die Reise sehr kostspielig war, ausdrücklich geraten, nicht zu sparen und jede Gelegenheit, ihre Kenntnisse zu erweitern, zu nutzen.

1 Dorfstraße in Solz, dem Geburtsort Ernst Heims

Beschreibung
derer zwey uhralten
Fränkischen Bergschlösser
Dißburg
und
Hutsberg,
jetzt in der
Fürstl. Grafschaft Henneberg
gelegen,
nebst einiger Nachricht
von der
Hennebergischen Burggrafschaft
zu Würzburg,
aufrichtig abgefasset
von

M. Johann Ludwig Heim,
Pfarrer zu Soltza und Mehmels.

Frankfurt und Leipzig,
bey Johann August Raspe, 1761.

2 Buch des Vaters, Johann Ludwig Heim

3 Anton Heim

4 Christoph Heim

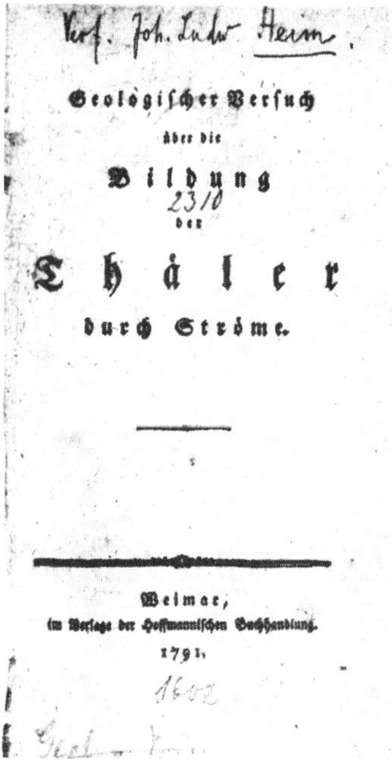

Verf. Joh. Ludw. Heim.

Geologischer Versuch
über die
Bildung
der
Thäler
durch Ströme.

Weimar,
im Verlage der Hoffmannischen Buchhandlung.
1791.

Geologische
Beschreibung
des
Thüringer Waldgebürgs
nach seinen
Flözlagern.

Zweyter Theil.
Fünfte Abtheilung.

Von
Johann Ludwig Heim,
Herzoglich Sachsen-Meiningischen wirklichem
Geheimenrath.

Mit Kupfern.

Meiningen,
bey Johann Gottfried Hanisch's Wittwe, 1806.

5–6 Veröffentlichungen des Bruders, Johann Ludwig Heim

7 Rathaus und Ratswaage des alten Halle

8 Panorama von Halle
(2. Hälfte des 18. Jahrhunderts)

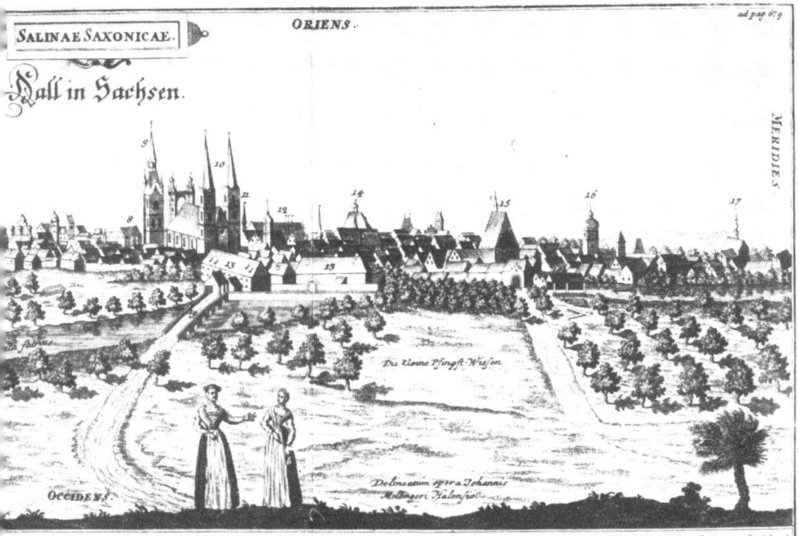

...rche 7. das neue Gebau, oder Residentz. 8. das Hochzeit-Hauß, oder Raths Wage. 9. der rothe Thurm. 10. unser lieben Frauen Kirche. 11. das Rathhauß. 12. das Kornhaus, jetzo Zuchthauß ...
...Schneide-Mühle. 19. die Schiefer-Brücke. 20. das Nicolaus oder Claus Thor. Nota: dieße Zeichnung ist auß Brauni Theatro Urbium genommen.

9 Stadtplan von Halle zu Heims Studentenzeit

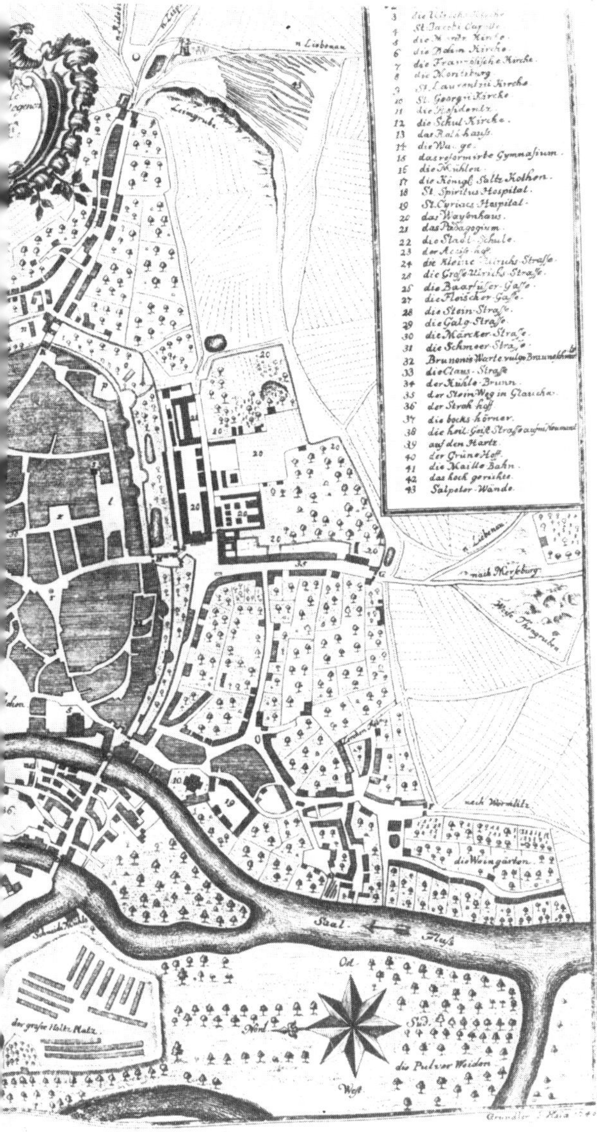

St. Jacobi Capelle
6 die Bohm Kirche
die Moritzburg
St. Laurentii Kirche
St. Georgii Kirche
12 die Schul Kirche
13 das Rathhaus
15 das reformirte Gymnasium
16 die Mühlen
17 die Königl. Saltz Kothen
18 St. Spiritus Hospital
19 St. Cyriacs Hospital
20 das Waysenhaus
21 das Pädagogium
22 die Stadt-Schule
24 die Kleine Ulrichs Straße
die Große Ulrichs Straße
25 die Baarfüßer Gaße
27 die Fleischer Gaße
28 die Stein-Straße
29 die Galg-Straße
30 die Märcker-Straße
31 die Schmeer-Straße
32 Brunonis Warte vulgo Braunschweig
33 die Claus-Straße
34 der Kühle-Brunn
35 der Stein Weg in Glaucha
36 der Stroh hoff
37 die bocks hörner
38 die heil. Geist Straße auf'm Neumarkt
39 auf den Hartz
40 der Grüne Hoff
41 die Maille Bahn
42 das hoch gerichte
43 Salpeter Wände
n Liebenau
Leimgrube
nach Merseburg
nach Wörmlitz
die Weingärten
Saal Fluß
Ost
Süd
Nord
West
die Pulver Weiden
der große Holtz Platz

HÔTEL GARNI
zur Börse

10 Ehemaliges Berggerichtshaus am Markt

11 Vorderhof der Franckeschen Stiftungen

12 Georg Ernst Stahl (1660–1734)

13 Friedrich Hoffmann (1660–1742)

DE ORIGINE CALCVLI IN VIIS VRINARII[S] QVATENVS EST ARTHRITIDIS EFFECTVS

BENEVOLO MEDICORVM ORDINIS CONSENS[V]

PRO GRADV DOCTORIS

DIE XV. APRILIS MDCCLXXII.

HORIS MATVTINIS ET POMERIDIANIS

PVBLICE DISPVTABIT

ERNESTVS LVDOVICVS HEI[M]

SOLZA – HENNEBERGENSIS.

HALAE AD SALAM

AERE HENDELIANO.

14 Dissertation Ernst Heims

15 Hôtel Dieu Paris

VITAM
IMPENDERE
VERO

16 Jean-Jacques Rousseau (1712–1778)

17 Karl von Linné (1707–1778)

18 Charlotte Heim geb. Mäker

D. Heim,

Hofrath und Stadt-Physikus zu Spandau,

medicinische Erfahrungen.

I.

Von einem Kinde, welches vom Genuß des Saamens vom Stechapfel (Datura Stramonium L.) starb.

Den 16sten Sept. 1781 des Vormittags habe ich ein Kind von anderthab Jahre, welches den Abend zuvor mit dem Saamen des Stechapfels gespielt und verschiedene davon in den Mund genommen und herunter geschluckt hatte und 6 Stunden darauf verschieden war, besichtiget und zergliedert.

Nach Aussage der Mutter des Kindes, ist es eine Stunde darauf, nachdem es den Saamen verschluckt hatte, ganz steif geworden, so daß man auch keinen Fuß oder Arm an demselben hat bewegen können. Diese Steifigkeit hat nach und nach nachgelassen, und ein Erbrechen sich eingefunden, wobei verschiedene Kör-

ner

19 Erste Publikation Ernst Heims

zu reformieren versuchte, die moderne Anatomie begründet.[10]

Unter dem Einfluß Paduas wurde im Jahre 1637 in Leiden durch Otto van Heurne (1577–1652) und Ewald Schrevelius (1575–1646) ein »Collegium medicum practicum« eingerichtet. Als Klinik dienten zwei Krankenzimmer mit je 6 Betten. Unter Francois de le Boë Sylvius (1614–1672) wurde nicht nur die praktische Ausbildung fortgesetzt, sondern zugleich auch die Erkenntnisse der Naturwissenschaften, vor allem der Chemie, der Medizin, namentlich der Anatomie und Physiologie nutzbar gemacht. Damit erlebte Leiden einen ersten Höhepunkt. Unter Sylvius' Nachfolgern wurde die praktische Ausbildung vernachlässigt und schließlich eingestellt. So hatte Boerhaave als Student keinerlei praktischen Unterricht mehr. Der englische Arzt Thomas Sydenham (1624–1689),[11] dessen Werk Boerhaave beeinflußte, hatte sich von den doktrinären Fesseln befreit und gab der vorurteilslosen unmittelbaren klinischen Beobachtung den Vorrang. Er trug damit entscheidend zur Vervollkommnung der medizinischen Kenntnisse und zur Reform der ärztlichen Ausbildung bei.

Nach Abschluß seines Studiums arbeitete Boerhaave zunächst als praktischer Arzt. Im Jahre 1701 erfolgte seine Berufung an die Universität, wo er nach dem Tode von Peter Hotton (1648–1709) zum Professor der Medizin und Botanik berufen wurde. Zunächst war die theoretische Medizin sein Arbeitsgebiet, bis er nach dem Ableben von Govert Bodloo (1649 bis 1713) auch die Professio secunda und den klinischen Unterricht im Spital übernahm. Im Jahre 1720 stieg er als Nachfolger von Frederik Dekkers (1648–1720) auf den locus primus des Fakultätsranges auf.

Boerhaaves Hauptverdienst besteht darin, das medizinische Wissen seiner Zeit gesammelt, ausgewertet und der ärztlichen Praxis erschlossen zu haben.[12] Aus der Synthese der anatomischen, physiologischen sowie chemischen und physikalischen Kenntnisse errichtete er ein neues Lehrgebäude. Als Arzt hatte er gleichermaßen in Diagnostik und Therapie große Erfolge. In seiner Arbeit nutzte er die neuen physikalisch-chemischen Hilfsmittel, wie das von Robert Boyle (1627–1691) in die medizinische Praxis eingeführte Thermometer, die Mikroskopie und chemische Analysemethoden. Im praktischen Unterricht, dem er das Primat der studentischen Ausbildung einräumte, wurden die theoretischen Kenntnisse am konkreten Krankheitsfall angewandt. Dabei führte er die Studenten systematisch von der Anamneseerhebung, über die klinische Untersuchung und differentialdiagnostische Erörterung zur Diagnose und der daraus abzuleitenden Therapie. Bei dem Tode eines Patienten verschaffte er sich durch Sektionsbefunde Gewißheit über die Richtigkeit der Diagnose und die eingeleiteten therapeutischen Maßnahmen.

Nicht nur was er, sondern vor allem auch wie er mit großem didaktischen Geschick lehrte, war neu. Boerhaavens Erfolge in Praxis, Lehre und Forschung ließen Leiden zu einem Anziehungspunkt der Studenten und Ärzte aus ganz Europa werden. Das um so mehr, da neben ihm unter anderen ein so bedeutender Wissenschaftler wie der Anatom Bernhard Siegfried Albinus (1697–1770) wirkte.

Besonders groß war der Einfluß der Leidener Schule auf das benachbarte Deutschland.[13] In den ersten 175 Jahren des Bestehens der Universität hatten hier 11000 Deutsche studiert. Zeitweise umfaßten sie mehr als 25% aller Studierenden. Von den 178 Doktoranden, die Boerhaave persönlich betreut hatte, waren 48 Deutsche, die später vor allem in Halle, Göttingen und Berlin die Ideen ihrers Lehrers vertraten.

In Halle hatte Friedrich Hoffmann, der sich selbst als Schüler Boerhaaves ansah, dringend zu einem Besuch in Leiden geraten. Auch nach Hoffmanns Tode wurde durch die Extraordinarien Friedrich Leberecht Supprian (1723–1789) und Ernst Anton Nicolai (1722–1802), die Heim kennengelernt hatte, in Halle Boerhaavens Lehre vertreten. Dank der Übersetzung durch Johann Peter Eberhard (1727–1779) fanden Boerhaavens Schriften in der Saalestadt Verbreitung. Diese vielfältigen Wechselbeziehungen zwischen Halle und Leiden[14] trugen dazu bei, daß noch bis in das ausgehende 18. Jahrhundert viele hallische Studenten die Niederlande besuchten.

Als bald nach Boerhaavens Tod (1738) seine bedeutendsten Schüler Leiden verließen, fand die Blütezeit der Fakultät ein Ende. Der Kliniker Gerard van Swieten ging nach Wien und reformierte hier das Medizinal- und Unterrichtswesen.[15] Ihm folgte Anton de Haën (1704–1776). Beide leiteten in der österreichischen Metropole die Blütezeit der älteren Wiener Schule ein. Albrecht von Haller begab sich, wie bereits erwähnt, nach Göttingen. So fand vor allem in diesen beiden neuen Zentren Boerhaavens Lehre ihre Fortsetzung. Weitere bedeutende Schüler waren der Arzt und materialistische Philosoph Julien Offrai de Lamettrie (1709–1751) und David Hieronymus Gaub (1705 bis 1780), der in Leiden die Nachfolge als Chemiker angetreten hatte. In der klinischen Ausbildung wurden die Grundsätze Boerhaaves bald vernachlässigt, bis im Jahre 1786 Ernst Georg Osterdijk wieder ein praxisbezogenes Klinikum einführte.

Als jedoch Muzell und Heim in Leiden eintrafen, war es mit der klinischen Ausbildung, die in den Händen von van Döverens (1730–1783) lag, schlecht bestellt. Die Freunde waren, da Muzell sen. ihre Erwartungen sehr hoch gesteckt hatte, doppelt enttäuscht. Van Döverens »Methode« bestand darin, daß er in aller Kürze von den Patienten die Krankengeschichte erfragte, dann den Hörern in lateinischer Sprache den Befund begründete und die anzuwendende Therapie diktierte. Am folgenden Tag mußten die Patienten über Veränderungen ihres Zustands berichten. Von dem weiteren Verlauf der Krankheit bekamen die Studenten nichts zu erfahren, mit den Patienten Kontakt zu nehmen, war streng untersagt. Bei dieser Lehrmethode konnten die jungen Ärzte schwerlich ihr Wissen bereichern. Muzell schrieb im November seinem Vater, daß außer Gaubs Vorlesungen in Leiden das Selbststudium im Vordergrund stehen würde. »Das Letzte werde ich mit allem Eifer tun«, stellte er fest, »doch hätte ich dieses mit dem vierten Teile der Unkosten in Göttingen ebenso bequem haben können. Das Erste aber wird auf mein zukünftiges Glück den Einfluß haben, daß die Leute sagen werden, ich habe in Leiden studiert und sei ein Schüler des großen Gaubius«.

Nachdem sich die beiden eingelebt hatten, wich die anfängliche Skepsis der Auffassung, daß der Aufenthalt in Leiden doch von Nutzen sei. Namentlich Heim bekannte, daß eine Woche Chemievorlesungen bei Gaub ihm mehr gegeben hätten als die in Halle während eines halben Jahres. Ebenso lobte er die Lehrveranstaltungen Allemands in Naturgeschichte. Als begeisterter Botaniker begleitete Heim ihn auf gemeinsamen

Spaziergängen durch den Botanischen Garten. Ständiger Gast war Heim auch in den reichen Naturaliensammlungen. Die Wintermonate wurden von ihm genutzt, um Französisch zu lernen. Als Lehrer betätigte sich sein Freund Muzell, der dabei allerdings fast verzweifelte. Heims hartes Fränkisch erwies sich für die französische Aussprache wenig geeignet. Muzell ging mit seinem Schüler hart zu Gericht. »Bei dem Worte aigrir (= reizen, W. G.)«, erinnerte sich Heim, »in welchem ich das französische g entweder wie ein deutsches g oder wie ein k aussprach, hat mich mein sonst liebenswürdiger Freund einmal so ausgescholten, daß ich eine ganze Nacht, wider alle meine Gewohnheit, schlaflos zugebracht habe.«[16]

Auch Heims Bruder Ludwig hatte sich seit längerem bemüht, ihm das Französische nahezubringen. Aus erzieherischen Gründen schrieb er die Briefe häufig in französisch. Doch auch diese gute Absicht blieb ohne Ergebnis. Ludwig unternahm noch einen letzten Versuch, seinen Bruder zu ermuntern:

»Deine Kleinmütigkeit bei der Erlernung des Französischen macht mich lachen. Der Kopf geht nicht so bald entzwei. Mit Mut und Fleiß muß ein junger Mensch wie Du alles überwinden. Ich habe die italienische, englische und französische Sprache in einem Jahr im Alter von 23 Jahren erlernt. Ich bin überzeugt, daß Dein Freund Kenntnisse und Gefälligkeit genug hat, um Deine Unterweisung zu übernehmen, aber außerdem, daß es ungerecht ist, ihm einen Teil seiner Zeit zu rauben, den er auf seine eigenen Studien verwenden könnte, ist es auch gewiß, daß der Unterricht, welchen man von sehr befreundeten Personen erhält, nicht gerade der erfolgreichste ist. Nimm Lehrer, und wende alle Deine Zeit daran.«[17]

Im Frühjahr 1773 wurden schließlich die unfruchtbaren Versuche eingestellt und statt dessen das Englische mit wesentlich größerem Erfolg betrieben. Im Juni gingen die Freunde für etwa zwei Monate nach Amsterdam. Ein ehemaliger hallenser Kommilitone, Daimann, hatte sich hier als praktischer Arzt niedergelassen und ermöglichte ihnen den Besuch der Krankenanstalten. In Schiffsspitälern der Hafenstadt lagen zahlreiche Opfer eingeschleppter Infektionen. Amsterdam war auch der rechte Platz zum Studium der importierten Rohstoffe für Arzneimittel, die von hier in viele Länder verschifft wurden.

In Amsterdam wurde Muzell von einem Vetter aufgesucht, der Heim allzu gern als Arzt auf seine Besitzungen nach Niederländisch-Guayana mitgenommen hätte. So verlockend das Angebot war, Ernst Heim hatte sich bereits eine andere, höhere Lebensaufgabe gestellt.

Aufenthalt in England

Anfang August 1773 wurde die Reise nach England angetreten. Während der zweitätigen Überfahrt mit einem Segelschiff litt Ernst Heim auf seiner ersten Seereise wahre Höllenqualen. Dreißig Stunden wurde er aufs Heftigste von der Seekrankheit gepeinigt. Von Harwich aus begaben sich die Freunde sofort nach London, wo sie sich als erstes von Kopf bis Fuß als wahre Gentlemen ausstaffierten. Dank wertvoller Empfehlungsbriefe und der persönlichen Vermittlung des Kieler Professors Johann Christian Fabricius (1743–1808) wurden sie mit den berühmten Weltumseglern Joseph Banks (1743–1820) und Daniel Solander, einem Schüler Linnés, bekanntgemacht.

Banks hatte James Cook (1728–1779) als Naturforscher auf dessen erster Reise um die Welt begleitet (1768–1771). Mit der »Endeavour« waren sie am Kap Horn vorbei nach Tahiti gesegelt. Von hier aus hatten sie sich westwärts gewandt und die Gesellschaftsinseln entdeckt. Dann hatten sie Neuseeland umsegelt und waren schließlich zur Ostküste Australiens gelangt. Unter großen Gefahren kehrten sie über das Kap der Guten Hoffnung 1771 nach England zurück. Die fesselnden Schilderungen seiner Reiseerlebnisse zogen Heim und Muzell in ihren Bann. Muzell berichtet seinem Vater über die Bekanntschaft mit den berühmten Entdeckern: »Mit diesen Leuten sind wir in die angenehmste Art von Umgang geraten, den wir nur jemals gehabt haben. Wir sind da wie zu Hause, können kommen, wenn wir wollen, zum Essen ungenötigt bleiben und ohne uns im Geringsten zu genieren, die Freuden der Gesellschaft mit vernünftigen Männern genießen. Heim wurde besonders als Mooskenner von Banks sehr geschätzt. Indes waren seine Fortschritte in der englischen Sprache noch nicht bedeutend gewesen, auch verstand er im Französischen nicht, sich fertig auszudrücken; im Lateinischen aber erschwerte die Verschiedenheit der Aussprache das Verständnis mit Banks. Solander machte deshalb den Dolmetscher zwischen beiden.«[18]

In der Bibliothek des Hauses und der reichhaltigen Naturaliensammlung fand Heim alles, was er sich für seine botanischen Studien nur wünschen konnte. Leider unterbrach eine akute Gallenkrankheit, die ihn für etwa vier Wochen zwang, das Bett zu hüten, seine intensiven Studien. Um die hinderliche Sprachbarriere zu überwinden, beschlossen die Freunde den Besuch einer »Sprachakademie für Ausländer«. Sie befand sich in Great Badow, einem Ort in der Grafschaft Essex, wo sich junge Leute aus aller Welt trafen, um die englische Sprache zu lernen. Allerdings erwies sich die hier praktizierte weitschweifige Unterrichtsmethode für sie als wenig geeignet. Was sie suchten, war ein Intensivunterricht und den glaubten sie besser auf individueller Basis zu finden. Miß Brooks, eine charmante, liebenswürdige Dame, erklärte sich gern dazu bereit. Und da die Regungen der Herzen die Gelehrigkeit der Lippen beflügelten, wurden bald gute Fortschritte erzielt. Muzell konnte bereits nach vier Wochen nach London zurückkehren, um seine medizinischen Studien fortzusetzen. Heim blieb noch drei Monate in Great Badow und kehrte nach zärtlichem Abschied, englisch sprechend, ebenfalls in die Hauptstadt zurück.

In London nahm ein Kreis junger Ärzte die deutschen Kollegen in ihre freundschaftliche Runde auf. Vor allem auf den Fachgebieten Chirurgie und Geburtshilfe wollten sie ihr Wissen vertiefen. Beides wurde durch den berühmten Namen Hunter repräsentiert. William Hunter (1718–1783) galt als der führende Geburtshelfer Englands. Nachdem er zunächst als Chirurg tätig war, hatte er sich auf diesem Fach spezialisiert.[19] Sein Anteil an der wissenschaftlichen Fundierung der Chirurgie auf anatomischer Grundlage war groß:

»Wie klar, untrüglich und unfehlbar ist doch die chirurgische Kunst, wenn sie anatomischen Grundlagen nicht entbehrt, und wie unsicher ist sie ohne diese. In den Händen eines anatomischen Vorgebildeten ist die Chirurgie eine heilsame, eine göttliche Kunst, wird sie jedoch von Leuten ausgeübt, die nur vage Vorstellungen über den Bau des menschlichen Körpers besitzen, so können grausame Verheerungen angerichtet werden.«[20]

William Hunter nahm seinen jüngeren Bruder John Hunter (1728–1793), der das Tischlerhandwerk erlernen sollte, in die chirurgische Lehre und bahnte damit einem der bedeutendsten Chirurgen seiner Zeit den Weg.[21] Neben der praktischen chirurgischen Tätigkeit erforschte er den Entzündungsprozeß und das Wesen der Wundheilung. Mit seiner Entzündungslehre erweiterte J. Hunter nicht nur die wissenschaftliche Basis der Chirurgie, sondern machte die chirurgischen Erkenntnisse auch der allgemeinen Medizin nutzbar.

Vor allem mit dem Wirken der Brüder Hunter konnte Ende des 18. Jahrhunderts in England die Trennung der Chirurgie von der wissenschaftlichen Medizin überwunden werden. Neben ihnen wirkten eine Reihe genialer Wundärzte, wie Percival Pott (1714–1788), die mit bahnbrechenden Operationsmethoden und deren technischer Perfektionierung England in dieser Zeit zum klassischen Land der Chirurgie werden ließen. Welche Bedeutung ein technisch perfektes und damit schnelles Operieren hatte, ergibt sich aus der Tatsache, daß die Narkose noch unbekannt war.

Dank der Vermittlung durch Le Soinne waren Heim und Muzell mit John Hunter bekannt geworden. Sie besuchten seine Vorlesungen, sammelten am traditionsreichen St. George's Hospital, wo er als Chefchirurg tätig war, praktische Erfahrungen, und es war ihnen erlaubt, ihn auf seinem Landsitz Earls Court, am Stadtrand von London, der ein Anziehungspunkt für die Wissenschaftler aus aller Welt war, aufzusuchen. John Hunter hatte als Ergebnis langjährigen Sammelns eine umfangreiche Skelettsammlung zusammengetragen, eine wahre Fundgrube für Knochen- und Schädelforscher.

Weniger günstig als am St. George's Hospital war die Lage an dem St. Bartholomäus-Spital, das sich in seinem nunmehr nahezu 700jährigen Bestehen als Armenspital ständig in finanziellen Schwierigkeiten befand. Hier arbeitete von 1609 bis 1643 William Harvey (1578–1657), der mit der Entdeckung des Blutkreislaufes einen Markstein in der Entwicklung von Medizin und Biologie errichtet hatte.[22] Bei der Unterhaltung dieses traditionsreichen Spitals leistete John Hunter durch private finanzielle Zuwendungen manchen Beitrag. Was allen Besuchern der Londoner Krankenhäuser auffiel, waren deren Sauberkeit und gewissenhafte, sorgfältig geführte Visiten. London hatte eine weitere wichtige klinische Einrichtung, das 1746 gegründete und seit 1747 von Edward Archer (1717–1789) geleitete Pockenhospital, in dem für Arme die kostenlose Pockenvariolation vorgenommen wurde.

Dem Wahlspruch John Hunters folgend: »Wenn man die Organe des Menschen nicht nur beschreiben, sondern verstehen will, muß man den Blick über den Menschen hinaus auf die übrige Lebensweise richten«, ließen es die beiden Freunde nicht dabei bewenden, sich naturwissenschaftlich-medizinischen Problemen zu widmen. Auch in London gingen sie in die Armenviertel an den Docks, wo ihnen die Elendsquartiere in den Baracken und baufälligen Buden einen tiefen Einblick in das soziale Gefälle der kapitalistischen Gesellschaft boten.

Nach seiner Rückkehr in die englische Metropole nahm Heim wieder mit Joseph Banks Kontakt auf. Von ihm erhielt er die während der Weltreise gesammelten tropischen Moose, Algen, Farne, Flechten und Seegräser zum Bestimmen und Systematisieren. Diese ehrende, schwierige Aufgabe nahm Heim voll in Anspruch. Und während Muzell im Frühjahr 1774 eine Erholungsreise nach Bristol, Bates und Birmingham antrat, zog es ihn nach Oxford, um mit Hilfe der hinterlassenen Moossammlung des Botanikers Johan Jacob Dillenius (1687–1747) und dessen Werk »Historia muscorum« das Problem zu lösen.

Die Botanik war bereits in den Kinderjahren Heims Leidenschaft. Dabei konnte ihm sein Vater, der sich mit den Heilwirkungen der Pflanzen beschäftigt hatte und so in der Lage war, neben seiner Tätigkeit als Pfarrer manchen heilkundigen Rat zu erteilen, wertvolle Hinweise geben. Ernst Heim interessierte nicht nur die Heilkraft der Pflanzen, er wollte mehr über ihren Aufbau, ihre Organisation und ökologischen Beziehungen wissen. Er erweiterte seine Kenntnisse durch sorgfältige systematische Detailbeobachtungen und begann sich auf dem Gebiet der Moose und Farne zu spezialisieren. Neben eigenen praktischen Untersuchungen holte er sich auch aus der Geschichte der Botanik viele Anregungen.

Seit der im 16. Jahrhundert eingeleiteten Emanzipation der Naturwissenschaften sahen die Biologen die entscheidende Aufgabe ihres Fachgebiets darin, die Vielfalt der bereits erforschten

Tier- und Pflanzenwelt überschaubar zu machen. Das setzte zugleich die eindeutige, möglichst knappe Beschreibung der einzelnen Arten voraus. Diese Aufgabe bewältigte der große Arzt und Naturforscher Carl von Linné (1707–1778)[23]. Seine Systematiken sind jedoch keine trockenen Zusammenstellungen von Namen und Begriffen, sondern eine anschauliche Enzyklopädie des botanischen Wissens seiner Zeit. Er begründete die noch heute gebräuchliche binäre Nomenklatur der Pflanzen- und Tiernamen (Gattungs- und Artbezeichnung) und erfaßte zugleich mit einer exakten morphologischen Terminologie die wesentlichen Merkmale der Gattungen.

Im Widerstreit der Meinungen hatte sich seit Mitte des 18. Jahrhunderts seine Terminologie und Systematik durchgesetzt. Die Kontroversen wurden nicht allein um die Fragen der Systematik geführt. Die Vervollkommnung der Kenntnisse rüttelte auch an der Schöpfungslehre als noch immer vorherrschender Theorie. Auch Linné hatte in seiner »Philosophia Botanica« (1751) die Ansicht vertreten, alle auf der Erde vorkommenden Arten seien von Anbeginn an vorhanden gewesen. Wenn er auch später die Präformationstheorie einschränkte und den Schöpfungsakt nur noch auf Gattungen, schließlich auf Familien und letztlich nur noch als Prinzip anerkannte, blieb er doch dem Gedanken der Entwicklungsgeschichte fern.

Als erster hatte Caspar Friedrich Wolff (1734–1794) mit seiner »Theoria Generationis« die Neuentstehung theoretisch begründet.[24] Seine Lehre fand jedoch lange keine Beachtung. Die vorwiegend mit der Beschreibung und Klassifikation beschäftigte Botanik hatte sich nahezu ausschließlich auf den »fertigen Zustand« der Pflanzen konzentriert. So sah man in dem Botaniker einen Mann, »der Blumen pflückt, sie benennt, trocknet und in Papier wickelt, und dessen ganze Weisheit in Bestimmung und Klassifikation dieses künstlich gesammelten Heus aufgeht.« Diese harte Kritik Matthias Jacob Schleidens (1804 bis 1881) war völlig berechtigt. Er leitete eine neue Epoche der Botanik ein.[25] In seinen »Grundzügen der wissenschaftlichen Botanik« (1842) formulierte er eindeutig ihr Programm:

1. Jede Hypothese, jede Induktion in der Botanik ist unbedingt zu verwerfen, welche nicht durch die Entwicklungsgeschichte orientiert ist.

2. Jede Hypothese, jede Induktion ist unbedingt zu verwerfen, welche nicht darauf abzielt, die an der Pflanze vorgehenden Prozesse als Resultat der an den einzelnen Zellen vor sich gehenden Veränderungen zu erklären.

Doch wir sind der Zeit einige Jahrzehnte vorausgeeilt. Heims botanische Arbeiten waren von dem vorherrschenden Empirismus gekennzeichnet. Er beschränkte sich gleich der Mehrzahl aller Botaniker auf die Gestalt, den äußeren Bau und die Verbreitung der Pflanzen, obwohl, wir wollen es nochmals hervorheben, Caspar Friedrich Wolff bereits 1759 die botanische Entwicklungsgeschichte begründet hatte.

Das Mikroskop hatte als wissenschaftliches Hilfsmittel wachsende Bedeutung erlangt. Es erschloß dem Auge nicht nur weitere äußere Details, es ermöglichte auch pflanzenanatomische Untersuchungen sowie Beobachtungen der Strukturen und Funktionen.

Auf Heims Interessengebiet, den Kryptogamen, hatte erstmals Johannes Hedwig (1730–1799) das Mikroskop in Anwendung gebracht. Mit ihm sollte Heim bald in enge Beziehung treten. Beide verband vieles: Hedwig war ebenfalls praktischer Arzt. Erst nachdem er seine zahlreichen Patienten betreut hatte, konnte er sich der Botanik widmen. Auch als er 1781 als Professor an die Leipziger Universität berufen wurde, übte er die ärztliche Praxis bis zu seinem Tode weiter aus.

So wie sich Heim auf der Grundlage von Linnés »Species plantarum« (1762), in der 7300 Pflanzenarten mit ihren Hauptvertretern aller Erdteile erfaßt und beschrieben wurden, der Ordnung und botanischen Beschreibung der Kryptogamen widmete, hatte sich der Linnéschüler Fabricius der Systematisierung der von Banks gesammelten Insekten angenommen. Bei ihm fand Heim Gelegenheit, die bereits in Halle begonnenen Studien auf dem Gebiet der Entomologie zu vertiefen.

Auch während des Englandaufenthalts hatte Ernst Heim die engen Beziehungen zu seinen Brüdern aufrechterhalten, und Ludwig unterließ keine Gelegenheit, die Führungsrolle im Brüderkollektiv zu unterstreichen. So mahnte er Ernst erneut, sich fleißig im Englischen zu üben. Zur Kontrolle der erworbenen Sprachfertigkeiten hätte er gern mit ihm in Englisch korrespondiert: »Ich hoffte«, so schrieb er am 4. Juli 1774, »Du würdest mir einmal einen Brief in der Sprache des Landes schreiben, in welchem Du jetzt lebst, und welche Du seit sieben Monaten und darüber erlernt hast, nicht allein durch Anstrengung des Gehirns und des Geistes, sondern auch auf dem Wege des Herzens im Umgange mit einem reizenden, schönen Mädchen, welche Worte an Dein empfängliches Gefühl richtete, um Dein Gedächtnis zu verbessern. Aber es ist mir noch nichts zu Gesicht gekommen, was einem englischen Briefe gleicht.«[26]

Nach dreizehnmonatigem Aufenthalt mußten sich die Freunde im Herbst 1774 doch schweren Herzens entschließen, von der Insel und den liebgewordenen Freunden Abschied zu nehmen, da sich sonst der vorgesehene Frankreich-Aufenthalt zu sehr verkürzt hätte.

Ernst Heim teilte den Brüdern die bevorstehende Abreise mit: »Ihr wundert Euch vielleicht, daß ich noch in England bin. Wir weilen allerdings länger hier, als unsere Absicht war. Mein werter Muzell ist durch seine Beziehungen zu den ersten Ärzten der Stadt so viel in Anspruch genommen worden, daß er den Termin unserer Abreise von einem Tag zum anderen verschoben hat, nun aber ist er auf Dienstag früh bestimmt. Wir fahren mit einer Landkutsche nach Brigthelmstone, wo wir am selbigen Tage abends an Bord zu gehen gedenken, um nach Dieppe überzusetzen. Es tut mir sehr leid, dieses Land nun zu verlassen, nachdem ich nun gerade vermöchte, den rechten Nutzen zu ziehen. Es hält schwer hier, Bekanntschaften zu machen, die geneigt sind, einem zu dienen. Im Laufe eines Jahres habe ich einige erworben, und nun bin ich genötigt, sie zu verlassen. Hoffte ich nicht, auch in Frankreich Leute zu finden, die mir gefallen, und hätte ich nicht großes Verlangen, ihre Sprache zu erlernen, so würde ich mich beim Abschiede aus England unglücklich fühlen.«[27]

Zu Gast bei Jean-Jacques Rousseau

Nach zweitätigem Aufenthalt in der Hafenstadt Dieppe, den Heim ausgiebig nutzte, um am Meeresufer seine botanische Sammlung mit Algen zu bereichern, reisten die Freunde über Rouen ihrem Ziel, der französischen Metropole, entgegen. Bereits bei Ankunft an der französischen Küste, mußte Heim, da er sich mit den Einwohnern nicht verständigen konnte, erneut die Schlußfolgerung ziehen, den Frankreichaufenthalt zunächst mit intensiven Sprachstudien zu beginnen. Während Muzell bei Pierre Joseph Desault (1744–1795), dem Chefchirurgen des berühmten Hôtel Dieu, Quartier bezog, begab er sich, ähnlich wie in England zu einem »Sprachintensivkurs« aufs Land. Desault vermittelte ihn an einen seiner Patienten, den wohlhabenden Kaufmann Gaston Landriève, der den Gast in seinem Landhaus auf dem Mont Valérien, unweit von Paris, herzlich willkommen hieß. Da hier nur französisch gesprochen wurde, machte Heim bald gute Fortschritte. Neben den Sprachstudien durchwanderte er botanisierend die idyllische Landschaft und machte sich auch als Arzt bei den Freunden seines Gastgebers nützlich. In den Abendstunden saß er plaudernd im Kreise der Familie. Seine Offenheit und Freundlichkeit gewann ihm die Herzen aller. Das gute, geradezu familiäre Einvernehmen veranlaßte, wie Heim berichtet, den Kaufmann, dem jungen Doktor, der ihm sehr gut gefiel, einen Vorschlag zu unterbreiten: »Dieser begüterte Mann hatte, wie er mir sagte, eine hübsche Tochter zur Erziehung in einem Kloster. Da er mir ausnehmend gewogen war, tat er mir den Vorschlag, wenn ich katholisch werden wollte, so wolle er mir dies sein einziges Kind zur Frau geben.«[28]

Das entsprach freilich nicht Heims Vorstellungen über den weiteren Lebensweg. Doch trotz seiner Ablehnung wurden die guten Beziehungen zu dem liebenswürdigen Gastgeber keineswegs getrübt.

Auf Drängen Muzells, begab sich Heim nach etwa fünf Wochen zurück nach Paris. Nachdem Muzell inzwischen umgezogen war, hatte sich bei Desault ein anderer Gast eingefunden, der von Friedrich II. zu chirurgischen Studien nach Paris entsandte Leibarzt Voitus.

Im Vergleich zu England gefiel es den Freunden in Paris nicht so gut, und sie stießen bei ihren jungen Kollegen häufig auf Ablehnung, ja sogar Feindschaft. Muzell ließ seinen Vater in einem der regelmäßigen Berichte wissen: »Die Bekanntschaft mit Medicis, Chirurgis und Gelehrten erstreckt sich hier nicht weiter, als sie zwei bis drei Mal zu besuchen. Dies kommt mir nun freilich gar seltsam vor, da in England ein Fremder mit den ersten Gelehrten des Königreichs gar leicht Bekanntschaft haben kann, sobald er die Sprache versteht... Wir besuchen das Hôtel-Dieu, die Charité, Bicêtre und das Hospital Génèral. Allein in beiden erstern spricht niemand mit uns, ja wir stehen im Gegenteil bisweilen in Gefahr, wenn wir Sachen zu genau besehen wollen, Cataplasmata und in Eiter getunkte Plumaseaux ins Gesicht geworfen zu bekommen, als mit welchem Geschütz Herr Monreau, der Chirurgien en chef de l'Hôtel-Dieu, die zu große und ihm beschwerliche Neugierde im Zaume zu halten pflegt.«[29]

Die abweisende Haltung der französischen Kollegen war nur allzu verständlich. Noch zu frisch waren die Erinnerungen an den blutigen Siebenjährigen Krieg (1756–1763). Noch immer war der Expansionshunger des preußischen Militarismus nicht gestillt. Der Machtzuwachs konnte Ausgangspunkt neuer Eroberungskriege werden. Sollten die Pariser Krankenhäuser Ausbildungsstätten der preußischen Militärchirurgen sein? Die Ankunft von Friedrichs Leibarzt Voitus erhärtete diesen Verdacht.

Haltung und Einstellung von Heim und Muzell, die aus rein medizinischen Interesse in Hochachtung vor dem hohen Entwicklungsstand der französischen Chirurgie ihre Kenntnisse vervollkommnen wollten, zerstreuten das ihnen gegenüber gehegte Mißtrauen und die anfänglichen Schwierigkeiten wurden überwunden. Die herzliche Aufnahme, die den Freunden durch Desault zuteil wurde, tat ein Übriges. Desault hatte sich mit der Begründung der topographischen Chirurgie, die einen exakt lokalisierten Eingriff ermöglichte, einen Namen gemacht. Mit erst dreißig Jahren war er in Europa wohl der jüngste Professor der Medizin. Durch ihn wurde die Tradition seines großen Vorgängers Ambroise Paré, der ebenfalls am Hôtel-Dieu gewirkt hatte, weitergeführt. Paré, mit dessen Leistungen die Chirurgie des 16. Jahrhunderts ihren Höhepunkt erreicht hatte, beendete das grausame Verfahren des Ausbrennens bei Amputationen und der Behandlung von Schußwunden.[30] Die von ihm eingeführte Gefäßunterbindung bahnte der Umgestaltung der Operationstechnik und Wundbehandlung den Weg. Zusätzlich zu seiner chirurgischen Arbeit bemühte sich Desault um sorgfältige Pflege der Patienten und Gewährleistung hygienischer Verhältnisse.

Doch die wachsende Krise des Ancien régime wirkte sich auch auf das Medizinalwesen aus. Die historisch zum Abgang gezwungene Feudalklasse hatte in ihrer katastrophalen Finanzlage keine Mittel für Krankenhäuser, und so sehr sich Desault auch mühte, der Niedergang war unaufhaltsam. Während er zur Zeit des Besuchs von Heim und Muzell noch in der Lage war, einen normalen Klinikbetrieb zu gewährleisten, berichteten Reisende, die einige Jahre später am Vorabend der Großen Französischen Revolution hier weilten, von unhaltbaren hygienischen Verhältnissen, schlechter ärztlicher Versorgung und warnten unter den gegebenen Verhältnissen vor einer Bildungsreise nach Paris.[31]

Die Arbeit des Arztes bot ausgiebig Gelegenheit, die soziale Not der Volksmassen kennenzulernen. Dieser sozialpolitische Anschauungsunterricht, ergänzt durch die eigenen mißlichen Erfahrungen mit dem feudalabsolutistischen Regime, veranlaßten Desault zur Kontaktnahme mit den ideologischen Wegbereitern des Kampfes gegen das Feudalsystem. Auf den Abendgesellschaften, die der bedeutende Arzt gab, fanden sich Naturwissenschaftler, Ärzte, Literaten und Philosophen ein, die als Aufklärer in dem sich zuspitzenden gesellschaftlichen Konflikt das erstarkende Bürgertum repräsentierten. Unter ihnen befand sich der Naturforscher Björnstäls, an den Solander für seine jungen Freunde ein Empfehlungsschreiben vermittelt hatte. Björnstäls gehörte wiederum zum Freundeskreis von Jean Jacques Rousseau (1712–1778).[32] Die Tatsache, daß Ernst Heim ein versierter Botaniker war, öffnete ihm die Tür dieses ideologischen Wegbereiters der Französischen Revolution.

Rousseau konnte auf ein von Höhen und Tiefen gezeichnetes Leben zurückblicken. Schon seine Frühschrift »Über den Ursprung und die Grundlagen der Ungleichheit unter den Menschen« (1754), hatte den scharfen Gesellschaftskritiker erkennen lassen. Den Haß seiner Gegner lösten die in kurzen Abständen erscheinenden Hauptwerke aus: Der Roman »Die Neue Heloise« (1761) vermittelte als Kontrast zu der verfallenen Adelsgesellschaft das Idealbild echter menschlicher Liebesbeziehungen; »Emil oder Über die Erziehung« (1762) bot das Bild eines selbstbewußten, auf nutzbringende Tätigkeit ausgehenden jungen Bürgers; der »Gesellschaftsvertrag« schließlich erörterte staatstheoretische Probleme und forderte auf der Grundlage des Naturrechts das Recht der Volkssouveränität.

Die Konsequenzen ließen nicht auf sich warten. Die Reaktion schlug zu. Der Autor dieser »Schmähschriften« wurde verhaftet, sein Vermögen beschlagnahmt. Es folgen Jahre der Flucht und Verfolgung. Überall wird der Gejagte von seinen Feinden ausfindig gemacht und weiter gehetzt. Rousseau schreibt in seinen »Bekenntnissen«: »Hier beginnt das Werk der Finsternis, in die ich mich seit acht Jahren versenkt fühlte, ohne daß es mir ... möglich gewesen wäre, ihr schreckliches Dunkel zu durchdringen. In dem Abgrund von Elend, der mich verschlungen hat, fühle ich die Schläge, die wider mich geführt werden ..., Schmach und Leiden fallen wie von selbst und ohne daß man es sieht, über mich her.«[33]

In diesen Jahren der Flucht erschloß sich Rousseau ein neues Gebiet, die Botanik. Die Natur wurde ihm zu einer Quelle der Lebenskraft und Zuversicht. Neben der Musik nahm die Botanik in den verbleibenden Lebensjahren eine beachtliche Stellung ein.[34] In Neuchâtel (Neuenburg), der zweiten Station seiner Flucht, hatte ihn der Arzt Jean Antoine d'Ivernois mit dem Linnéschen System vertraut gemacht. Rousseau war begeistert. Der sonst mit Lob so Sparsame, schreibt 1771 an den Naturforscher: »Einsam und allein mit der Natur und mit Ihnen verlebe ich auf meinen Wanderungen durch die Gefilde wonnige Stunden... Ich bin zufrieden, wenn ich in dem Abschnitte des Pflanzenreiches einige Worte unter Ihrer Anleitung entziffere, und darum lese, studiere, erforsche, ehre und liebe ich Sie von ganzer Seele".[35] Rousseau ließ es nicht bei ausgedehnten botanischen Exkursionen bewenden, er griff auch zur Feder. Es entstanden das »Fragment für ein botanisches Wörterbuch« (1762–1765) und schließlich mit den »Lettres élémentaires sur la botanique« (1771–1773) der erste Leitfaden für den botanischen Unterricht.

Ende Mai 1767 hatte Rousseau wieder französischen Boden betreten, doch nahm damit seine Odyssee noch kein Ende. Wo immer er auch weilte, in Calais, Amiens, in der Normandie oder in Südfrankreich, überall begab er sich auf »botanische Pilgerfahrt«. Im Juni 1770 kam er nach Jahren wieder nach Paris und fand in einer Mansardenwohnung der Rue Platriére seine letzte Zuflucht. Hier begegnete ihm durch Vermittlung Björnstäls Ernst Heim. Desault hatte ihm bereits erläutert, welche große Bedeutung die Ideen der Rousseauschen Aufklärung besonders für die Tätigkeit des Arztes haben:

»Bei dem großen Aufklärer, dem es um die Besserung der Menschen geht, wird das Ja oder das Nein mit oft bestürzender Deutlichkeit ausgesprochen. Jede Halbheit und besonders die konventionelle Gesellschaftslüge ist ihm verhaßt. Seine Ausstrahlungen auf die Naturwissenschaften, die Philosophie, die Gesellschaftslehre, die Pädagogik, die Dichtung sind bedeutend – mag auch diese oder jene seiner Auffassungen überspitzt sein. Aber seine immer wieder vorgebrachte Forderung nach Abkehr von einer dekadenten Zivilisation muß gerade uns Ärzten plausibel sein, sehen wir doch die gesundheitlichen Verwüstungen, welche die schrankenlose Genußsucht der Adelskreise hervorruft, täglich am Krankenlager, während Tausende in Not und Elend sterben. Wahrlich, man kann verstehen, weshalb Rousseau in seinem ›Emile‹ für eine naturgemäße Erziehung der Jugend kämpft, weshalb er der Adelsgesellschaft den vernünftigen, selbstbewußten und tüchtigen Bürger gegenüberstellt. Doch an eine durchgreifende Reform des Staatswesens aus reinen Vernunfterwägungen vermag ich nicht zu glauben, weniger noch an eine lange Dauer des schwelenden Zustandes. Zu tief ist die Erregung des Volkes gegen den Fortbestand des despotischen Regimes. Die Lehren von der Souveränität des Volkes, dem natürlichen Recht, seine Geschicke selbst in die Hand zu nehmen, breiten sich aus wie ein glimmendes Feuer, das früher oder später zur offenen Flamme auflodert.«[36]

Das gemeinsame Interesse an der Botanik schlägt die Brücke zwischen Heim und Rousseau. Voller Bewunderung schaut Ernst Heim auf das gewissenhaft angelegte Herbarium, die Frucht fleißiger botanischer Arbeiten Rousseaus, das auf elf stattliche Bände angewachsen ist und mehr als zweitausend Pflanzen enthält. Das Gespräch führt weiter. Linnés »Philosophia Botanica«, ein Werk, von dem Rousseau feststellte, in ihm »sei mehr Weisheit enthalten als in den größten Folianten über Moral«, inspiriert zum Gedankenaustausch zu allgemeinen wissenschaftlichen Problemen. Dabei zcigt sich Rousseau völlig anders als ihn manche Interpreten seiner Gedankenwelt auslegten. Keine Spur von Wissenschaftsfeindlichkeit. Nicht der Rückfall in den »Urzustand« ist seine Devise. Sein Ziel ist die Überwindung der von der feudalen Dekadenz verursachten Mißstände, der Aufbau echter menschlicher Beziehungen auf der Grundlage einer menschenwürdigen Gesellschaft. Auch die vermeintliche Ärztefeindschaft Rousseaus, die es Heim und Muzell sicherheitshalber hatte geboten erscheinen lassen, sich als Naturforscher auszugeben, erwies sich als Irrtum. Rousseau war keinesfalls ein Gegner der Ärzte, sondern er kämpfte gegen den Mißbrauch der Medizin aus Geschäftinteresse.

Die Liebe zur Natur und zu den Menschen verbindet die Gesprächspartner. Das Treffen mit Jean-Jacques Rousseau zählte für Ernst Heim zu den Höhepunkten der Bildungsreise, es sollte noch lange in seinem Denken und Handeln nachwirken. – Die Zeit war weit fortgeschritten, die Freunde mußten an die Heimkehr denken. Im Frühjahr 1775 kehrten sie nach dreijähriger Reise zurück.

Wieder in der Heimat

Muzell hätte die gemeinsame Wanderung gern noch etwas ausgedehnt, doch Ernst Heim drängte. Bruder Ludwig hatte ihm mitgeteilt, daß er als Begleiter der Prinzen Karl und Georg von Sachsen-Meiningen für kurze Zeit in Straßburg weilen würde, und das Zusammentreffen wollte er nicht versäumen.

Zweibrücken, Heidelberg, Karlsruhe und Baden waren die nächsten Stationen. Wie bei Antritt ihrer Reise besichtigten sie auch jetzt allerorts die Krankenhäuser und Heilanstalten und diskutierten mit ihren Fachkollegen. In der zweiten Märzhälfte trafen sie in Straßburg ein, wo es das lang ersehnte, herzliche Wiedersehen der Brüder Heim gab. Man nahm sich vor, etwa eine Woche zu verweilen und Ludwig Heim versäumte nicht, dem »kleinen Bruder« manche Ermahnung zu geben. Wenn der gestrenge »Große« längst zu Bette gegangen war, saßen die munteren Reisenden noch manche Stunde in fröhlicher Runde bei einem guten Tropfen Wein.

Offensichtlich waren die wohlmeinenden Ratschläge Ludwigs nicht überflüssig, denn von dem Übermut des jungen Heim wird folgender Vorfall berichtet: Eines Abends saß man wieder in feucht-fröhlicher Gesellschaft. Man erzählte von einem Ereignis, das die ganze Stadt in Aufregung hielt. Gegen Zahlung von vier Louisdors war ein junger Bursche auf die Spitze des Münsters geklettert. Im Scherz rief Muzell seinem Freund zu, das wäre doch auch für ihn eine Kleinigkeit. Sofort war Heim zu dieser halsbrecherischen Kletterei bereit und konnte durch nichts veranlaßt werden, den gefährlichen Unfug zu unterlassen. Er stieg von der oberen Plattform die frei liegenden Steintreppen empor, in die durchbrochene Krone des Turmes und arbeitete sich von dort Zentimeter für Zentimeter an das große Steinkreuz heran, das die oberste Spitze bildete. Er umklammerte es mit den Armen und schwang sich auf den Querbalken hinauf. Mit stürmischem Jubel wurde er nach glücklich vollbrachter »Vorstellung« von seinen Freunden, die mit angehaltenem Atem die halsbrecherischen Kletterkunststücke in 142 m Höhe verfolgt hatten, wieder auf dem sicheren Boden begrüßt.

Durch den Schwarzwald und das Schwabenland ging die Heimreise weiter nach Tübingen und Eybach, wo Heims Bruder Fritz als Erzieher wirkte. Nachdem auch Stuttgart und Ludwigsburg besucht worden waren, begaben sich die Freunde nach Nürnberg, dem Endziel ihrer gemeinsamen Reise. Unterwegs hatten sie jedoch in Ellwangen noch ein trauriges Erlebnis. Die Straßen und Gasthäuser waren von Kranken, Krüppeln und Siechen gefüllt. Sie waren in ihrer Not, keine Ausgaben scheuend, angereist, da ihnen Pfarrer Johann Joseph Gaßner, der hier unter dem Schutze des Bischofs sein Unwesen trieb, durch Gesundbeterei Heilung versprach. Nun setzten die Armen ihre letzte Hoffnung auf diesen Scharlatan. Angesichts des Elends und Aberglaubens, die von den Klerikern für ihre dunklen Machenschaften mißbraucht wurden – die »Kunst« des Pfarrers beschränkte sich nicht nur aufs Gesundbeten, er betätigte sich zugleich als Teufelsaustreiber – wurde den Freunden nachdrücklich bewußt, welche große Aufgabe und Verantwortung mit ihrer ärztlichen Tätigkeit verbunden waren.

In Nürnberg kam die Stunde der Trennung. Obwohl diese nur

vorübergehend sein sollte, traten sie doch voller Wehmut jeder für sich die Weiterreise an. Muzell begab sich nach Berlin, wo die Hochzeit der Schwester bevorstand, und Ernst Heim bestieg die Postkutsche in Richtung Meiningen. Kurz vor ihrer Trennung erreichte Muzell noch ein Brief des Vaters, der ein großer Trost war. Muzell sen. schrieb:

»Wegen Deines Freundes kannst Du außer Sorge sein, denn wenn er Willens ist, sich ordentlich hier im Lande zu etablieren, und solches mit dem Willen seines Vaters geschieht, so soll ihm ein gutes Physikat gewiß sein; und da ich alles dazu bereits eingeleitet habe, so kann er in Gottes Namen mit Dir nach Berlin kommen und bei uns wohnen, bis er sein Amt antritt.«[37]

Zunächst aber zog es Ernst Heim in die Heimat, um Vater und Geschwister wiederzusehen. Aus dem kurzen Abstecher wurde allerdings ein Aufenthalt von fünf Monaten. Bei seiner Ankunft ließ er es sich nicht nehmen, die letzte Wegstrecke bis Meiningen zu Fuß zu gehen. Zum Entsetzen von Bruder Anton, der hier als Hofadvokat zu den Honoratioren des Ortes zählte, zog nicht ein eleganter junger Akademiker in die kleine Residenz ein, dem man schon von weitem Würde und Erfahrung des weitgereisten Arztes, der mit hervorragenden Köpfen seiner Zeit persönlichen Umgang gehabt hatte, ansah, sondern ein fröhlicher Wanderbursche, dessen Kleidung gar nicht standesgemäß war. »Sein Reiseanzug sah abscheulich aus, beinah hätte ich mich seiner geschämt, wenn meine Seele einem anderen Gefühle als der Freude offen gewesen wäre. Er mußte sich sogleich frisieren lassen«,[38] teilte er dem in Straßburg weilenden brüderlichen Senior mit.

Anton, einem gelehrigen Schüler Ludwigs, der sich völlig der steifen Hofetikette untergeordnet hatte, sollte bald noch ein größerer Schrecken widerfahren. Ernst Heim war von den jungen Prinzen in Straßburg aufgetragen worden, Grüße an ihre Schwester, die Prinzessin Wilhelmine auszurichten. Er wollte die Aufgabe bald erfüllen, Anton gab ihm die entsprechenden Verhaltensregeln und begab sich sicherheitshalber mit auf den Weg. »Ich mußte mit Ernst zur Prinzessin Wilhelmine gehen, ungeachtet der Vorstellungen, die ich ihm tat, sich erst bei der Frau Oberhofmeisterin zu melden. Er wollte durchaus zu niemand als zur Prinzessin«, klagte er Ludwig weiter sein Leid.[39]

Bei Betreten des Schlosses hatte der diensthabende Kammerherr Ernst Heim bedeutungsvoll erklärt, daß er erst bei der Oberhofmeisterin gemeldet werden müsse. Da geriet er an den Falschen. Was hatte er, Ernst Heim, mit dieser alten Wachtel zu schaffen? Sein Gesprächspartner war die Prinzessin, nur ihr hatte er Grüße zu überbringen. Entweder er würde unverzüglich eingelassen oder seine Mission sei erledigt. Daraufhin wurde er sofort zu der Prinzessin geführt, mit der er ein langes Gespräch führte, während die Oberhofmeisterin mit nur schlecht verborgenem Zorn an der Tür Posten bezogen hatte.

Nun hielt Ernst Heim nichts mehr zurück, in Begleitung des jüngsten Bruders Christel, der soeben seine theologische Kandidatenprüfung absolviert hatte, eilte er nach Solz, wo der Vater ihn schon sehnsüchtig erwartete. Die ersten Tage gab es viel zu berichten, doch dann konnte Ernst Heim nicht länger untätig bleiben. Wie in den Kinderjahren packte er in Haus, Hof, Feld und Garten kräftig zu. Er säuberte Scheune und Stall, hackte Holz, verschnitt die Bäume. Nach der Sonntagspredigt des Vaters kamen die Bauern, um sich behandeln zu lassen. Da sie nicht müde wurden, in der ganzen Umgebung den Ruhm »ihres Ernst« zu verbreiten, war bald an Patienten, die seinen Rat hören wollten, kein Mangel. Auch der Vater war in dieser Zeit schwer erkrankt, so daß er ebenfalls bei ihm seine ärztliche Kunst anwenden konnte. Es fand sich auch ausreichend Zeit zu ausgedehnten Wanderungen durch den Thüringer Wald, die seine Pflanzensammlung bereicherten.

Inzwischen hatten Mahnbriefe des Freundes Ernst Heim an die Reise nach Berlin erinnert. Bei seinem Abschied erklärte er: »Und ich der unruhige Geselle will nach Berlin gehen, um aller meiner Lebendigkeit, welche mich seit geraumer Zeit beseelt hat, ein Ziel zu setzen und ein recht ernsthafter Arzt zu werden. Amen, Amen!«[40]

Das großzügige Angebot Friedrich Hermann Ludwig Muzells hatte ihn der drückendsten Sorgen enthoben. In Berlin würde es zunächst erforderlich sein, sich intensiv auf die Zusatzprüfungen vorzubereiten, die das collegium medicum jedem abverlangte, der sich um ein Physikat bewarb.

Im Herbst 1775 traf Ernst Heim in Berlin ein und wurde von seinem Freund herzlich begrüßt. Jetzt hatte er erstmals Gelegenheit, seinen großen Gönner persönlich kennenzulernen. Heim war von der Ausstrahlungskraft der Persönlichkeit des alten Muzell tief beeindruckt. Herzenswärme, Würde und die Weisheit des Gelehrten kennzeichneten sein Wesen. In über zwanzigjähriger Tätigkeit an der Charité hatte er reiche ärztliche Erfahrungen erworben, die er in seinem Buch »Medicinische und chirurgische Wahrnehmungen«, dem medizinischen Nachwuchs weiter vermitteln wollte.[41] In Muzells Wirken spiegelt sich die Schule Boerhaaves wider, deren Grundanliegen er an seine Schüler übertrug, von denen Johann Gottlieb Walter (1734–1818), der 1773 in Nachfolge J. F. Meckels die Professur für Anatomie am collegium anatomicum übernommen hatte und Christian Gottlieb Selle (1748–1800), die bedeutendsten waren. Seit einigen Jahren wurde er von einem sich ständig verschlimmernden Augenleiden geplagt, so daß er hoffte, in seinem Sohn eine Stütze und gegebenenfalls sogar den Nachfolger gefunden zu haben. Muzells Ruf als erfahrener Kliniker war auch an den Hof gedrungen, so daß Friedrich II. ihn seit Ende der sechziger Jahre als Leibarzt herangezogen hatte.[42] Dieses Amt war eine schwere Bürde, schon viele seiner Vorgänger hatten diese bittere Erfahrung machen müssen: Von Friedrich Hoffmann, der aus Halle kommend, diese Funktion von 1709–1712 bei Friedrich I. ausübte, wurde bereits berichtet, ebenso von Stahl, der 1715 zu Friedrich Wilhelm I. gerufen wurde. An seine Seite war 1724 noch Johann Theodor Eller (1689–1760) geholt worden. Er hatte die erste Pockeninoculation in Deutschland durchgeführt. Als preußischem Leibarzt wurden ihm jedoch dergleichen »Allotria« untersagt.

Eller, der beim Tode Friedrich Wilhelms I. von Friedrich II. »übernommen« worden war, mußte alsbald der Selbstherrlichkeit seines Gebieters weichen. Das gleiche Los traf auch seinen Nachfolger Christian Andreas Cothenius (1708–1789). Ihm folgte Friedrich Hermann Muzell, der ebenfalls bereits in tiefer Ungnade stand. Nach Möglichkeit zog er sich in seine Villa im Tiergarten zurück und widmete sich der diätetischen Heilkunde.

Ernst Heim gefiel ihm sofort ausnehmend gut. Er hatte, das beruhigte ihn sehr, die großen Kosten nicht an dem Falschen investiert, der die Freundschaft seines Sohnes nur zu egoistischen Zwecken ausgenutzt hatte. Heim erhielt in der Villa ein schönes Zimmer und konnte sich in aller Ruhe auf die Prüfungen vorbereiten. Gemeinsam mit Werner Muzell besuchte er fast täglich die Charité, absolvierte einen anatomischen Kurs und bearbeitete den vom collegio medico aufgegebenen »Casus« sowie die vom collegio-sanitatis erhaltenen sechs Themen. Darüber hinaus widmete er sich mit seinem Freund der Chemie, sortierte und systematisierte das von der Reise mitgebrachte reichhaltige Material an Pflanzen und Mineralien. In den Abendstunden wurden meist Gespräche mit Vater Muzell geführt. Sein großes medizinisches Wissen und seine langjährigen praktischen Erfahrungen boten den jungen Ärzten vielfältige Anregungen.

Bald nach der Ankunft in Berlin begann Ernst Heim seit 1776 mit der Führung von Tagebüchern, in denen er gewissenhaft über seine Tätigkeiten, aber auch über seine Eindrücke und Urteile über Literatur und über seine wirtschaftlichen Verhältnisse Rechenschaft ablegte. Bruder Ludwig teilte er den guten Fortschritt seiner Arbeiten mit: »Nur Courage – durch Fleiß und Aufmerksamkeit kann man alle Schwierigkeiten überwinden. Meine zwei noch zu haltenden anatomischen Lektionen, ob sie gleich fast die Schwersten sind, hoffe ich ebenso gut als die andern zu absolvieren, und, nachdem ich mich wohl präpariert auch einen guten Diskurs darüber zu halten.«[43]

Aller Fleiß der Prüfungsvorbereitungen konnte ihn nicht davon abhalten, mit Freund Muzell Berlin und Umgebung zu durchstreifen und dabei auch die Berliner mit ihren liebenswerten Eigenheiten kennenzulernen.

Ein halbes Jahr war bereits vergangen. Die Prüfungen waren mit Auszeichnung überstanden, doch das erhoffte Physikat ließ auf sich warten. Diese Ungewißheit über die Zukunft bedrückte Ernst Heim sehr. Er war nun bald dreißig Jahre alt und wollte nicht länger Kostgänger sein. Er sehnte sich nach einem eigenen Wirkungskreis, um mit seiner ärztlichen Arbeit sein Brot zu verdienen. Wann endlich würde es soweit sein?

Der Zufall kam zu Hilfe. Der Stadtphysikus von Spandau, Carl Jetzke, den er von der Studentenzeit her kannte, war an

Tuberkulose erkrankt und mußte sich längere Zeit in Behandlung begeben. Er bat Ernst Heim, ihn zu vertreten, um dadurch den Kuraufenthalt zu ermöglichen. Heim nahm voller Freude das Angebot an.

Als Stadt- und Kreisphysikus von Spandau

Erste ärztliche Praxis

In der Nähe des Spandauer Hafens richtete sich Heim bei einer älteren Frau zwei Junggesellenzimmer ein, die ihn zugleich als Haushälterin unterstützte. So konnte er sich den beruflichen Aufgaben widmen, die ihn bald voll beanspruchten.

Zunächst aber machte er sich gründlich mit seinem neuen Wohnort vertraut. Spandau, dessen Gründungsurkunde auf das Jahr 1232 zurückgeht, hatte eine sehr wechselvolle Geschichte.[1] Das Stadtbild wurde von der preußischen Garnison geprägt. Zitadelle, Zuchthaus und Hochgericht taten das ihrige, den Ort nicht gerade als idyllisches Städtchen erscheinen zu lassen. Um die Alarmbereitschaft und Disziplin der hier stationierten Truppe zu erhöhen, wurden die bisher in Einquartierung lebenden Soldaten seit 1766 kaserniert.

Im Jahre 1784 hatte Spandau 6690 Einwohner, davon 4484 Zivilpersonen. Der Magistrat hatte wenig Befugnisse. Das Militär und der königliche Steuerrat gaben den Ton an. Was König Friedrich Wilhelm II. von städtischer Selbstverwaltung hielt, ließ er bereits im Jahre 1788 die Spandauer Bürger wissen, als er kurzerhand einen abgedankten Feldwebel ausschickte, der als Polizeiaufsicht nach dem Rechten sehen sollte.

Die Bediensteten der Stadt, unter ihnen auch der Stadtphysikus, waren im Offiziantenhaus untergebracht, ein Quartier, für das sich Ernst Heim jedoch bedankte. Das in der Nähe des Berliner Tores gelegene »Spital zum Heiligen Geist« hatte eine Kapazität von ganzen sechs Betten. So gab es für Ernst Heim auf seinem Stadtrundgang an Gesundheitseinrichtungen wenig zu inspizieren. Handel und Gewerbe Spandaus waren ohne Bedeutung und im wesentlichen nur auf den Eigenbedarf der Stadt ausgerichtet.

Dem Heimschen Brüderkollektiv gefiel die Ortswahl keineswegs. Das um so weniger, da die Nähe Berlins den Verdacht nahe legte, daß Ernst Heim sich zu stark auf die Unterstützung durch die Familie Muzell verlassen würde.

»So bist Du also in Spandau, mein lieber Ernst«, schrieb Ludwig Heim, »in unserer Gegend, weißt Du, ist die Vorstellung dieses Ortes so genau mit der von Gefängnis bei Wasser und Brot verbunden als Sibirien mit Landesverweisung und Zobelpelzen. Aber ich denke doch, es soll Dir auch da wohlergehen. Der Ort ist groß und liegt nicht weit von Berlin. Dein Wirkungskreis ist also nicht so eingeschränkt, als er es in einem Städtchen, wie etwa Wasungen, würde gewesen sein. – Es ist gut, wie Du sagst, daß Du Deinen Freund und seinen Vater noch in der Nähe hast; nur verlasse Dich bei Deiner ökonomischen Einrichtung nicht so sehr auf ihren Beistand. Es ist Zeit, daß Du einmal Dein eigen Brot essest. Zwei Deiner jüngeren Brüder haben es schon so weit gebracht. Sind es gleich kleine Stückchen, so schmecken sie doch besser. Schränke Dich anfangs so sehr ein, als Du kannst; von der ersten Einrichtung hängt alles ab. Ein Doktor ist ja ein so himmelhohes Wesen nicht, daß Du, um Deine Würde zu behaupten, einen großen Aufwand machen müßtest.«[2]

Bereits in den ersten Monaten der Vertretungszeit erwarb sich der junge Doktor, der Tag und Nacht jederzeit seinen Patienten zur Verfügung stand, großes Vertrauen. In seiner ärztlichen Praxis konnte er große Erfolge verzeichnen. Er war so recht ein Arzt nach dem Wunsche des Volkes. Bald gab es kaum eine Hochzeit oder Kindtaufe, wo er nicht eingeladen war. Und selbst die Spandauer Stadtchronik vermerkt dazu: »Bei solchen Gelegenheiten war er stets einer der Vergnügtesten und Ausgelassendsten und im Interesse der Wissenschaft ließ er es sich manchen Kuß an bejahrten Frauen kosten, zumal auch manch Jüngere mitunter an die Reihe kam. Aber auch die Männer wußte er durch Liebenswürdigkeiten zu gewinnen«.[3]

Ernst Heim fand zunehmend Gefallen an seinem ersten Wirkungskreis. Am 5. September schrieb er an Ludwig: »Mit meinem Aufenthalte allhier kann ich in aller Absicht zufrieden sein. Vornehme und Niedere bemühen sich, mir denselben angenehm zu machen. Seit sechs Wochen habe ich an dreißig Patienten mit hitzigen Fiebern gehabt und nicht einer ist mir gestorben. Alles geht nach Wunsch... Aller Wahrscheinlichkeit nach werde ich in Spandau bleiben. Mein Herr Kollege Dr. Jetzke kommt in nächster Woche zurück, allein seinen Briefen nach ebenso elend, als er wegreiste... Sollte er sterben, so glaube ich wohl, daß mich der Magistrat wählen wird. Die vielen Bitten, welche ich täglich höre, Spandau nicht zu verlassen, können unmöglich bloße Schmeicheleien sein. Es ist eine recht gute Lebensart unter den hiesigen Einwohnern, ich bin der einzige Doktor und – was allerdings sehr wichtig ist – nicht sehr weit von Berlin. In der Tat ziehe ich Spandau allen Orten in den preußischen Landen vor«.[4]

Nach seiner Rückkehr verschlechterte sich der Zustand von Jetzke zusehends. Als er starb, bemühten sich zahlreiche Bewerber um die frei gewordene Physikatsstelle. Der Magistrat aber kam dem Wunsche der Bürger nach und übertrug Ernst Heim diese Tätigkeit. In der halbjährigen Probezeit hatte er bewiesen, der Richtige zu sein. Das Amt des Stadtphysikus bestand in Spandau noch nicht allzu lange. In der Stadtchronik wird als erster Johann Georg Camprisius genannt, der von 1701 bis 1708 dieses Amt ausübte. Der Stadtphysikus hatte vor dem Magistrat folgenden Eid zu leisten:

»Ich N. N. schwöre zu Gott dem Allmächtigen in dem

Himmel einen körperlichen Eid. Nachdem ich vom Magistrat dieser Stadt zum Stadtphysicum allhie angenommen und bestellet worden, daß ich diesem Amte nach meinem besten Willen und Gewissen fürstehen will, dergestalt und also, wie es einem Physico anstehet und gebühret; auch allen und jeden Patienten, sie mögen sein, wer sie wollen, mit Hülfe und Rat meinem besten Vermögen nach beispringen, bei Tag und Nacht, wann ich gefordert werde, solche besuchen und mit Willen niemand versäumen auch der Honorarii halber keinen übersetzen wolle; wann ich vom Magistrat erfordert werde die Verwundeten und Ertöteten zu besichtigen, daß ich mich gern und willig dazu einfinden und meinen pflichtmäßigen Bericht davon auf Begehren ohne Entgelt abstatten und mich sonst überall, wie einem getreuen und gewissenhaften Physico zustehet, bezeigen und verhalten will.«[5]

Das Jahresgehalt von 30 Talern war allerdings den Pflichten und Aufgaben keineswegs angemessen. Auf Camprisius folgte von 1709 bis 1716 Heinrich Christian Angelocrator. Das Grundgehalt blieb bei ihm unverändert. Als personengebundene »Pestbesoldung« erhielt er zusätzlich 50 Taler und 16 Klafter Holz.

Christoph Krause, der von 1716 bis 1721 in Spandau wirkte, bekleidete erstmals neben dem Amt des Stadtphysikus auch das des Landphysikus. Die im »Memorial« verzeichneten 12 Scheffel Roggen bildeten offensichtlich die »Funktionszulage«. Krauses Nachfolger, Johann Ernst Liebchen (1721–1738), bekam als erster Physikus ein jährliches Mietgeld von 12 Talern. Über den nächsten Physikus Johann Daniel Curtius (1739 bis 1750) vermerkt die Chronik nur in aller Kürze: »Er hatte keine sonderliche Praxis. Den meisten Unterhalt hatte er von verrückten Leuten, die er zu sich in die Kur und Kost nahm«.[6]

Da das bisherige Gehalt bei den inzwischen eingetretenen Teuerungen nicht im Entferntesten das Existenzminimum des Physikus sicherte, wurde für Wolfgang Heinrich Oswald, der über zwanzig Jahre, von 1750 bis 1772, das Amt bekleidete, die Besoldung auf 100 Taler jährlich erhöht. Er wurde auch als erster Stadtphysikus Mitglied des Rates, wofür er weitere 50 Taler erhielt. Damit war die Physikatsstelle für damalige Verhältnisse recht »attraktiv« geworden. Unter den vorliegenden Bewerbungen fiel die Wahl als Nachfolger auf Heims Vorgänger Carl Jetzke (1773–1776), der zwar sehr beliebt, wegen seiner fortschreitenden Krankheit aber kaum in der Lage war, seine Praxis auszuüben. Die Vertretung hatte der Stadtchirurg übernommen. Da dieser jedoch innere Krankheiten nicht behandeln konnte, mußte bei Kurantritt Jetzkes ein akademisch gebildeter Arzt als Stellvertreter gewonnen werden. Der Physikus erhielt vom Magistrat als Jahresgehalt 100 Taler, 20 Scheffel Roggen, 16 Klafter Holz und freie Dienstwohnung. War das schon kärglich genug, so beschränkten sich die Einnahmen des Stadt- und Armenchirurgen auf jährlich 20 Taler mit 12 Talern Aufschlag aus der Armenkasse. Das Nebenamt am Spandauer Zuchthaus brachte ihm weitere 72 Taler ein.

Bei der Würdigung der ärztlichen Verdienste Heims darf nicht übersehen werden, unter welchen materiellen Voraussetzungen er sein Amt ausführte. Das Gehalt vermochte nicht die Existenzgrundlage zu bieten, auch nicht für einen äußerst bescheiden lebenden Junggesellen. Der Physikus war auf die zusätzlichen Einnahmen durch seine Patienten angewiesen.

Nach dem ersten Praxis-Jahr mußte Heim zu seiner wirtschaftlichen Lage feststellen: »In diesem Jahre habe ich starke Ausgaben gehabt, so daß die 400 Taler, welche ich von Patienten erhalten, weg sind und ich noch 125 Taler von meinem Freund Muzell habe leihen müssen... Ein reicher Mann werde ich wohl niemals werden.«

Zu der Würde eines Arztes gehörten unter allen Umständen einige wichtige Utensilien. Am teuersten war der Scharlachrock, für den allein er 50 Taler, also 50% seines Jahresgehaltes hatte zahlen müssen. Schweren Herzens stellte Heim fest: »Nie würde ich dergleichen kostbare Kleider anschaffen, wenn es nicht zur medizinischen Politik gehörte, wohlgeputzt einherzugehen.« Nach Heiratsplänen befragt, äußerte er: »Bevor meine Zimmer nicht vollständig mit Möbeln versehen sind und ich 300 Taler zurückgelegt habe, werde ich nicht heiraten.«

Die erste größere Anschaffung war ein Reitpferd, um die weiten Entfernungen bei Patientenbesuchen bewältigen zu können. Trotz der eigenen Finanzmisere behandelte Heim die Armen nicht nur kostenlos, sondern steckte ihnen zur Linderung der größten Not manchen Groschen zu.

Die Praxis des beliebten Arztes vergrößerte sich ständig, und als ihm auch noch das halbe Kreisphysikat übertragen wurde, die andere Hälfte des Kreises betreute der Rathenower Physikus Meyer, überstieg sie fast seine Kräfte. Die zusätzlichen 50 Taler Jahresgehalt, die man ihm für den erweiterten Aufgabenbereich »großzügigerweise« gewährte, waren gemessen an der Fülle von Arbeit geradezu beschämend.

Zu den Obliegenheiten des Kreisphysikus gehörte auch die tierärztliche Praxis, wobei er sich die notwendigen Fähigkeiten nur in der täglichen Arbeit erwerben konnte. Er stellt dazu fest:

»Auf der Universität Halle, wo ich sechs Jahre studiert habe, hatte ich weder über Viehkrankheiten, noch über die Anatomie der Tiere von irgend einem Lehrer das Mindeste gehört, und nachher auf meinen Reisen auch nur geringe Kenntnis hierüber erhalten. Da ich doch gleichwohl, als ich das hiesige Physikat antreten wollte, auf Befehl Allerhöchstdero Ober-Collegii medici eine kleine Abhandlung von der gewöhnlichen Hornviehseuche ausarbeiten mußte, so habe ich nach dieser Zeit allen Fleiß darauf gewendet, Pferde, Rindvieh, Schafe, Schweine, Gänse u.s.w. zu zergliedern, krankes Vieh aufzusuchen und die Krankheiten desselben kennen zu lernen. Es wird daher selten ein Pferd und besonders ein Stück Rindvieh von dem hiesigen Abdecker abgeledert, ohne daß ich dabei bin, es zergliedere und die Ursache des Todes dadurch zu erfahren suche. Auf diese Art stehe ich mit den Knechten des hiesigen Scharfrichters in dem besten Einvernehmen, und da die hiesigen Einwohner überdies wissen, daß ich mich auch mit Viehkrankheiten abgebe, so erfahre ich es öfter von ihnen selbst, wenn ihnen ein Stück stirbt oder krank ist.«[7]

Wie die exakten und ausführlichen Sektionsberichte Heims zeigen, hat er sich bald und gründlich in das neue Fach eingearbeitet. Ein Beispiel soll das belegen:

»Auf Ersuchen des Herrn Landraths von Brösike bin ich gestern nach Wustermark geritten, und habe daselbst mit Hilfe der Bauern und des Hirten das Pferdesterben überhaupt nicht nur untersucht, sondern auch zwei umgefallene Pferde insbesondere besichtigt und zergliedert... Ich nahm folgendes an ihnen wahr:

1. Bei beiden der Unterleib sehr aufgetrieben, und bei einem der Hals besonders geschwollen
2. Nachdem die Haut weggenommen war, sah man ausgetretenes geronnenes Blutwasser oder die sogenannte gelbe Geschwulst am Halse, sowohl äußerlich, als auch zwischen Muskeln an den Hinterfüßen und in dem Schacht.«[8]

Es folgen detaillierte Schilderungen des Zustandes der Därme und aller inneren Organe. Abschließend gibt Heim noch konkrete Hinweise: »Für ansteckend kann ich diese Krankheit nicht halten, besonders da ich nämlich Zufälle in Ansehung der Krankheit, des Todes und bei der Eröffnung der Körper auch beim Rindvieh wahrgenommen habe«.

Ernst Heim war Tag und Nacht auf den Beinen. Außer ihm praktizierte weit und breit kein anderer wissenschaftlich ausgebildeter Arzt. Sein Wirkungsbereich umfaßte die Spandauer Umgebung bis Potsdam, Oranienburg und Berlin. Doch er beschränkte sich nicht nur auf das Praktizieren, er hielt es für seine Pflicht, sich ständig weiter zu bilden und dabei vor allem den Ursachen vieler bisher als »Schicksal« gedeuteter Krankheiten auf die Spur zu kommen.

Kampf gegen Seuchen und Infektionskrankheiten

Es erregte manches Aufsehen bei der Bevölkerung, daß ihr Doktor alle an Seuchen verendete Tiere: Rinder, Pferde, Schafe, Schweine und selbst das Wild sezierte. Mehr als 200 Rinder und ebenso viele Pferde hatte er schon zergliedert. Mit Hilfe eines Mikroskops hoffte er, den verheerenden Milzbrand, der alljährlich ganze Herden vernichtete, zu bekämpfen. Heim hatte während seiner Bildungsreise von Theorien gehört, nach denen winzige Lebewesen Krankheitserreger sein sollten. In Holland hatte bereits vor etwa hundert Jahren Antony van Leeuwenhoek (1632–1723) mit einem selbstgebauten Mikroskop lebende Gebilde in einem Heuaufguß gesichtet. Bisher war allerdings weder der exakte wissenschaftliche Nachweis von Bakterien vorgelegt, noch, und das war weitaus schwieriger, bewiesen worden, daß diese Krankheitserreger sind. Das blieb nahezu weitere 100 Jahre später Robert Koch (1843–1910) vorbehalten, der ebenfalls als Landarzt, ähnlich wie Ernst Heim, getrieben von hohem ärztlichen Ethos auf sich allein gestellt, unermüdlich den Kampf gegen die Seuchen aufgenommen hatte.[9] Auch er hatte seine bakteriologische Arbeit mit der Untersuchung des Milzbrandes eingeleitet. Sein Vorteil war die Nutzung wesentlich verbesserter optischer Hilfsmittel. Konnte Heim trotz nächtelangen Forschens auch nicht der Ursache auf die Spur kommen, so wollte er doch durch entsprechende Maßnahmen der weiteren Ausbreitung der Seuche entgegenwirken. Hätte er sich nicht bereits als Tierarzt bei den Bauern beliebt gemacht, wäre man schwerlich auf seine Forderungen eingegangen. Da sollten die Tierkadaver tief vergraben, die infizierten Tiere in gesonderte Ställe gebracht und alle anderen vorsorglich mit allerlei Essenzen behandelt werden. Alles das war zusätzliche schwere Arbeit. Doch »ihr« Doktor mußte es ja wissen, und der Erfolg stellte sich bald ein.

Aber er zergliederte nicht nur Tiere, er sezierte auch Leichen. Warum störte er die Ruhe der Toten? So etwas hatte im Havel- und Ruppiner Land noch niemand getan. Beharrlich und geduldig überzeugte Heim die Bevölkerung davon, daß die Obduktionen, aus denen er für seine Praxis viel lernen konnte, nur zu ihrem Nutzen waren, und bald bedurfte es keiner langen Diskussionen mehr, um die Sektionserlaubnis zu erhalten.

In seinem Kampf gegen die Tierseuchen gewann Ernst Heim in Oberforstmeister von Burgsdorff einen vortrefflichen Mitstreiter. Heim versuchte nicht nur mit dem Mikroskop den Erreger zu entdecken. Er erforschte auch die Faktoren, die eine Ausbreitung der Seuchen begünstigten. Tagelang durchstreifte er die tiefliegenden sumpfigen Niederungen des Havellandes. Er sieht den harten Kampf der Bauern, die dem Morast zu Leibe rücken, um das Futter für das Vieh zu sichern. Heim begnügt sich nicht mit der Ermittlung der Mißstände. Dank seiner landwirtschaftlichen Kenntnisse kann er Vorschläge zur Sicherung einer gesunden Weidewirtschaft unterbreiten. Doch er hat noch keine Erfahrungen mit dem preußischen Amtsschimmel gesammelt. Derartige, noch dazu kostspielige Pläne sind ja geradezu subversiv. Heim gibt keine Ruhe, er rüttelt an dem Instanzenweg, entwirft, da er von den Behörden keine Antwort erhält, selbst allerlei Maßregeln und Vorschriften, die er der Öffentlichkeit unterbreitet. In Spandau lernt Ernst Heim den Kompaniechirurgen Johann Görcke (1750–1822) kennen, der bereits hinreichend trübe Erfahrungen mit der preußischen Bürokratie machen mußte. Allen seinen Vorschlägen zur Umgestaltung des Feldlazarettwesens, zur Modernisierung der hoffnungslos veralteten Spitäler und zur Einführung einer wissenschaftlichen medizinischen Ausbildung für Militärchirurgen war bisher das gleiche Schicksal beschieden wie Heims Plänen: Sie ruhten in den Akten der Amtsstuben.

Im Gegensatz zu seinen wissenschaftlich gebildeten Fachkollegen scheute sich Heim nicht, auch chirurgische Eingriffe zu verrichten, er betrachtete es keineswegs als unter seiner Würde, dabei bei dem Stadtchirurgen, einem erfahrenen Wundarzt, in die Schule zu gehen. Mehr noch, in seinem Streben, möglichst viel zu lernen, suchte er sogar Personen auf, die, als Pfuscher verschrieen, sich der Naturkräfte zu Heilzwecken bedienten.

Ein Problem lag ihm besonders am Herzen, die Pocken. Alljährlich fielen zahlreiche Kinder dieser Seuche zum Opfer. Trotz anfänglichen Widerstrebens hatte er viele Eltern von der bisherigen schädlichen Behandlungsweise abgebracht und die Isolierung der Erkrankten, ihre Unterbringung an frischer Luft, häufiges Waschen und Wäschewechsel durchgesetzt. Wenn es ihm damit auch gelungen war, die Erkrankungshäufigkeit zu vermindern und die Mortalitätsrate beträchtlich zu senken, so vermochte er bisher noch nicht, gegen die Ursachen der Infektion anzukämpfen. Heim entschloß sich schließlich zur Einführung der Variolation, der vorbeugenden Pockenimpfung von Mensch zu Mensch. Dieser Schritt erforderte außerordentlichen Mut, da das Verfahren, das Heim in England kennengelernt hatte, noch heiß umstritten war. Der verantwortungsbewußte Arzt war sich durchaus der großen Gefahren bewußt, die damit verbunden waren, doch sollte er untätig zusehen, wie immer mehr Kinder Opfer des »schwarzen Todes« wurden? Um zu vermeiden, daß bei der Impfung andere Krankheiten übertragen wurden, unterzog Heim den Spender des Impfstoffes gründlichen Untersuchungen. Die Eltern zögerten zunächst, ihre Kinder der Prozedur zu unterziehen, doch das Vertrauen zu ihrem Arzt war nahezu grenzenlos, und die Impfliste wuchs von Tag zu Tag.

Heim kannte das Risiko, das er mit seiner kühnen Pioniertat

auf sich nahm. Natürlich hatte er nicht nur Freunde, in Berlin forderte das angesehene Mitglied des collegium medicum, Marcus Herz (1747–1803), energisch, seinem »verantwortungslosen Treiben« ein Ende zu setzen. Ernst Heim war sich seiner Lage bewußt. »Es ist keine Kleinigkeit, was man hier im Preußischen von einem Physikus verlangt,« schreibt er seinem Bruder Ludwig, »zumal in der Nähe von Berlin, wo das collegium medicum immer auf ihn acht hat. – Wenn die Vornehmeren hier an mir etwas auszusetzen fänden, so würden sie sich gleich an die berlinischen Ärzte wenden; bin ich aber geschickt und in meinen Kuren glücklich, so kann ich selbst von Berlin Vorteil ziehen. Meine Laufbahn soll, glaube ich, mit Spandau nicht zu Ende sein.«[10]

Das Ansehen des erfolgreichen Arztes drang weit über seinen Wirkungskreis hinaus. Im Herbst 1777 wurde Ernst Heim angetragen, in Nachfolge des verstorbenen Professors Kartheuser, den Lehrstuhl für Botanik und Anatomie an der Universität von Frankfurt/Oder zu übernehmen. Die Frage, Hochschullehrer oder Praktiker, hatte er bereits in Halle nach Abschluß des Studiums beantwortet. War die Entscheidung damals noch mehr gefühlsmäßig zu Gunsten des Praktikers ausgefallen, so wurde sie jetzt, gestützt auf die Erfahrungen ärztlicher Tätigkeit, klar und eindeutig, ohne zu überlegen, mit gleichem Ergebnis entschieden. Ernst Heim war mit Leib und Seele praktischer Arzt. Er liebte seine Patienten und fühlte sich in seinem Wirkungskreis wohl. Sein Leitgedanke war: »Wenn man nun als Arzt glücklich ist und man führt sich übrigens gefällig und wohltätig gegen andere auf und schickt sich in die Leute, so kann es nicht fehlen, die Menschen müssen einen lieben, und danach trachte ich mehr als nach aller Ehre.«[11] Er war sich freilich auch der Konsequenz bewußt: »Ein sehr reicher Mann werde ich zwar niemals werden, aber ein heiteres und vergnügtes Gemüt gewiß immer behalten.«

Die Brüder hätten es sehr gern gesehen, wenn er möglichst bald den Hafen der Ehe angesteuert hätte. So lange er Junggeselle war, mußte man mit allerlei Überraschungen rechnen, hatte er doch sogar einmal geäußert, daß er nicht abgeneigt wäre, auch im Ausland sein Glück zu suchen. Allerdings war Bruder Ludwig, der stärkste Mahner zur Familiengündung, zu dieser Agitation wenig geeignet, war er doch selbst ein eingefleischter Hagestolz. So durfte er sich über Ernsts Antwort auf seine dringenden Empfehlungen nicht wundern: »Du hättest mir schon längst darin mit gutem Beispiel vorangehen sollen. Ich meines Teils werde jedoch noch etwas warten.« Er wollte es wegen einer nicht mit allen verderben: »Hier in Spandau sind ungefähr acht Mädchen, die ich heiraten könnte, und wovon eine jede gern meine Frau werden möchte. Indessen glaube ich mein Glück und meinen guten Ruf hier besser befestigen zu können, wenn ich mich noch ein bis zwei Jahre mit dem Heiraten gedulde. In jedem Hause, wo es ein Mädchen zu freien gibt, werde ich gelobt, bald mit, bald ohne Grund, indes trägt dies Lob immer zu meinem künftigen Glücke bei. Noch habe ich es nicht so weit gebracht, um über den Tadel anderer gleichgültig zu sein. Von vielen aber, die mich jetzt himmelhoch erheben und mir alles zu Liebe tun, würde ich herabgesetzt werden, wenn ich nicht just diejenige heirate, auf welche sie für mich die Rechnung gemacht haben«.[12]

Wie die Mädchen, »so recht nach seinem Sinn« sein sollten, läßt er uns nicht im Zweifel: »Sie sind fromm, fleißig, geschickt, halten untereinander gute Freundschaft, sprechen von niemand übel, sind nicht gelehrt, haben einen gesunden Körper und vollen Busen, sind mehr natürlich als künstlich erzogen.«

Oberforstmeister von Brugsdorff stellte Ernst Heim Maria Elisabeth von Humboldt (1741–1796) vor, die von ihm gehört hatte und ihn gern kennenlernen wollte. Sie bewohnte mit ihrer Familie in den Sommermonaten das nahegelegene Schlößchen Tegel. Der strebsame, aufgeschlossene, tüchtige junge Arzt gefiel ihr so ausnahmend gut, daß sie ihn nicht nur zu ihrem Hausarzt machte, sondern auch als Botaniklehrer für ihre Söhne gewann. Der später als Pädagoge berühmt gewordene Joachim Heinrich Campe (1746–1818) war zwar deren ständiger Hauslehrer und Erzieher, vermochte aber den naturwissenschaftlichen Wissensdrang seiner Zöglinge nicht so recht befriedigen. Ganz anders Ernst Heim. Er zog mit Wilhelm (1767–1835) und Alexander von Humboldt (1769–1859) fröhlich botanisierend durch den Tegeler Forst und weihte seine Schützlinge in das Reich der Botanik und das Linnésche Pflanzensystem ein. Namentlich der achtjährige Alexander entwickelte eine unersättliche Sammelleidenschaft für Pflanzen, Mineralien und Insekten, die er im Anschluß an die Ausflüge zu bestimmen versuchte. So konnte sich Ernst Heim mit Recht rühmen, die Liebe zur Natur bei diesem großen Gelehrten geweckt und ihn in die Anfangsgründe der Naturwissenschaft eingeführt zu haben.

Übrigens blieb Alexander von Humboldt keineswegs der einzige, der Heims Anregungen viel für seinen späteren Werdegang verdanken konnte. In Spandau hatte Heim auch Christian Konrad Sprengel (1750–1816) kennengelernt. Nach dem Studium der Theologie und Philologie war Sprengel, nachdem er zunächst in Berlin als Lehrer tätig gewesen war, 1780 nach Spandau gekommen und hatte die Stellung als Rektor des städtischen Gymnasiums übernommen. Hier war Heim ihm begegnet, und nahm ihn auf seine botanischen Exkursionen mit. Damit erschloß er Sprengel, der völlig zurückgezogen lebte und als unleidlicher Hypochonder galt, ein neues Reich. Heim erinnerte sich:

»Ich habe dem Rektor Sprengel in Spandau, um ihm wegen seiner hypochondrischen Launen die Spaziergänge angenehm zu machen, den ersten Unterricht in der Botanik erteilt.«

Sprengel stürzte sich mit wahrem Feuereifer in das für ihn neue Gebiet. Als Intrigen seines kirchlichen Vorgesetzten zu seiner Entlassung führten, widmete er sich fortan nahezu ausschließlich der Botanik.

Heim und Sprengel hatten viele Gemeinsamkeiten und kamen sich dadurch menschlich sehr nahe. Die Charakteristik, die ein Schüler Sprengels von seinem Lehrer gibt, ist ebenso auf Ernst Heim zutreffend: »Einfach wie in der Lebensweise, war er auch im gesellschaftlichen Betragen. Er wußte nichts von Schmeicheleien und war selbst mit den gewöhnlichen Höflichkeitsausdrücken nicht freigebig. Er sprach, was er dachte, schnell und offen heraus, und da sein Geist leicht in jedes Wesen eindrang, Wahrheit ihm über alles ging, so mußte das, was er sprach, oft hart an die durch Täuschungen verwöhnte Welt anstoßen. Er nahm keine Meinung unbedingt und nichts auf bloßen Glauben an, auf seine eigenen Ansichten verließ er sich mehr als auf jede fremde, sie mochte sein, von wem sie wollte.«[13]

Waren für die bisherige botanische Forschung Versuche im Garten oder Treibhaus typisch, so bezog Sprengel die freie

Natur in seine Arbeit ein. Er entwickelte sich zu einem führenden Botaniker. Im Jahre 1793 erschien sein bedeutendes Werk »Das entdeckte Geheimnis der Natur im Bau und der Befruchtung der Blumen«, das leider lange unbeachtet blieb. Allzusehr rüttelten seine Erkenntnisse an dem sorgsam gehüteten Dogma von der Konstanz der Arten. Erst Robert Brown (1773–1858) wies Charles Robert Darwin (1809–1882) im Jahre 1841 auf Sprengels Werk hin, der es mit großem Interesse für seine Arbeit auswertete und hoch schätzte. Christian Konrad Sprengel übte wiederum großen Einfluß auf seinen Neffen Kurt Polykarp Joachim Sprengel (1766–1833) aus, der 1789 in Halle eine Professur erhielt. Mit beiden war Ernst Heim in ständigem gedeihlichem Gedankenaustausch.

Der Tod des Freundes

Die wachsende ärztliche Praxis schränkte zu Heims großem Leidwesen die Kontakte mit seinem Freund Muzell stark ein. An den Wochenenden ritt Ernst Heim oft nach Berlin, fühlte er sich doch auch zu Vater Muzell hingezogen. Es war ihm nicht entgangen, daß sich die Neigung des Freundes zur Schwermut, die er während der gemeinsamen Reise so erfolgreich bekämpfen konnte, wieder verstärkt hatte. Die Ursache war schnell ermittelt. Muzell hatte sich in die Sängerin Lotte Salomon, die Schwester des Konzertmeisters der Kapelle des Prinzen Heinrich, verliebt. Das Mädchen war reizvoll und klug, aber leider, Ernst Heim hatte die untrüglichen Zeichen bald erkannt, von der Tuberkulose gezeichnet. Die furchtbare Krankheit war bereits in einem Stadium, wo eine Heilung unmöglich war. Von diesem Schicksalsschlag wurde der ohnehin psychisch labile Freund aufs schwerste getroffen. Ungeachtet aller Konsequenzen und des für Außenstehende offensichtlichen Widersinns einer Verbindung, gab es für ihn keine andere Wahl als sein Leben mit dem Schicksal der Geliebten zu vereinen. Das traf auf Unverständnis und heftigen Widerstand des Vaters. Die Unstimmigkeiten spitzten sich derart zu, daß ein völliges Zerwürfnis drohte. Diese mißlichen familiären Verhältnisse trugen nicht gerade dazu bei, die Gemütslage des jungen Muzell zu verbessern. Seine einzige Zuflucht, wo er das Herz erleichtern konnte, war sein Freund Heim.

Anfang April weilte Muzell in Spandau. So sehr er hier auch den gewohnten Komfort entbehren mußte, so bescheiden auch die täglichen Mahlzeiten waren, fühlte er sich hier doch viel wohler als unter den gespannten Verhältnissen in der väterlichen Tiergarten-Villa. Selbst als sich die Anzeichen einer Erkrankung einstellten und sich sein Zustand beunruhigend verschlechterte, wollte er nichts davon wissen, den Heimweg anzutreten. Da unter den weitaus günstigeren Bedingungen in Berlin eine bessere Pflege gewährleistet war, bestand Heim auf der Heimfahrt. Hohes Fieber, heftige Schüttelfröste und Hautausschlag ließen bald keinen Zweifel mehr: Sein Freund litt an Flecktyphus. Der Vater machte sich schwere Vorwürfe. Ohnmächtig, den Sohn selbst zu behandeln, rief er seine Kollegen Christian Ludwig Roloff (1726—1800) und Christian Gottlieb Selle, vor allem aber ließ er schnellstens Ernst Heim an das Krankenlager holen. Doch der Zustand war bereits hoffnungslos. Der Patient war apathisch. Offenbar fehlte ihm der Wille zum Leben. Vier Tage und Nächte brachte Heim am Krankenlager des Freundes zu. In den frühen Morgenstunden eilte er kurz nach Spandau, um nach seinen Patienten zu sehen. Von Tag zu Tag verschlechterte sich Muzells Verfassung. Ohne das Bewußtsein wiedererlangt zu haben, trat am 14. April 1778 der Tod ein.

Ernst Heim war zutiefst erschüttert: »Mein bester Freund, die Hälfte meines Lebens, mein größter Stolz, Muzell ist tot... Mein Verlust aber ist unbeschreiblich; ich komme mir völlig verlassen vor... Ich werde niemand in meinem Leben wieder so vertraut werden, niemand wird so uneigennützig, so freundschaftlich gegen mich handeln wie er... Die schönen Hoffnungen, die wir uns gemacht, einst in Berlin zusammen zu leben und mit vereinten Kräften Gott und unseren Nächsten zu dienen, sind nun alle dahin.«[14]

Vater Muzell war völlig gebrochen. Verzweifelt klammerte er sich an Ernst Heim und bat ihn, seine Praxis nach Berlin zu verlegen. Heim bat sich Bedenkzeit aus. Er stellte sich die Frage, ob es richtig sei, getrieben von dem Schmerz um den Freund, aus Dankbarkeit für die vielfältige Förderung durch Vater

Muzell eine Entscheidung zu treffen, die sein Leben in völlig andere Bahnen lenken würde. Er beriet sich auch mit Muzells Schwager K.-D. Stubenrauch, der ihm in diesen schweren Tagen ein guter Freund wurde. Auch dieser warnte vor übereilten Handlungen und riet, wenigstens vorerst in Spandau zu bleiben. Es galt vieles zu bedenken. In Spandau hatte er es zu hohem Ansehen gebracht, war er bei seinen Patienten, die ihn dringend brauchten, sehr beliebt. Bei bescheidener Lebensführung sicherten die Einkünfte seine Existenz. In Berlin hingegen war alles teurer, hier mußte er, um zu repräsentieren, weitaus mehr aufwenden. Hier sah er sich einer großen Konkurrenz ausgesetzt. Die freilich brauchte er nicht zu fürchten. Er war sich seines Könnens bewußt, und auch Vater Muzell würde ihn gewiß an zahlungskräftige Familien als Hausarzt empfehlen. »Ruhm und Ehre würde ich genug haben und auf 4 bis 5000 Rthlr. Einkünfte könnte ich gewiß rechnen. Aber freilich würde ich ein sklavisches Leben führen.«[15]

Vor allem das waren Heims Hauptbedenken. Konnte er, der »Hinterwäldler«, überhaupt in Berlin existieren? An seine Brüder schrieb er: »Wegen Berlin ist noch nichts beschlossen... Was mir etwas bange macht, ist, daß man in Berlin gut Französisch verstehen muß. Das Wenige, was ich in Paris gelernt habe, ist größtenteils vergessen, und es war überhaupt nicht viel Rühmens davon zu machen. Seit ich hier bin, habe ich nichts als englische Bücher gelesen. Indes läßt sich durch Fleiß dieser Mangel ersetzen. Wegen meines Gehörs bin ich auch etwas verlegen. Du weißt, ich höre nicht gut; in großen Gesellschaften kann ich nur wenig von dem, was geredet wird, verstehen, und ich muß deshalb schweigen, wenn andere reden, aus Furcht, einen Plumper zu machen. Vielleicht ist es aber eben gut, daß ich wenig rede.«[16]

Sich seiner Sache ungewiß, bat er die Brüder um Rat. Als Anfang Mai ein Berliner Arzt verstarb, bot sich die Möglichkeit, dessen Stelle zu übernehmen. Heim neigte dazu, da er aber die Meinung des Brüderkollektivs abwarten wollte, schob er die Entscheidung auf. Als die Brüder ihm zurieten, entschloß sich Heim zu dem Wechsel, wurde aber noch immer heftig von Zweifeln über die Richtigkeit dieses Schrittes geplagt. Noch bevor er sich für die freie Stelle endgültig entschieden hatte, verstarb der Berliner Stadtphysikus Lesser, dessen vakant gewordenes Amt ihn mehr interessierte. Heim fuhr am 22. Juni 1778 nach Berlin, um sich bei dem Minister von Derschau um das Stadtphysikat zu bewerben. Ohne Protektionen war jedoch das erhoffte Ziel unerreichbar. Einflußreiche Gönner hatten ihm mit Hilfe Muzells den Weg zu der Obermarschallin der Prinzessin Amalie, Madame de Maupertius gebahnt, auf deren Veranlassung die Prinzessin sich befürwortend für ihn verwendet hatte. So fand Heim zwar das ministerielle Einverständnis, doch der Berliner Magistrat wollte sich das Recht zur Besetzung der Physikatsstelle vorbehalten und hatte dafür bereits Dr. Roloff vorgesehen. Es war jedoch nicht auszuschließen, daß auch der König, der zur Zeit abwesend war, seinen Leibarzt Dr. Möhsen zum Stadtphysikus berufen wollte. Angesichts dieser Konkurrenz sanken Heims Hoffnungen, die Stelle zu erhalten, beträchtlich. Außerdem mußte er mit großen Schwierigkeiten rechnen, falls seine Bestallung trotz Widerstandes des Berliner Magistrats durchgesetzt würde:

»Ich fürchte nur, wenn ich wider den Willen des Magistrats und der Stände Physikus werden sollte, so würde ich mir eine Menge Feinde zuziehen, und man würde mir nichts als Tort und Drangsal antun. Überdies beleidigte ich dadurch den Dr. Roloff, welcher Mitglied des Obercollegii-medici ist, und der mir schon wegen des Todes meines seligen Freundes nicht gut ist (Zwischen Heim und Roloff hatte es wegen der zu wählenden Behandlung Auseinandersetzungen gegeben. W. G.). Stadtphysikus in Berlin ist eine wichtige Stelle, da alle Apotheker, Zivilfeldschere, Hebammen u.s.w. unter mir stehen und ich zugleich Mitglied des Obercollegii-medici bin, so kann man viel von mir fordern und mich sehr quälen, wenn man mir übel will. Indes die Sache muß nun ihren Lauf behalten. Auf das Gehalt rechne ich nicht (man hatte ihm 180 Rthlr. als Jahresgehalt in Aussicht gestellt. W. G.) die Praxis in Berlin ist das Wichtigste, da ich dort schon so viele Freunde habe«.[17]

Heim hatte nicht die Zeit, in Berlin den weiteren Verlauf der Entscheidung abzuwarten, um seinen persönlichen Beitrag zum Gelingen zu leisten. Die Patienten warteten. Sie waren ihm wichtiger. Als er sich schließlich Ende des Monats nach dem Stand der Dinge erkundigen wollte, gab es neue Hindernisse:

»Ich wollte nach Berlin zum Minister von Derschau reiten, allein drei Kühe, die gefallen waren, und die ich besichtigen und zergliedern mußte, verhinderten es.«[18] Die Pflicht hatte erneut Vorrang. Am 3. Juli erfolgte schließlich die verschobene Audienz, und es ist durchaus anzunehmen, daß Heim der Exzellenz den Grund seiner Verhinderung als natürlichste Sache der Welt geschildert hat. – In dem Gespräch erfuhr er, daß es sich der König vorbehalten habe, die Stelle zu besetzen. Daraufhin beschloß Ernst Heim, in Spandau zu bleiben. Er mietete eine neue, schöne Wohnung mit großem Garten und schien mit dem Gang der Dinge recht zufrieden zu sein. Jedenfalls brachte er das in einem Brief an seinen Bruder Ludwig Ende September 1778 zum Ausdruck: »Ich freue mich oft nicht wenig darüber, daß ich hier geblieben bin. So oft ich an den Aufenthalt in Berlin denke, wird mir bang ums Herz, und wenn ich einen Tag dort gewesen, so bin ich der Stadt so überdrüssig, daß ich nicht schnell genug wieder hierher kommen kann.«[19]

Noch nach Monaten war das Berliner Physikat nicht vergeben. Heim hatte sich zu der Meinung durchgerungen: »Wenn man mir es jetzt auch geben wollte, so würde ich es nicht annehmen, nachdem ich mich genau nach allen Umständen erkundigt und erfahren habe, daß es fast unmöglich sei, eine starke Praxis dabei abzuwarten.«[20] Über seine Zukunft war er sich noch sehr im ungewissen. Für immer in Spandau zu bleiben, war nicht seine Absicht: »Doch wer weiß, was mir noch bevorsteht. Daß ich in Spandau sterbe, glaube ich nicht. Ich bin ja immer unstet und flüchtig gewesen. Wenn es mir hier nicht so besonders gefiele, so wäre ich schon längst zur Armee gegangen.«[21]

Freud und Leid in junger Ehe

Heims persönliches Leben sollte bald in völlig anderen Bahnen verlaufen. Am 18. Juli 1778 tauchte in seinem Tagebuch erstmals ein neuer Name auf: »Beim Kaufmann Mäker zu Mittag und Abend gespeist L'hombre gespielt und verloren«.[22] Der Kaufmann und Schiffsmakler Mäker war ein kluger, aufgeschlossener Mann, dessen ökonomische Interessen sich hart an dem sturen preußischen Verwaltungsmechanismus und der feudalen Kleinstaaterei stießen. Er machte aus seiner Meinung keinen Hehl, und so fanden sich bald zwei Gleichgesinnte, da der Bürokratismus auch Ernst Heim noch immer in seiner Arbeit stark behinderte. Doch es war nicht nur der Gedankenaustausch, auch nicht das unterhaltsame Kartenspiel, die die Besuche Heims im Hause Mäker immer häufiger werden ließen. Die älteste Tochter des Hauses, ein hübsches, fröhliches Mädchen, hatte sein Herz erobert. Charlotte Mäker war zwar erst fünfzehn Jahre, doch sie stand bereits mit beiden Beinen fest im Leben. So eine rechte Kaufmannstochter, die wußte, was sie will. Als auch sie Heim zu erkennen gab, daß er ihr nicht völlig gleichgültig sei, kannte seine Freude keine Grenzen. Das Glück wurde durch die Nachricht vervollständigt, daß die Brüder einen Besuch in Spandau planten. Leider konnte nur Anton das Versprechen wahrmachen. Doch war er der munterste und lebensfroheste der Brüderschar, so daß beim Trinken, Essen und Tanzen die Zeit verging.

Heim schreibt dem sittenstrengen Ludwig: »Wie schön wäre es, wenn auch Du hier an unseren Lustbarkeiten teilnehmen könntest. Aber es ist Deine Schuld, daß Du nicht gekommen bist... Wir sind schon zu allen Stunden der Nacht nach Hause gekommen und haben zuweilen ganze Nächte nicht geschlafen. Indessen hoffe ich Dich in künftigem Jahre hier zu sehen, und wenn ich dann verheiratet sein sollte, so leben wir auf einem andern Fuße, der Dir besser behagen wird.«[23]

Ernst Heim und Charlotte Mäker waren sich einig, und da auch ihre Eltern freudig ihre Zustimmung gaben, stand der baldigen Hochzeit nichts im Wege. Lotte war alles andere als ein süßes Dummerchen. Als angehende Arztfrau machte sie ihrem, in Finanzfragen höchst nachlässigen künftigen Ehemann recht resolut klar, daß sich einiges ändern müsse, daß sie sich durchaus als Sachwalterin des Familienetats berufen fühle. Heim, der seine große Schwäche gut kannte, war gern bereit, sich diesem Spruch zu beugen. Lotte sah auch in der Junggesellenklause nach dem Rechten. Heim hatte zwar seit einiger Zeit eine neue schöne Wohnung gemietet, sich aber mehr mit botanischen Versuchen im Garten beschäftigt, als für eine gemütliche Einrichtung zu sorgen. Vater Muzell hatte ihm aus dem

Nachlaß des Sohnes viele Erinnerungsstücke, insbesondere dessen Pflanzen- und Steinsammlungen, geschenkt. Zusammen mit Heims Schätzen ließen sie die Zimmer zu einem Naturalienkabinett werden. Die kundige Hand der Hausfrau schuf Ordnung. Nicht, daß sie gegen die Sammlungen gewesen wäre, so viel Platz diese auch in Anspruch nahmen, doch in erster Linie galt es, eine Wohnung herzurichten, in der man sich wohlfühlen konnte. Bei all diesen Arbeiten verging die Zeit schnell, und der Hochzeitstermin, der auf den 30. September gelegt wurde, rückte immer näher.

Auch Ernst Heim hatte alle Hände voll zu tun. In seinem Wirkungsbereich war die Ruhr ausgebrochen, die Erkrankungen häuften sich von Tag zu Tag. Erneut ließ er es nicht bei den Hausbesuchen bewenden. Mit allen Kräften war er bestrebt, die Epidemie einzugrenzen. Er überzeugte die Angehörigen der Patienten von der Notwendigkeit strenger Hygiene. In den Dörfern propagierte er unermüdlich die wichtigsten vorbeugenden Maßnahmen: Sauberkeit und richtige Ernährung. Zwei Wochen war er Tag und Nacht unterwegs. Heims Einsatz wurde von Erfolg gekrönt, er hat die Krankheit eingedämmt. Jetzt erst konnte er an sich selbst denken. Seit Tagen schleppte er sich herum. Nur unter Aufbietung aller Kräfte vermochte er die Arbeit zu verrichten. Sein Zustand verschlechterte sich zusehends. Es bestand kein Zweifel mehr, er hatte sich trotz aller Vorsichtsmaßnahmen infiziert. Heim ließ Vater Muzell rufen, verbot streng, daß ihn Charlotte aufsuche, und überließ sich der Pflege Antons, der die Abreise verschoben hatte. Schon am 16. September hatte dieser von dem Unglück berichtet und vier Tage später teilte er mit: »Bald hätten wir unseren guten Ernst verloren. Gestern stand er am Rande des Grabes.«[24]

Am 30. September, der eigentlich der Hochzeitstag sein sollte, lag Ernst Heim noch immer matt und entkräftet im Bett, glaubte aber, das Schlimmste überwunden zu haben und stand erstmals wieder auf. Die Freude war verfrüht. Die Krankheit setzte erneut und noch heftiger ein. Da sich Anton und Charlotte, die ihn aufopferungsvoll pflegten, keinen Rat mehr wußten, brachten sie ihn am 17. Oktober in die Obhut eines Bruders von Kaufmann Mäker, der in Berlin als Regimentschirurg tätig war. Selbstverständlich ließen es sich auch Vater Muzell und Stosch nicht nehmen, nach dem Patienten zu sehen. Man hatte kaum noch Hoffnung auf Genesung. Auch Ernst Heim begann sich mit dem Schicksal abzufinden, ohne daß er dabei in Selbstmitleid und Wehmut verfiel. Er bedauerte vor allem, nicht mehr für seine geliebten Patienten sorgen zu können: »Ich habe nicht über die Welt noch über die Menschen darin zu klagen. Sie haben mir Freude die Fülle und sehr wenig Leid gemacht. Ich habe nicht die mindeste Ursache, mit der Welt unzufrieden zu sein; ich habe ihr auch zu dienen gesucht, und sie könnte sich noch mehr Dienste von mir versprechen, wenn ich länger leben sollte.«

Über seinen Nachlaß brauchte er sich keine Gedanken zu machen: »Von meinem Vermögen wird nach meinem Tode wenig oder nichts mehr übrig sein. Meine Krankheit und der Umstand, daß ich mich verlobte, haben mein bares Geld weggenommen. Mein Begräbnis wird auch noch etwas kosten, so daß ich zufrieden sein will, wenn ich ohne Schulden als ein ehrlicher Mann aus der Welt gehe.«[25] Das Schicksal seiner jungen Braut ging ihm sehr nahe und er versuchte, für ihre Zukunft zu sorgen: »Eine große Freude sollte es mir sein, wenn Anton nach meinem Tode meine Braut heiratete. Sie ist ihm so gut, daß ich gar nicht zweifle, sie folgt ihm gern nach Meiningen. Steht er in keiner andern Verbindung, so glaube ich, mein Mädchen wird für ihn eine ebenso gute Frau sein, wie sie für mich geworden wäre... Sollte es mit Anton nicht sein können, so werde ich meine Schwiegereltern zu bewegen suchen, sie meinem Freunde, dem Prediger Fiedler, einem sehr würdigen Manne, zu geben. Rede mit Anton ernstlich hierüber und sorge, daß ich bald Antwort bekomme.«[26]

Die Mineralien vererbte er Ludwig, seine Pflanzensammlung sollte Georg erhalten.

In gesunden Tagen hatte Ernst Heim allzu gerne gegessen und auch ein gutes Glas Wein nicht verachtet. Sollte es damit endgültig vorbei sein? Auch dieses Problem beschäftigte ihn auf seinem Krankenlager und er erkundigte sich im gleichen Brief in dem er seine testamentarischen Verfügungen traf, bei Ludwig:

»Noch eins muß ich Dich fragen. Wenn ich von meinem bevorstehenden Tode völlig überzeugt sein sollte, würdest Du als

Theologe wohl erlauben, daß ich alles was mir Vergnügen macht, auf eine anständige Art essen und trinken dürfte, wenn es selbst mein Leben verkürzen sollte? Oder ist es des Menschen Schuldigkeit, sein Leben durch Arzneien und andere unangenehme Dinge so lange als möglich zu erhalten zu suchen? ... Ich habe gesehen, daß bei Menschen in den letzten Wochen die Seelenkräfte so schwach wurden, daß sie weder göttliche noch menschliche Pflichten erfüllen konnten. Zu was hilft ein solches Leben? Besser scheint es mir zu sein des Mittags eine frohe und gute Mahlzeit zu halten, durch ein Glas wohlschmeckenden Wein sein Blut zu stärken, so daß ich mit Freuden und Munterkeit Gott danken und mit meinen umstehenden Freunden reden kann, gesetzt auch, daß ich am Abend in diesem meinem Wohlsein mein Leben, welches ich vielleicht ohne diese Mahlzeit und ohne diesen Wein acht oder mehrere Tage auf eine unempfindliche und stumpfe Art hätte erhalten können, beschließen sollte. –«[27]

Mit eisernem Willen überwand Ernst Heim die schwere Krise. Als er wieder einigermaßen bei Kräften war, hielt es ihn nicht länger in Berlin. Aller Protest der behandelnden Ärzte nützte nichts, er ließ sich nach Spandau bringen, wo er im Hause der Schwiegereltern untergebracht wurde. Er war kaum wiederzuerkennen. Völlig abgemagert und kraftlos lag er in seinem Bett. Auch die Haare waren fast völlig ausgefallen. Die liebevolle Pflege ließ ihn langsam wieder genesen. Mit großer Erleichterung konnte Ludwig zur Kenntnis nehmen: »Seit Sonntag bin ich hier bei meinen Schwiegereltern. In Berlin, wo ich beständig Doktoren und Feldschere um mich hatte und fast jede Stunde von meiner Krankheit reden hörte, wo ich überdies allerlei Bücher über die Ruhr und das auszehrende Fieber las, konnte ich keine Hoffnung zur Genesung schöpfen. Ich nehme nun keine Arznei mehr ein, mag keinen Doktor oder Feldscher mehr sehen, lese nichts mehr über meine Krankheit, habe meine Sekundenuhr weggeschenkt, um meinen Puls nicht mehr danach messen zu können, und denke so wenig wie möglich an meinen Zustand. Ich genieße den Umgang mit meinen Schwiegereltern, der mir in jeder Hinsicht angenehm ist. Mein Schwiegervater ist ein geschickter und fleißiger Kaufmann, in dessen Geschäften und Wohnung allenthalben Ordnung herrscht. Dabei ist er von ehrlichem und gutherzigem Gemüte, ungeachtet er zuweilen in die Hitze gerät. Er liebt die Religion und ist ein guter Ehemann und Vater, so daß ich ihm mit Freuden die Hochachtung bezeigen kann, die ich ihm schuldig bin. Aus meiner Hochzeit wird vor Pfingsten nichts werden. Du und Anton, Ihr habt mich ungemein erfreut dadurch, daß Ihr mit Hoffnung macht, dazu herzukommen.«[28]

Bald war Ernst Heim wieder in der Lage aufzustehen und mit seiner Braut kleine Spaziergänge zu machen. Am 13. Januar 1780 vermerkte das Tagebuch als wichtiges Ereignis, daß er tüchtig Pökelfleisch, Sauerkraut und Erbsbrei gegessen sowie reichlich Wein genossen habe. Ganz Spandau nahm an der Genesung lebhaften Anteil. Die Patienten konnten es nicht erwarten, ihren so lange entbehrten Doktor wiederzuhaben. Am 27. März 1780 fand die Hochzeit statt. Noch immer mußte sich Ernst Heim schonen, doch seine junge Frau pflegte ihn mit so viel Liebe und Herzlichkeit und bereitete ihm ein schönes, behagliches Heim, daß er sich bald wieder völlig erholte und seine Praxis aufnehmen konnte. Auch auf seine Wesensart übte sie zunehmend einen ausgleichenden Einfluß aus. Hatte er sich früher nicht selten als aufbrausender Heißsporn gezeigt, der mit dem Kopf durch die Wand wollte, so wurde jetzt seine Schroffheit gemildert. Was blieb, waren seine Offenheit, Ehrlichkeit und Ungezwungenheit, sein gütiger Humor und vor allem die tiefe Liebe zu den einfachen Menschen.

Leider hatten die Brüder das Versprechen, an der Hochzeit teilzunehmen, nicht verwirklichen können. Ludwig hinderten die Geschäfte, und Anton war wenige Tage später selbst Ehemann geworden.

Das Sorgenkind in der Heimschen Brüderrunde war der Jüngste. Christel hatte mit Erfolg das Studium absolviert, war aber wegen seines epileptischen Leidens nicht in der Lage, einen Beruf auszuüben. Heim ließ ihn, in der Hoffnung helfen zu können, nach Spandau kommen. Zwei und ein halbes Jahr bemühte er sich vergeblich um Heilung.

Am 1. Februar 1781 schien das Glück der jungen Familie Heim durch die Geburt eines Sohnes vollkommen zu werden. Die Freude war nur kurz. Bereits nach wenigen Tagen starb das Kind. Ernst Heim war untröstlich. Er wollte seiner Frau, die nach der Entbindung erkrankt war, den Schmerz ersparen und gab vor, den Kleinen zur besseren Pflege außer Haus gegeben zu haben. Drei Wochen vermochte er so die ans Bett gefesselte Wöchnerin vor dem Leid zu bewahren, doch das dringende Verlangen nach ihrem Kind zwang ihn schließlich, die schreckliche Wahrheit zu sagen.

Ernst Heim versuchte seinen Schmerz mit Arbeit zu betäuben. Trotz der noch immer wachsenden Belastungen erweiterte er seine persönlichen und wissenschaftlichen Verbindungen mit Freunden und Bekannten. Der Chemiker Martin Heinrich Klaproth, der durch seine exakten Mineralanalysen und durch die Entdeckung der Elemente Zirkonium und Uran bekannt wurde, half ihm beim Sichten der von Muzell übernommenen Mineraliensammlung. Durch den Aufklärer Moses Mendelssohn (1729–1786), der unermüdlich für Glaubensfreiheit und Toleranz eintrat – er war das Urbild zu Lessings »Nathan« – wurde Heim mit dem Spezialisten der Fischkunde Bloch bekannt, der ihn so für das Fachgebiet begeisterte, daß Heim sich neben seiner Hauptliebhaberei, den Kryptogamen und Mineralien, nun auch noch den Fischen zuwandte. Die Spandauer Fischer ließen es ihm an geeigneten Sammel- und Untersuchungsmaterial nicht fehlen. Heims Plan, eventuell gemeinsam mit dem Maler Hoppe und dem Kupferstecher Sotzmann ein populäres Nachschlagewerk über die Moose herauszugeben, scheiterte an Zeitmangel.

Der Schmerz über das verlorene Kind wurde im Frühjahr 1782 durch die Geburt eines gesunden Mädchens gemildert. Das Kind wirkte wie ein Magnet. Heim schränkte seine bis zur äußersten Belastbarkeit ausgeweitete Praxis etwas ein, um öfter bei seiner Familie zu sein. In den glücklichen Mußestunden fand er auch etwas Zeit, sich außer der Fachliteratur, die er regelmäßig las, auch an der Belletristik erfreuen zu können. Er brauchte diese geistige Entspannung und Anregung als Ausgleich zu seiner anstrengenden ärztlichen Tätigkeit. Ohne sein Pferd, das ihn täglich kilometerweit zu den Patienten trug, hätte er das große Pensum nicht bewältigen können. Es war deshalb auch sein erklärter Liebling, so bockig es sich auch mitunter zeigen mochte. Außer Heim konnte niemand es wagen, auf ihm zu reiten. Beim Aufsitzen stieg es steil in die Höhe und galoppierte in gewaltigen Sätzen davon. Es bedurfte selbst Heim jedesmal großer Überredungskunst, es wieder zum Stehen zu bringen.

Ein Entschluß von großer Tragweite

Die Patientenkartei des Jahres 1782 war auf 784 behandelte Kranke, die weit verstreut wohnten, angewachsen. Die Einnahmen Heims hatten sich jedoch keineswegs im gleichen Umfang erhöht. Sie betrugen 1782 einschließlich der Naturalien, mit denen die ärztliche Hilfe häufig noch bezahlt wurde, etwa 1400 Rthlr.

Heim sah sich veranlaßt, eine sehr nüchterne Rechnung anzustellen. Die Einkünfte hatten bisher zum Lebensunterhalt genügt. Eine weitere Steigerung aber konnte nur durch Intensivierung der Arbeitsleistung erfolgen. Das aber war ausgeschlossen, da er bereits bis zur körperlichen und geistigen Erschöpfung tätig war. Dem standen aber die beabsichtigte Erweiterung seiner Familie und die Erhöhung der Lebensbedürfnisse gegenüber. Diesen Widerspruch zu erkennen, erforderte einen Weg zu seiner Lösung zu suchen. Durch eine Reihe Patienten hatte Heim seine Tätigkeit bis nach Berlin ausgedehnt. Sollte er nicht vielleicht doch Wohnsitz und Praxis in die preußische Metropole verlegen? Dieser Schritt war für ihn ein Risiko.

Wie gründlich Heim das Für und Wider abwog, zeigen seine schriftlich fixierten Überlegungen vom 31. Januar 1783:

»1. So lange ich noch jährlich 500 bis 600 Meilen reiten kann, wird es mir an Einkommen nicht fehlen. Leider fühle ich aber schon, daß mir das Reiten oft sauer wird. In den sieben Jahren meines Hierseins bin ich über dreißig Mal mit dem Pferde unglücklich gewesen. Wie leicht kann ich einmal so stürzen, daß ich nicht wieder aufzustehen vermag oder doch an meinen Gliedern Schaden leide?

2. Bei den vielen Reisen wird der Geist sehr zerstreut, so daß ich oft zu ernstem Nachdenken und zum Studieren untüchtig bin. Mein Zustand ist oft dem eines Menschen ähnlich, welcher am hitzigen Fieber leidet – feurig, wild gegen alle Gefahren gleichgültig.

3. Fehlt mir aller Umgang und auch die Zeit, meine Kenntnisse zu vermehren.
4. In Berlin kann ich fahren, meinen Körper schonen, der Geist wird weniger zerstreut, und durch den Umgang mit dem Geheimrat Muzell kann ich meine praktischen Kenntnisse vermehren.
5. Viele Menschen, vorzüglich der wohlbedächtige von einem Windbeutel weit entfernte K.-D. Stubenrauch hat mir zugeredet und mir selbst versprochen, mir mit Geld auszuhelfen, so lange ich noch nicht genug verdienen möchte.«[29]

Gegen den Umzug nach Berlin sprachen vor allem folgende Erwägungen:

»1. In Berlin werden sich viele Ärzte gegen mich auflehnen und mich als einen Brotdieb ansehen.
2. Ich bin ein Homo naturalis und die Berliner sind meistens Homines artificiales.
3. Berlin ist ein teurer Ort und die Leute sollen zum Teil schlecht bezahlen, weil der Luxus daselbst groß und die Zeiten schlecht sind.«[30]

Entgegen seiner sonstigen Gewohnheit, alle wichtigen Schritte vorher mit den Brüdern zu beraten und sich erst mit dem Ergebnis des »Familienrates« zu entscheiden, traf er den Beschluß, nach Berlin zu gehen, allein und teilte das als vollendete Tatsache seinen Brüdern mit.

Ludwig antwortete am 9. Februar: »Zu Deinem Vorhaben wünsche ich Dir Glück. Das ist aber auch alles, was ich tun kann, denn ich kenne die örtlichen Verhältnisse zu wenig, um über diese urteilen zu können. Anton glaubt nicht, daß Du wohl daran tust, wenigstens dünkt ihm, Du würdest nicht auf dem Wege emporkommen, den Du einschlagen willst, durch Unterstützung des Geheimrats Muzell, denn mit diesem würdest Du Dich nicht lange vertragen. Du willst mir alles schreiben, wie es geht, weil ich – wie Du zu sagen beliebst – ein vernünftiger Mensch sei, dem man so etwas schon anvertrauen könne. Aber was hilft das Vertrauen lieber Bruder, wenn der Schritt geschehen ist? Ich meines Teiles, in der Entfernung von Spandau und Berlin, glaube nach allgemeinen Gründen, daß es in Berlin besser sein müsse als in Spandau. Dessen ungeachtet ist der

20 Panorama Berlins (Anfang des 19. Jh.)

21 Der Gendarmenmarkt

22 Der Neue Markt mit der Marienkirche

23 Zwischen Schloß und Unter den Linden

24 Der Köllnische Fischmarkt

25 Heim (unten Mitte) mit bedeutenden Ärzten seiner Zeit

26 Christian Gottlieb Selle
(1748–1800)

27 Johann Goercke
(1750–1822)

Medicinische
und
Chirurgische
Wahrnehmungen

Erste Sammlung

herausgegeben
von
Friderich Hermann Ludewig Muzell
Königl. Preußischen Geheimen-Rathe, Mitgliede des Ober-Collegii Medici und Medico bey der Charité zu Berlin.

Zweyte Auflage.

Berlin,
bey Haude und Spener,
1772.

28 Johann Nepomuk Rust (1775–1840)

29 Publikation von Heims großen Förderer

VERSUCH
EINER MEDICINISCHEN
TOPOGRAPHIE
VON BERLIN

VON

D. LUDWIG FORMEY,

KOENIGL. LEIBARZTE UND OBER-STAABS-MEDICUS, DES OBER-COLLEGII MEDICI UND DES OBER-COLLEGII SANITATIS RATHE, DER KOENIGL. HOF-APOTHEKEN-COMMISSION UND DER KAISERL. OEKONOMISCHEN SOCIETAET ZU ST. PETERSBURG MITGLIEDE.

BERLIN, 1796.
BEI ERNST FELISCH.

30 Erste medizinische Topographie von Berlin

31 Die sogenannte »Alte Charité«, erbaut 1785–1802

32 Christoph Wilhelm Hufeland (1762–1836)

33 Einzug Napoleons in Berlin, 27. Oktober 1806

34 Generalchirurg Baron Dominique Larrey

35 Karl August von Hardenberg (1750–1827)

36 Ernst Heim

37 Charlotte Heim geb. Maeker

Neue

Beiträge

zur

Natur- und Arzenei-Wissenschaft

herausgegeben von

C. G. Selle,

der Arzenei-Wissenschaft Doktor und Professor und Arzt des Charité-Hauses zu Berlin.

Zweiter Theil.

Berlin bei August Mylius 1783.

Archiv für praktische Medizin und Klinik

herausgegeben von

Dr. Ernst Horn,

Königl. Preufs. Hofrathe, ordentlichem Lehrer der medizinischen Klinik am Collegio medico-chirurgico, Director des klinischen Cursus und zweitem Arzte des Charité-Krankenhauses zu Berlin, einiger gelehrten Gesellschaften in Deutschland und Frankreich Mitgliede u. s. w.

Siebenten Bandes zweites Heft.

Berlin 1809, bei Julius Eduard Hitzig.

38–40 Publikationsorgane, in denen Ernst Heim medizinische Abhandlungen veröffentlichte

Journal
der
practischen Heilkunde

herausgegeben
von

C. W. Hufeland,

Königl. Preuſs. Staatsrath, Ritter des rothen Adler-Ordens dritter Klasse, wirkl. Leibarzt, erstem Arzt der Charité, Mitglied der Academie der Wissenschaften etc.

und

K. Himly,

Professor der Medizin zu Göttingen, Director des klinischen Instituts etc.

Grau, Freund, ist alle Theorie,
Doch grün des Lebens goldner Baum.
Göthe.

I. Stück. Januar.

Berlin 1812.
In Commission der Realschul-Buchhandlung.

41 Edward Jenner (1749–1823)

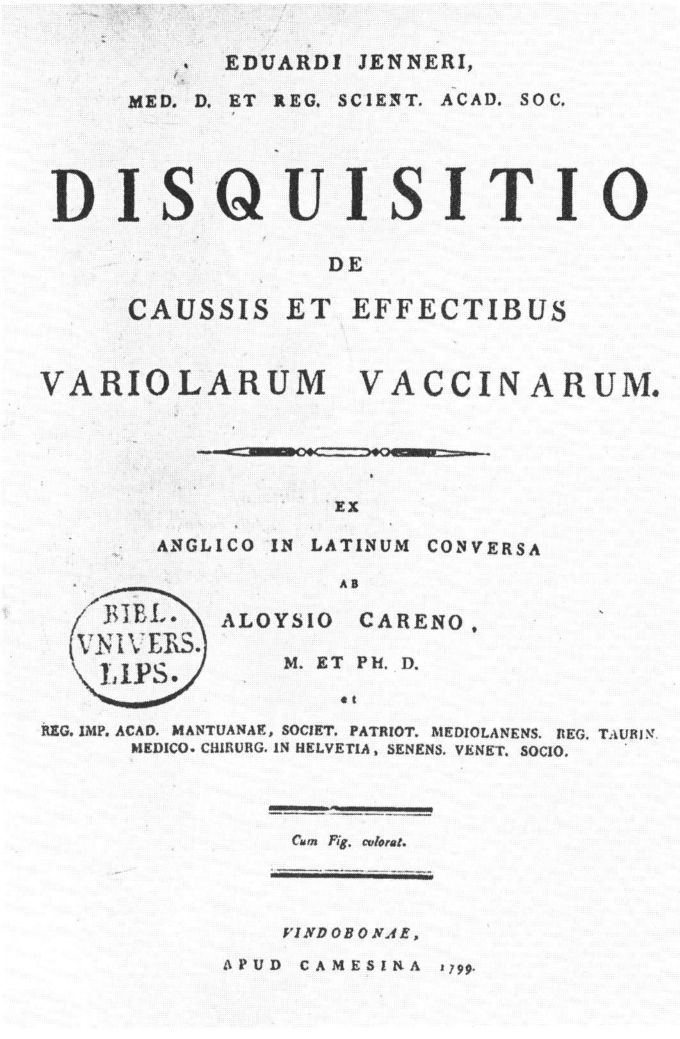

EDUARDI JENNERI,

MED. D. ET REG. SCIENT. ACAD. SOC.

DISQUISITIO

DE

CAUSSIS ET EFFECTIBUS

VARIOLARUM VACCINARUM.

EX

ANGLICO IN LATINUM CONVERSA

AB

ALOYSIO CARENO,

M. ET PH. D.

et

REG. IMP. ACAD. MANTUANAE, SOCIET. PATRIOT. MEDIOLANENS. REG. TAURIN. MEDICO-CHIRURG. IN HELVETIA, SENENS. VENET. SOCIO.

Cum Fig. colorat.

VINDOBONAE,

APUD CAMESINA 1799.

42–43 Jenners bahnbrechendes Werk

AN

INQUIRY

INTO

THE CAUSES AND EFFECTS

OF THE

VARIOLÆ VACCINÆ,

A DISEASE

DISCOVERED IN SOME OF THE WESTERN COUNTIES OF ENGLAND,

PARTICULARLY

GLOUCESTERSHIRE,

AND KNOWN BY THE NAME OF

THE COW POX.

By EDWARD JENNER, M.D. F.R.S. &c.

——— QUID NOBIS CERTIUS IPSIS
SENSIBUS ESSE POTEST, QUO VERA AC FALSA NOTEMUS.

LUCRETIUS.

THE THIRD EDITION.

London:

PRINTED FOR THE AUTHOR,

BY D. N. SHURY, NO. 7, BERWICK STREET, SOHO;

AND SOLD BY HURST, PATERNOSTER ROW; MURRAY AND HIGHLEY, FLEET STREET; CARPENTER, OLD BOND STREET; AND CALLOW, CROWN COURT.

1801.

Geist, der mir aus Deinem Briefe entgegenweht, und mit welchem Du zur Mitternachtsstunde des neuen Jahres Deine Entschließung gefaßt hast, gewiß nicht derjenige, mit welchem man sich auf Unternehmungen von so wichtigen Folgen einlassen darf. So rasch wie Du zu Werke gehst – das kann gelingen – das kann fehlschlagen. Brauche aber Vorsichtigkeit, kalte, ruhige Überlegung, rechne nicht sowohl auf andere, als auf Dich selbst, so hast Du, wenn bei obigen zwei Fällen die Wagschalen gleich sind, schon ein beträchtliches Übergewicht von Wahrscheinlichkeit für das Gelingen.«[31]

Heim hatte, über die Richtigkeit seiner Entscheidung letzten Endes noch ungewiß, in dem Brief geschrieben: »Wenns nicht gut abläuft, so gehe ich weit fort nach Westpreußen, daß kein Mensch wieder etwas von mir hört.« Das rief die Empörung der Brüder hervor und Ludwig hielt ihm, wie zu Studentenzeiten, eine gehörige Standpauke:

»Wärest Du noch ein einzelner Mensch, dann möchtest Du immerhin solche Gedanken äußern. Aber bei Weib und Kind – wenn Du da im Ernst noch einen solchen Umschlag Deiner Absichten in Berlin zu besorgen hättest, daß Du nach Westpreußen ins Elend ziehen müßtest, da wärest Du wohl ein Narr und noch mehr, wenn Du Dein ganzes jetziges Glück aufs Spiel setzen wolltest. Du kommst ohnedies dem Alter näher, wo man mehr auf das Erhalten als auf das Erwerben denken muß. Erwerben in aller Absicht – Freunde, Geld, Kredit – ist lange nicht so schwer, als das Erworbene zu erhalten, zu behaupten. Davon habe ich schon viele Beispiele gesehen und erlebe dergleichen noch täglich. Oft hat man genug zu tun, neue Bande ausfindig zu machen, um nur die alten zu befestigen, geschweige wenn man die alten alle auseinander trennt und sich davon losmacht, in der bloßen Hoffnung, neue bessere Verbindungen anzuknüpfen. Hast Du unterdes alle Veranstaltungen getroffen, Dich in Berlin niederzulassen, so mußt Du auch zugleich den festen, unwiderruflichen Entschluß fassen, Dein Glück durchzusetzen und sollte es Dir jahrelang auch noch so schlecht gehen. Denn nach Westpreußen, Warschau, Petersburg – den Weg der Abenteurer zu gehen – mit Weib und Kind – das siehst Du selbst ein, ist keines vernünftigen Mannes Sache.«[32]

Dergleichen unüberlegte Handlungen wären mit seiner besonnenen, tüchtigen jungen Frau, die nicht unwesentlich an den sachlichen Erwägungen mitgewirkt hatte, die zu dem Entschluß, nach Berlin zu siedeln, führten, ohnehin nicht möglich gewesen. Zum größten Bedauern seiner zahlreichen Patienten trennte sich Ernst Heim nach siebenjähriger Tätigkeit von dem Ort seiner ersten ärztlichen Praxis und zog am 1. April 1783 mit seiner Familie nach Berlin.

Volksarzt in Berlin

»*Ich schicke mich für keinen Hof*«

Ernst Heim hatte im Hause des Sattlermeisters Bauer am Gendarmenmarkt eine kleine, aber freundliche Wohnung gemietet, in der für die dreiköpfige Familie genügend Platz war. Er war nicht zufällig in diese Gegend gezogen. Hier pulsierte das Berliner Leben, besonders wenn am Mittwoch und Sonnabend die Bauern aus den nahe gelegenen Dörfern auf dem Wochenmarkt Obst und Gemüse anboten. Häufig begleitete Heim seine Frau beim Einkauf, da er so am besten seine Wünsche für den Speisezettel verwirklichen konnte.

Von der Wohnung aus fiel der Blick auf das seitlich vom französischen Dom gelegene Theater. Es war im Jahre 1774 im Auftrage Friedrichs II. von dem Oberbaudirektor Johann Boumann d. Ä. errichtet worden. Zu dieser Zeit trug der Markt noch den Namen Friedrichsplatz, er wurde aber auch Gendarmenmarkt genannt nach den von Friedrich Wilhelm I. dort für seine Elite-Kavallerieregiment »Gens d'armes« erbauten Ställen. Das neue Theater, in dem eine von Friedrich II. engagierte Truppe französischer Künstler auch Singspiele und Ballette aufführte, fungierte als Hoftheater. Am 22. April 1776 hatte die feierliche Eröffnung mit Corneilles »Polyeucte« und der Operette »La servante maitresse« stattgefunden.

Das bürgerliche Publikum besuchte vorwiegend das etwa an der Stelle der heutigen Komischen Oper gelegene erste deutsche Schauspielhaus. Hier, in der nach dem Bauingenieur Johann Heinrich Behr (1647–1717) genannten Straße, wurde 1768 mit Lessings »Minna von Barnhelm« das Theater eingeweiht. Damit hatten erstmals deutsche Schauspieler, die bisher in Berlin nur auf Märkten oder in Sälen agieren konnten, eine feste Heimstätte gefunden.[1]

Ernst Heim fand in seinem neuen Wirkungskreis allerdings kaum Zeit, das Theater zu besuchen. Er mußte für seine Familie in harter anstrengender Arbeit eine dauerhafte Existenzgrundlage schaffen. Die Übergangszeit erwies sich als weitaus schwieriger als er befürchtet hatte. Auch die erhoffte Entlastung von schweren körperlichen Anstrengungen trat nicht ein. Da sein Spandauer Nachfolger nicht wie erwartet, die Physikatsstelle mit dem erforderlichen Verantwortungsbewußtsein ausfüllte, fühlte sich Heim verpflichtet, seine ehemaligen Patienten weiterhin aufzusuchen. Todmüde kehrte er mit seinem Pferd erst am späten Abend nach Berlin zurück, wo ihn aber nicht die verdiente Ruhe, sondern weitere ärztliche Pflichten erwarteten.

Der Abschluß des ersten Berliner Jahres war alles andere als verheißungsvoll. Die mit dem Umzug verbundenen Ausgaben überstiegen bei weitem die Einnahmen von 2200 Talern, und der Erfolg seines Schrittes schien sehr in Frage gestellt. Die Kartei weist 1784 nur 393 Patienten auf.

Als große Hilfe in dieser schweren Anfangszeit erwies sich die Unterstützung durch Friedrich Hermann Ludwig Muzell. Diese war keinesfalls nur materieller Art. Er stellte ihm Pferd und Wagen seines verstorbenen Sohnes zur Verfügung, damit er sein Amt »standesgemäß« antreten konnte, was in Berlin von großer Bedeutung war. Er führte ihn vor allem auch als Hausarzt bei zahlungskräftigen Familien ein und wurde nicht müde, seinen Ruhm zu verbreiten.

Muzell, inzwischen nahezu erblindet, war überglücklich, nun endlich den Freund seines allzu früh verstorbenen einzigen Sohnes in seiner Nähe zu haben. Mehrmals in der Woche suchte er die Familie Heim auf, zumindest aber stattete ihm Ernst Heim einen Besuch ab. Bei dem gemeinsamen Kartenspiel war reichlich Gelegenheit zum Gedankenaustausch. Muzell hatte in seiner langen Praxis viele Erfahrungen gesammelt, die dem jungen Kollegen von großem Nutzen waren. Soweit sie die medizinische Theorie und ärztliche Praxis betrafen, fanden sie bei Heim auch dankbare Aufnahme.

Es gab jedoch auch »taktische« Hinweise und Anregungen, die seinem Wesen zutiefst widersprachen. Warum mußte ein Arzt, um angesehen zu sein, nach Kräften repräsentieren? Ein schlicht gekleideter, bescheiden wirkender Mediziner, mochte er noch so perfekt in seinem Fach sein, hatte keine Chancen, bei den wohlhabenden Bürgern, geschweige denn beim Adel, anerkannt zu werden. Ansehen war abhängig vom Äußeren. Die ärztliche Tätigkeit wurde zum Geschäft. Käme ein Arzt zu Fuß, anstatt in einer Equipage vorzufahren, würde das den Anschein erwecken, als könne man sich keinen besseren leisten. – Besonders zuwider war ihm die Notwendigkeit, in der sogenannten guten Gesellschaft aufzutreten und durch organisierte Flüsterpropaganda von sich reden zu machen. Wäre nicht seine Frau Lotte gewesen, die als Geschäftstochter die wohlgemeinten, von Lebenserfahrung diktierten Ratschläge Muzells eher aufnahm und klug für die Psyche ihres Mannes »bearbeitete«, wäre es Heim mit Sicherheit noch schwerer gefallen, sich in der Berliner Gesellschaft einzuführen.

Die Fürsprache Muzells hatte es bewirkt, daß die Schwester Friedrichs II., die Prinzessin Amalie, die vor vielen Jahren durch ihre Beziehungen zu Friedrichs Ordonanzoffizier, Friedrich Freiherr von der Trenck, ins Gerede gekommen war, Heim zu ihrem Leibarzt ernannte. Die verwöhnte, schrullige, launenhafte Alte machte ihm jedoch das Leben schwer. Es gelang ihr aber nicht, den selbstbewußten Arzt der lästigen Hofetikette zu unterwerfen. So sehr sie ihn auch zu schikanieren versuchte und mit ihren Schrullen plagte, Heim ließ sich nicht unterkriegen.

Die Tatsache, königlicher Leibarzt zu sein, aber hatte neben der Besoldung von 200 Talern vor allem den Vorteil, daß ihm nun auch die bürgerlichen Honoratioren der Stadt akzeptierten, und nachdem sie sich von seinem ärztlichen Können überzeugen konnten, auch respektierten. Damit hatte sich Ernst Heim eine feste Position erkämpft. Der Umfang seiner ärztlichen Praxis erweiterte sich von Jahr zu Jahr.

Es konnte nicht ausbleiben, daß der »homo naturalis« mit der steifen Hofatmosphäre in Konflikt geraten mußte. Prinzessin Amalie hatte sich zwar daran gewöhnen müssen, daß er nicht nach Art der Höflinge mit Schnallenschuhen, sondern mit den für ihn zweckmäßigen hohen Stiefeln seine Visiten machte, doch seine offene, freimütige Rede schockierte sie immer wieder aufs neue. Mit der unverträglichen, zänkischen und launenhaften Prinzessin auszukommen, war ohnehin eine Kunst, die niemand beherrschte. Während die Hofschranzen kuschten und sich durch Speichelleckerei die Gunst der Gewaltigen wenigstens zeitweilig zu erkaufen versuchten, blieb Ernst Heim ihr nichts schuldig. Insgeheim aber ärgerte er sich über die Impertinenz Amalies, wie eine Notiz vom 11. Januar 1784 zeigt, sehr:

»Früh heiter und guter Dinge ausgefahren. Um 11 Uhr hatte die Prinzessin, da sie wieder Anfälle von Krämpfen bekommen, nach mir geschickt; weil ich aber nicht zu Hause war, so kam ich erst um halb 1 Uhr zu ihr, nachdem sie schon den Dr. Stosch (Leibarzt anderer zum Hofe gehörender Personen W. G.), welcher von ungefähr im Palais war, hatte rufen lassen. Zu meinem Erstaunen begegnete mir die Prinzessin sehr hart, sagte, sie hätte geglaubt, ich wäre nach Spandau geritten – nun könnte ich meiner Wege gehen – und mehrere dergleichen Derbheiten.«[2]

Heim machte keinen Hehl daraus, daß die Prinzessin bei ihm keinerlei Privilegien habe. Er richtete die Reihenfolge seiner Hausbesuche nicht nach dem gesellschaftlichen Stand der Patienten, sondern nach der Lage der Straßen und nach der Schwere der Leiden ein. Da Amalie auf ihren »Sonderrechten« beharrte, zog es Heim vor, künftig ihrem Palais lieber den Rükken zu kehren. Eine derartige Behandlung ging gegen seine Ehre, und er zog die Schlußfolgerung: »Ich verlange keine Fürstlichkeiten mehr zu Patienten zu haben. Die Ehre kann einem braven Manne gleichgültig sein, und das Geld muß man sauer verdienen, Bücklinge, Kratzfüße u.s.w. genug dafür machen und manche Unwahrheit dafür sagen. Ich lobe mir meinesgleichen; unter diesen wünsche ich mir die Praxis.«[3] Schließlich zog er die Konsequenz und kündigte seine Anstellung als Leibarzt, was sein Ansehen bei der Berliner Bevölkerung stark erhöhte:

»Der Verlust der Hofmedikusstelle bei der Prinzessin Amalie hat mir keinen Schaden getan. Mein Einkommen hat darunter nicht gelitten, und an den Kranken habe ich nicht bemerkt, daß sie mir dieses Unfalls wegen geringeres Vertrauen schenkten. Für meine Person aber habe ich offenbar gewonnen, denn ich schicke mich für keinen Hof ich habe dazu nicht Politur genug. Besser passe ich für gemeine, gutdenkende Menschen, die in mir den Arzt zu schätzen wissen, ohne einen feinen Mann zu verlangen. Mag mich der Himmel ferner vor allen Höfen bewahren!«[4]

Ernst Heim widmete all seine Kraft der wachsenden Patientenzahl. Ihnen galt seine ganze Fürsorge und Liebe. Dabei nahm auch die Zahl der Armen, die er unentgeltlich behandelte, ständig zu. Wenn damit auch trotz wachsender Belastung die Einnahmen nicht stiegen – seine Familie war inzwischen weiter angewachsen, daß jeder Taler vonnöten war – so wuchs doch die Zufriedenheit des Arztes Heim, der mehr und mehr zu einem wahren Volksarzt wurde. Rückblickend auf das vergangene Jahr konnte er Anfang 1785 feststellen: »Mit meinen Einkünften bin ich vollkommen zufrieden. Meine Frau und Kinder haben einer guten Gesundheit genossen. Die Zahl meiner Freunde hat sich vermehrt. Als Arzt bin ich hinreichend beschäftigt gewesen, meine Kenntnisse habe ich in vielen Stücken erweitert, in meinen Kuren habe ich fast kein Unglück, wohl aber viel Glück gehabt. Alle diese großen Wohltaten, so mir Gott erzeugt hat, erkenne ich mit dankbarem Herzen.«[5]

Wenn er am späten Abend nach Hause kam, notierte Ernst Heim, und wenn er noch so müde war, gewissenhaft die wichtigsten Ereignisse des Tages in einen Taschenkalender.[6] Die Notizen sind sehr unterschiedlich, sie reichen von wenigen Worten bis zu ausführlichen Darstellungen. In jedem Falle aber sind es Äußerungen voller rückhaltloser Offenheit, ob es sich dabei um

Fragen der ärztlichen Praxis und medizinischen Wissenschaft, um politische Probleme oder Aussagen zu einzelnen Personen handelte.

Heims Tagebuchaufzeichnungen sind nicht nur eine der wichtigsten Quellen zur Erschließung von Leben und Werk des populären Arztes, sie sind ein weit darüber hinaus gehendes kulturhistorisches Dokument ersten Ranges.

Die Arbeit füllte den ganzen Tag aus, so daß Heim kaum Zeit für sich und seine Familie hatte: »Ich habe als Arzt mehr zu tun als irgendeiner meiner Kollegen in Berlin. Allen Vergnügungen des Lebens muß ich fast entsagen, um nur meine Patienten abwarten zu können. Da aber in diesem Geschäfte meine Seele die größte Ruhe findet, so liegt auch keine eigentliche Aufopferung darin. Komödien, Bälle, Konzerte, Spiel, Spazierfahrten, Abendgesellschaften – zu allen diesen Genüssen bleibt mir schlechterdings keine Zeit. Von morgens 6 bis abends 11 Uhr wird fast an nichts als an Patienten gedacht und für diese gehandelt.«[7]

Trotz aller Anstrengungen ließ sich Ernst Heim nicht von der Fülle der Aufgaben überwältigen. Er bewahrte sich seine Lebensfreude und Natürlichkeit und beherrschte die Kunst, sich auch in kurzen Pausen zu erholen. So stieg er zwischen den Patientenbesuchen vom Pferd, legte sich auf eine Wiese oder nahm ein erfrischendes Bad: »Als ich bei der Panke vorbeikam, badete ich mich in derselben, was mir sehr wohl tat. In langer Zeit bin ich nicht so heiter und vergnügt gewesen und habe mich so an der schönen Natur ergötzt als heute. Es ist eine große Wonne, die Freude des Lebens recht zu fühlen. In den Wäldern im Umkreise von sechs Meilen haben die Raupen alle Nadeln von den Kiefern rein abgefressen – ein trauriger Anblick. Diese Raupen müssen sich indes auch ihres Lebens freuen. Der Mensch muß sich nicht einbilden, für ihn allein sei alles geschaffen.«[8]

Koloß auf tönernen Füßen

Als Ergebnis von drei Eroberungskriegen war Preußen neben Österreich zu dem mächtigsten Partikularstaat im »Heiligen

Römischen Reich deutscher Nation« aufgestiegen. Territoriale Ausdehnung, und der damit verbundene beträchtliche Bevölkerungszuwachs, hatten die Macht des friderizianischen Staates erweitert, zugleich aber auch neue Probleme geschaffen. Friedrich II. scheute keine Kosten, den Raub zu sichern. Das vertiefte die ohnehin großen sozialen Gegensätze, da das Volk die Lasten der opferreichen Kriege tragen mußte. Trotz der Mißwirtschaft war die preußische Monarchie gezwungen, eine Politik zu verfolgen, die eine Entwicklung der Produktivkräfte ermöglichte. Wobei ungeachtet der wirtschaftlichen Reformen, die überlebten gesellschaftlichen Verhältnisse konserviert wurden. Die wirtschaftliche Entwicklung des Landes wurde völlig den Zielen der Eroberungspolitik untergeordnet.

Um den Interessenkonflikt mit dem Bürgertum abzuschwächen, gab sich Friedrich II. als Repräsentant einer »aufgeklärten« Politik. Allerdings nur in der Theorie, in der Praxis fanden seine Aufklärungsideen weniger Anwendung. Gotthold Ephraim Lessing (1729–1781), der als Publizist und Literaturkritiker in der preußischen Metropole wirkte, schreibt 1769 seinem Freund, dem Verleger Christoph Friedrich Nicolai (1733–1811): »... lassen Sie einen in Berlin auftreten, der für die Rechte der Untertanen, der gegen Aussaugung und Despotismus seine Stimme erheben wollte ... und Sie werden bald die Erfahrung haben, welches Land bis auf den heutigen Tag das sklavischste Land von Europa ist.«[9]

Bereits François-Marie Voltaire, der ebenfalls seine Erfahrungen mit dem preußischen Hof machen konnte, hatte treffend bemerkt: »Der Fürst wirft seinen Philosophenmantel ab und ergreift den Degen, sobald er eine Provinz erblickt, die ihm gefällt.«[10] Zweifellos hatte der junge König nach dem Machtantritt 1740, um seinem Repräsentationsbedürfnis zu genügen, Wissenschaft und Kultur Auftrieb gegeben, was in den Bauten Georg Wenzeslaus von Knobelsdorffs (1699–1753) am Sichtbarsten Ausdruck fand.

Preußen war bisher in großer geistig-kultureller Rückständigkeit gehalten worden. Nun wollte Friedrich II. gegenüber seiner Konkurrenz in den europäischen Hauptstädten nicht mehr länger im Rückstand sein. Um jedoch nicht mißverstanden zu werden, hatte der Monarch zum Ausdruck gebracht, Wissenschaft und Kunst seien »nur für eine kleine Zahl bestimmt; die große Masse, das Volk und auch der Durchschnittsadlige werden immer bleiben, was die Natur aus ihnen gemacht hat: erbärmliches Getier.«[11] Gegen Ende seiner Regierungszeit vereitelte die vom zunehmenden Geiz diktierte Finanzpolitik des Königs ohnehin jede Unterstützung der Künste.

Nach seinem Tode bestieg, da er kinderlos verstorben war, sein Neffe Friedrich Wilhelm II. (1744–1797) den Thron. Wegen seines angemästeten Umfangs wurde er entweder »Der Dicke« oder wegen seiner Mätressenwirtschaft auch »Der Vielgeliebte« genannt. Der englische Gesandte James Harris hatte den künftigen König bereits zehn Jahre vor Friedrichs II. Tode richtig charakterisiert: »Der Prinz ist stets um Geld verlegen, von seinem Oheim verfolgt, der Unterhaltung mit anständigen und gebildeten Leuten gänzlich beraubt und von einer Rotte sittenloser Offiziere umgeben. Hieraus ergibt sich, daß in dem Prinzen die großen Anlagen nicht sind, welche dem Erben eines Reiches, wie das preußische beschaffen ist, notwendig wären, und es wird schwer halten, das Ganze zusammen zu halten«![12]

Im Jahre der Thronbesteigung bestätigt der liberale französische Politiker Honoré-Gabriel-Victor Riqueti Comte de Mirabeau (1749–1791) die Ansicht: »Friedrich Wilhelm haßt nichts und kaum liebt er etwas. Sein einziger Widerwille gilt den Leuten, die Geist haben... Keine menschliche Gewalt wäre imstande, ihn dazu zu bringen, vierzig Zeilen hintereinander zu lesen. Auf stoßweise ausbrechende Heftigkeit folgt Abspannung und gänzliches Nichtstun.«[13] Und ein Jahr später:

»Von Tag zu Tag steigt die Verachtung gegen den neuen König. Man ist schon über die Bestürzung hinweg, die der Verachtung vorhergeht. Im Anfang staunte man, als man sah, daß der König seiner Vorliebe fürs Theater, fürs Konzert, für die alte und für die neue Maitresse treu blieb. Man staunte, als er Stunden fand, um Bilder, Möbel, Kaufmannsläden zu besehen, um auf dem Violincell zu spielen, um über die Händel der Hofdamen sich zu unterrichten – und Minuten, um seine Minister zu hören, die unter seinen Augen die Interessen des Staates lenken. Gegenwärtig staunt man, wenn irgendeine Torheit einer neuen Art oder irgendeine Gewohnheitssünde nicht einen seiner Tage in Anspruch genommen hat.«[14]

Der schwache, genußsüchtige König wurde mehr und mehr zum willenlosen Werkzeug der Hofpartei. Von besonders großen Einfluß war die preußische Pompadour, Gräfin Lichtenau. Ihre Macht wurde so groß, daß der Hofadel ihre Herrschaft zu fürchten begann und dem König schließlich sicherheitshalber die Hofschönheit Gräfin Sophie Juliane Friederike von Dönhoff, eine neue Favoritin, zuspielte, die sich ebenfalls in die Staatsgeschäfte einmischte, ohne jedoch die Vormachtstellung der Lichtenau brechen zu können. Der Regierungsantritt Friedrich Wilhelms II. wurde von vielfältigen fortschrittsfeindlichen Maßnahmen begleitet. Das »Religions- und Zensuredikt« vom 9. Juli 1788 brachte das geistig-kulturelle Leben weitgehend zum Erliegen. Die von Frankreich ausgehenden revolutionären Ereignisse vertieften die Krise des preußischen Staates und beschleunigten seinen Vorfall. Daran vermochte auch die konterrevolutionäre Koalition zwischen den Rivalen Österreich und Preußen, die sich im Kampf gegen das revolutionäre Frankreich vereinigt hatten, nichts zu ändern. Im Gegenteil, das militärische Abenteuer belastete die ohnehin zerrütteten Staatsfinanzen noch mehr.

Berliner Medizinalwesen

Auch im Bereich des Medizinalwesens zeigten sich die tiefen Widersprüche zwischen den überlebten Feudalverhältnissen und den aufstrebenden Kräften des Bürgertums. Wie tief der Hof Friedrich Wilhelm II. im Mystizismus verstrickt war und welchen Stellenwert er der wissenschaftlichen Medizin beimaß, zeigt die Tatsache, daß man bei der schweren Erkrankung des Königs im Oktober 1797 nicht nur Ärzte und Wissenschaftler konsultierte, sondern auch eine Reihe Quacksalber, Magnetiseure und sonstige Wunderdoktoren aus aller Welt herbeirief. Besonderes Gewicht verlieh man schließlich den »Empfehlungen« des Pariser Aftermediziners de Beaunnois und befolgte seine »Therapievorschläge«, die er der Mätresse Lichtenau unterbreitete.[15]

Es wäre jedoch falsch, anzunehmen, daß der bei Hofe verbreitete medizinische Okkultismus von Einfluß auf das Berliner

Gesundheitswesen gewesen wäre. Hier hatten hervorragende Gelehrte und Praktiker, unter ihnen nicht zuletzt Ernst Heim, in ihrer Arbeit einen in der Welt geachteten hohen Entwicklungsstand erzielt.

Bis in die Mitte des 17. Jahrhunderts entsprach dem Kleinstadtcharakter Berlins, es hatte 1648 etwa 6000 Einwohner, auch das Niveau des Medizinalwesens. Erst nach dem 30jährigen Kriege begann die Residenz mit der Niederlassung von Ärzten für die Medizin Bedeutung zu erlangen. Die ersten Ärzte von überregionalem Ruf waren Johann Sigismund Elsholtz (1623–1688) und Christian Mentzel (1622–1701). Sie hatten während des Studiums in Padua ein fundiertes Wissen erworben und widmeten sich neben ihrer Praxis auch umfangreichen wissenschaftlichen Forschungen. Von besonderer Bedeutung für das preußische Gesundheitswesen war die von ihnen eingeleitete Medizinalreform. Allerdings blieben ihre, bereits 1661 dem Kurfürsten nach dem Vorbild in der Entwicklung fortgeschrittener ausländischer Staaten unterbreiteten Vorschläge zum Aufbau einer medizinischen Verwaltungs- und Aufsichtsbehörde lange unbeachtet. Was sollten derartige Kostenverursachende Neuerungen? Krankheiten und die regelmäßig auftretenden Epidemien waren ohnehin Strafen, die Gott über die sündigen Menschen verhängte. Maßnahmen dagegen zu ergreifen, hieße ja geradezu der Allmacht Gottes in den Arm fallen. Nicht eine Medizinalreform, sondern die Intensivierung von Gebet und Buße taten Not. Die Krankenfürsorge sollte Angelegenheit der Kirche bleiben, in deren Aufgabenbereich die Hospitäler fielen. Damit blieb die Angelegenheit Gottes Ressort und belastete vor allem nicht die Finanzen des Staates.

Der Druck der gesellschaftlichen Verhältnisse, das unermüdliche Drängen der Ärzte zwangen den Staat schließlich im Jahre 1685 dazu, mit dem Medizinaledikt die erste gesetzliche Maßnahme auf medizinalpolitischem Gebiet in Preußen zu erlassen.

Die Fassung des Edikts geht nahezu wörtlich auf die Vorschläge von Elsholtz und Mentzel zurück. Die Entwicklung war inzwischen aber weit fortgeschritten, abgesehen davon, daß ein solches Gesetz auch zukunftsorientierenden Charakter haben sollte. Davon freilich konnte bei allem Fortschritt, den eine solche Fixierung überhaupt bedeutete, keine Rede sein. Auch die Modifizierungen, die 1693 und erneut 1725 vorgenommen wurden, änderten daran nichts. Es wurden die Rechte und Pflichten der verschiedenen Heilberufe exakter festgelegt, die damit verbundenen Interessen des Staates eindeutiger fixiert, doch irgendwelche sanitätspolizeilichen Vorschriften zur Herstellung und Sicherung von hygienischen Verhältnissen oder gar zur Gesundheitsfürsorge, fanden keine Aufnahme.

Hinsichtlich der Ärzte, die seit Ende des 17. Jahrhunderts an eine Approbation für den Berliner Raum gebunden waren, verfügte das Medizinaledikt:

»1. Anfänglich sollen die Medici unter sich friedlich und einträchtig miteinander umgehen, ihr Amt bei denen Patienten, wenn sie gerufen werden, treulich und fleißig, wie solches vor Gott und jedermänniglich zu verantworten gedenken, verrichten; mit Anordnung der Diät und Verschreibung von Medikamenten vorsichtiglich verfahren, nach ihrer Patienten Zustand und Beschaffenheit sich wohl erkundigen, die ihnen entdeckte heimliche Mängel und Gebrechen niemand offenbaren, keine übermäßige Belohnung sonderlich von armen Leuten (welchen sie mit Rat und Hilfe eben so wohl als den Reichen zu dienen schuldig sind) abfordern, sondern sich darin aller Bescheidenheit gebrauchen, und im übrigen ihnen die Konservation und Wiederbringung ihres Nächsten Gesundheit, dergestalt angelegen sein lassen, wie solches getreuen und gewissenhaften Medicis gebühret und zustehet.

2. Auch sollen die Medici, so sich als Practici beim Ober-Collegio-Medico legitimieret, in Betrachtung des edlen Geschöpfes, so ihrer Sorgfalt anvertrauet, vor allen Dingen eines anständigen, ehrbaren und mäßigen Lebens sich befleißigen untereinander in guter Verträg- und Vertraulichkeit leben. Niemand derselben dem andern sein Glück beneiden, viel weniger durch unzulässige Wege, zu verunglimpfen und zu schmälern suchen, sondern vielmehr, wann ihrer zwei oder mehr zu einem Patienten gerufen werden, sollen sie denen Patienten nicht heimlich und einer wider des andern Wissen und Willen etwas anordnen, oder gar selbst einige Medizin, so den andern unbe-

kannt, eingeben; sondern mit aller Bescheidenheit über des Patienten Zustand konferieren, und dahin trachten wie durch vernünftige Konsilia und Verordnungen dienlicher Arzneien, denen preßhaften Kranken geholfen werden möge.

3. Welchem nach auch denen von unserem Ober-Collegio-Medio approbierten Medicinae Doctoribus das innere Kurieren alleine verbleibet; Dahingegen sie sich aller äußerlichen chirurgischen Kuren, wie auch des Dispensierens derer Medicamentorum Officinalium gänzlich enthalten, und damit denen Apothekern keinen Abbruch tun müssen.«[16]

Anfang des 18. Jahrhunderts praktizierten 25 Ärzte in Berlin. Ihre Zahl stieg bis 1726 auf 30. Mitte des Jahrhunderts waren es 37, dann stagnierte die Zunahme, so daß 1786 erst 40 Ärzte ansässig waren, deren Zahl sich bis 1800 auf 59 erhöhte. Dabei ist zu berücksichtigen, daß eine ärztliche Praxis im heutigen Sinne bis etwa Mitte des 19. Jahrhunderts unbekannt war. Die Ärzte machten ausschließlich Hausbesuche. Der erste Praktiker, der dieses Prinzip durchbrach, war Ernst Heim, er blieb aber eine Ausnahme.

Die Arzthonorare wurden auf der Grundlage der Medizinalordnung von 1725 vereinbart und blieben ungeachtet des veränderten Preisgefüges Anfang des 19. Jahrhunderts im Wesentlichen unverändert.[17] Allerdings bildeten die Angaben nur eine normative Orientierung, die aber in der Regel nicht über-, sondern meist unterboten wurde. Während die breite Masse des Volkes sich schwerlich einen Arzt leisten und allenfalls eine Bezahlung in Naturalien ermöglichen konnte, waren die gut situierten bürgerlichen Familien bestrebt, die Arzthonorare als Fixum zu begleichen, das erst am Jahresende gezahlt wurde.

Neben den Ärzten waren in Berlin Anfang des 18. Jahrhunderts 20 Barbierchirurgen und 6 Bader zugelassen. Ihre Zahl war streng begrenzt und ihre Praxis konzessioniert. Um die Jahrhundertwende wurde die Berufsbezeichnung Wundarzt üblich. Die Qualifikationsstruktur der Anfang des 19. Jahrhunderts in Berlin ansässigen »Wundärzte« war außerordentlich differenziert. Sie reichte vom Barbier, der bestenfalls rasieren konnte, bis zum chirurgischen Spezialisten.

Seit Ende des 17. Jahrhunderts wurden vom Magistrat auch einige Armenärzte und Armenchirurgen angestellt[18], die gegen ein jährliches Fixum eine unentgeltliche Behandlung durchführen sollten. Wenn man berücksichtigt, daß die vier Armenchirurgen jährlich jeweils 50 Taler erhielten, wird man sich vorstellen können, von welcher Qualität die offiziell »geregelte« ärztliche Armenfürsorge war. Die Armen waren praktisch auf das Mitleid der Ärzte angewiesen. Daraus wurde auch kein Hehl gemacht. Verfügte doch die Medizinalordnung, Arme sollten von den Ärzten »Um Gottes Willen« versorgt werden. Die Medizinaltaxe »konkretisierte« schließlich diese Mahnung: »Bei armen Leuten, die außer Nahrung sitzen und keine Mittel haben, wird einem gewissenhaften Medico, die von ihm erforderte christliche Liebe seine Schuldigkeit schon anweisen, also, daß er denselben seinen Rat und seine Hilfe nicht versagen wird.« Damit war für den Staat das Problem »gelöst«.[19]

So konnte selbst in der preußischen Metropole, wo relativ viele Ärzte und Wundärzte praktizierten, von einer geregelten medizinischen Versorgung keine Rede sein. Das traf in besonderer Weise auf die stationäre Krankenpflege zu. Bis in die Mitte des 18. Jahrhunderts waren die Spitäler, wie im Mittelalter, vorwiegend Alters- und Siechenheime[20]. Medizinische Belange waren bei der Aufnahme kaum von Bedeutung. In den wenigen kleinen, auf private Barmherzigkeit angewiesenen Einrichtungen, die von Geistlichen, nicht von Ärzten geleitet wurden, fanden nur Personen Aufnahme, die zu Hause keine Pflege erhalten konnten. Die ältesten Berliner Spitäler waren das Heilige-Geist-Hospital, das St. Georgen- und das St. Gertrauden-Hospital. Weitere kleine Spitäler entstanden im 17. Jahrhundert, die teilweise auch zur Isolierung von Kranken bei Seuchen eingerichtet wurden. Alle diese kleinen und kleinsten Anstalten konnten auch nicht im Entferntesten dem wachsenden Bedarf, der sich aus der steigenden Einwohnerzahl ergab, entsprechen.[21] Im Jahre 1697 wurde mit dem Bau des ersten Krankenhauses, dem Großen Friedrichs-Hospital begonnen.[22] In diesem wurde erstmals der medizinischen Betreuung größere Aufmerksamkeit zuteil. Obwohl auch hier noch die Aufnahme von Gebrechlichen im Vordergrund stand, wurden bereits ein Arzt und ein Wundarzt beschäftigt.

Die Entwicklung zum modernen Krankenhaus und damit zur modernen Krankenpflege, wurde mit der Charité eingeleitet, in der zunächst zwar auch noch Hospitaliten Aufnahme fanden, in der jedoch in der weiteren Entwicklung das Krankheitsbild zum entscheidenden Kriterium wurde. Das Große Friedrichs-Hospital verlor seine ursprüngliche Funktion und wurde zum Waisenhaus umgestaltet.

Zweifellos hat zu Beginn des 19. Jahrhunderts der mit der napoleonischen Besatzung verbundene Einfluß der französischen Bürgerspitäler zur Neuordnung des Krankenhauswesens in Deutschland beigetragen.[23] Bei der Darstellung des Berliner Medizinalwesens müssen auch die Apotheken erwähnt werden. Sie wandelten sich Mitte des 18. Jahrhunderts vom Laden, in dem man neben Arznei auch andere Artikel, vor allem Tabak und Kaffee kaufen konnte, zur spezialisierten Medizinapotheke, die von Fachkräften geführt wurde. Diese Entwicklung hatte in der Hofapotheke ihren Ausgangspunkt. Der hier wirkende Apotheker Caspar Neumann (1683–1737) gilt als der erste wissenschaftlich gebildete Arzneihersteller Deutschlands.

Neben der Hofapotheke erlangte die Rosesche Apotheke besondere Bedeutung. Ihre Leitung lag ab 1771 in den Händen des hervorragenden Chemikers Martin Heinrich Klaproth (1743 bis 1817). Als er 1780 eine eigene Apotheke erwarb, übernahm wenige Jahre später der Chemiker Valentin Rose (1761–1810) den väterlichen Besitz.

Die hohen Arzneipreise ermöglichten es allerdings nur den begüterten Kreisen, die Hilfe der Apotheken in Anspruch zu nehmen. Diese Feststellung mußte in einem Dokument des Berliner Magistrats am 23. Dezember 1794 getroffen werden:

»Allein es kommt in Erwägung, daß die Apotheken doch nur eigentlich für die höheren und mittleren Stände bestimmt sind, die arme Volksklasse behilft sich noch leider größtenteils mit Hausmitteln, also die in den Vorstädten vermehrte Anzahl der Einwohner, die zur letzteren Klasse vorzüglich gehören, gebrauchen nur selten die Stadt-Apotheken und in dringenden Fällen nur die Hof-Apotheke, in den Gegenden der bemittelten Einwohner ist kein Mangel an Apotheken«.[24]

Die Mißstände im öffentlichen Medizinalwesen wirkten sich vor allem bei Ausbrechen von Seuchen verhängnisvoll aus. Bereits Mitte des 18. Jahrhunderts hatte der Theologe Johann Peter Süßmilch diesen Zustand angeprangert:

»Daraus ist leicht begreiflich, wie die Wut einer ansteckenden Krankheit so groß werden könne. Woher kommt aber solches? Aus einem Vorurteil? Aus einem unglücklichen Vertrauen zu den Hausmitteln? Oder kommt es aus Armut und Furcht vor dem Preise der Arzneimittel und aus Mangel einer öffentlichen Warnung des Volkes bei herumschleichenden Seuchen, sonderlich bösartigen Fiebern? Würde dem geringeren Teil unserer Mitbürger in Städten und auf dem Lande der Zugang zum Arzt und der Gebrauch der Mittel erleichtert, so würden sie ihn gewiß viel eher zu Rate ziehen. Vieler Menschen Leben würde dadurch hundertfältig verzinst werden. Für die geistlichen Ärzte, ich meine Lehrer in Kirchen und Schulen, hat das Altertum noch ziemlich gesorgt; für die leiblichen aber wird noch bis jetzt zu wenig gesorgt.«[25]

Selbst Vertreter der herrschenden Klasse hatten die aus diesen Zuständen drohenden Gefahren erkannt. So unterbreitete der spätere Justizminister Johann Christoph Wöllner (1732–1800) im Jahre 1784 Friedrich Wilhelm II. noch vor dessen Regierungsantritt Vorschläge zur Verbesserung des Medizinalwesens, in der Hoffnung, er werde diese nach seiner Inthronisierung, um sich beim Volke populär zu machen, verwirklichen:

»In jeder ansehnlichen Stadt sind gemeinigl. Ärzte eine Menge, und doch stirbt der größte Teil der Sterbenden ohne daß ein Doktor sich um sie bekümmert hätte. Der Wahlspruch dieser Herren ist: dat galenos opes. Wo also kein opes, keine Bezahlung und reichliche Geschenke zu holen sind, da lässet sich kein Galener blicken. Die alte baufällige Hütte des Armen hat also in dem Jahrhundert noch kein Fuß eines Arztes betreten, obgleich ganze Generationen darin gestorben sind und mancher Kranke in dieser Hütte auf seinem Strohlager nach Hilfe vergeblich geschmachtet hat; nur dort hingegen, wo der reich gekleidete Schweitzer die hohe Tür des Palastes öffnet, und der seidene Vorhang vom Krankenbette rauschet, da sind oft ein halb Dutzend Ärzte mit ängstlicher Emsigkeit beschäftigt um ein Consilium medicum über eine indigestion zu halten. Nützlicher wäre gemeiniglichen dem Staate das Leben jener

Armen in der baufälligen Hütte als die Tage des Bewohners des goldenen Palastes nie werden könnten.«[26]

Wöllner schlug vor, Berlin in fünf Bezirke aufzuteilen, an denen jeweils 2 Armenärzte angestellt werden sollten. Bei einer Gehaltspauschale von jährlich 500 Talern würde das, einschließlich einer Summe von 3000 Talern für kostenlose Arznei, Unkosten in Höhe von jährlich 8000 Talern verursachen.

Seine Anregungen ergänzend, stellte er, um dem Staat den ökonomischen Nutzen zu beweisen, eine nüchterne populationistische Rechnung an: »Für diese 8000 Rtlr. sollen in Berlin nach der obigen Berechnung jährlich 500 Menschen vom Tode errettet und zur Vermehrung der Bevölkerung beim Leben erhalten werden. Kann ein Staat wohl für einen wohlfeileren Preis so viele Menschen kaufen oder die Zahl seiner eingeborenen Untertanen vermehren?« Auch der Ärmste würde dem König durch »das bloße trockene Bettelbrot« womit er seinen Hunger stillt, jährlich mindestens 2 Taler einbringen, so daß schließlich die »Königl. Kassen nichts verlieren, sondern baren Profit dabei haben; wenn jährlich 500 Menschen mehr lebendig erhalten werden.«[27]

Doch das wäre keineswegs alles, was an Profit erzielt werden könnte, denn diese 500 Menschen würden ja wiederum zum Bevölkerungswachstum beitragen. Erneut wird errechnet: »Ich will 100 derselben abrechnen, welche als alte Leute oder Krüppel nicht mehr zum Kinderzeugen geschickt sind, so bleiben mir noch 400 Menschen übrig, die entweder zum Teil schon Eheleute sind oder noch werden können. Diese geben 200 Ehen, welche, auf die Ehe 4 Kinder gerechnet, dem Staate in der ersten Generation schon 800 neue Menschen liefern, wic viel aber in der 2ten und 3ten Generation? – Alle diese wären ohne diese neuen Anstalten verloren gegangen.«[28] Offensichtlich fand Wöllner trotz seiner »überzeugenden« Nutzenrechnung kein Gehör, denn der Arzt Johann Ludwig Formey (1766–1823) prangerte im Jahre 1796 in seiner »medizinischen Topographie« erneut die gleichen katastrophalen Zustände an:

»Die bürgerliche Verfassung der Ärzte ist bei uns wie aller Orten, äußerst fehlerhaft. So lange der Staat nicht selbst die Ärzte besolden wird, werden alle Maßregeln und Gesetze nicht im Stande sein, die Medizinalverfassung zu der Vollkommenheit zu bringen, deren sie, an und für sich, wohl fähig wäre. Wenn hingegen eine Stadt nach ihrem Umfange in verschiedene Viertel eingeteilt wäre, wenn die Besorgung aller in jedem dieser Teile der Stadt vorhandenen Kranken einen dazu besoldeten Arzte anvertraut wäre; so würde der nicht begüterte Bürger eben so gut, wie der Reiche, wenn er es ist, ärztliche Pflege erhalten können, und aller Neid und Eigennutz unter den Ärzten selbst, würde dadurch wegfallen. Dann würde auch gewiß die Anzahl großer Ärzte mehr zunehmen, wenn der Staat Anstalten träfe, die auf die Erhaltung des Ansehens und der Würde, und auf die Befriedigung der notwendigen Bedürfnisse jenes Standes abzweckten. Auch das Verhältnis der Ärzte in dem Lande, zu dessen ganzer Volksmenge und die Verteilung derselben würde zweckmäßiger werden, und eine solche Einrichtung würde für das Wohl der Menschheit und für die Vervollkommnung der Heilkunde gleich vorteilhaft sein. Sie wird aber wahrscheinlich noch lange zu den frommen Wünschen gezählt werden.«[29]

Besser als der Zustand des öffentlichen Gesundheitswesens war die Lage der medizinischen Ausbildung und Forschung. Hier vermochten die Initiativen einzelner fortschrittlicher Ärzte trotz Behinderungen durch die wissenschaftsfeindliche Feudalbürokratie stärkeren Einfluß auszuüben und beachtliche Erfolge zu erzielen.

Die erste medizinische Lehranstalt Berlins, das Theatrum Anatomicum, war im Jahre 1713 von Maximilian Spener (1678–1714) gegründet worden. Am 28. November gleichen Jahres führte er die erste öffentliche Sektion durch, zu der sich neben wißbegierigen Studenten auch ein zahlreiches sensationslustiges Publikum aus den »gehobenen Ständen« einfand, für das die besten Plätze, von denen das Geschehen besonders gut verfolgt werden konnte, reserviert waren. Spener verstand es, das Anatomische Theater zu einer Bildungsstätte auszubauen, die sich nicht nur auf die Vermittlung anatomischer Kenntnisse beschränkte. Die hier studierenden angehenden Militär- und Wundärzte erhielten auch die notwendigen chirurgischen Unterweisungen. Wenn auch sein Nachfolger, Heinrich Henrici (1673–1728), seiner Aufgabe nicht in gleicher Weise gewachsen war, so nahm das Anatomische Theater unter August Buddeus (1695–1753) bald wieder einen spürbaren Aufschwung. Immer mehr wurde jedoch die Notwendigkeit, in größerem Umfang auch naturwissenschaftliches Wissen zu vermitteln, akut. Da das Anatomische Theater dieser Anforderung nicht genügen konnte, entstand 1724 das collegium medico-chirurgicum, das mit seinen sechs Professoren, die Naturwissenschaften, Chirurgie, Anatomie und auch Innere Medizin lehrten, praktisch eine medizinische Hochschule war. Die enge Verbindung zur Charité, die nach wechselvoller Geschichte, seit 1726 auf Anregung des Armenwundarztes Christian Gottfried Habermaß, als »Bürger-Lazarett« eine neue sinnvolle Bestimmung fand, gewährleistete eine theoretisch und praktisch fundierte Ausbildung. Die offizielle Bezeichnung »Charité« (Barmherzigkeit) erhielt das erste allgemeine Krankenhaus Berlins im Jahre 1727. Trotz aller Mängel dieser Einrichtung hatte die Charité im Gegensatz zu den untragbaren Verhältnissen anderer Hospitäler und Krankenanstalten damaliger Zeit die unschätzbare Errungenschaft zu verzeichnen, daß jedem Patienten ein Bett zur Verfügung stand, während sich sonst häufig zwei, ja sogar vier Kranke ein solches teilen mußten.

An der Spitze der Charité, deren Verwaltung in den Händen eines Inspektors lag, standen ein leitender Arzt und ein leitender Chirurg.[30]

Der erste leitende Arzt, Johann Theodor Eller war als Schüler Boerhaaves ein ebenso guter Praktiker wie Wissenschaftler. Auch der erste leitende Chirurg, der ehemalige Feldscher Gabriel Senff, war ein ausgezeichneter Fachmann. Auf Eller folgten in gleicher Funktion Sproegel, Samuel Schaarschmidt und schließlich Friedrich Hermann Ludwig Muzell, der das Amt des leitenden Charité-Arztes mehr als drei Jahrzehnte innehatte. Leider ging mit dem Tode Werner Muzells sein Wunsch, den Sohn als Nachfolger zu sehen, nicht in Erfüllung. Muzell wurde von Christian Gottlieb Selle (1748–1800) abgelöst, der ebenfalls zweiundzwanzig Jahre an der Charité wirkte und in Christoph Wilhelm Hufeland seinen Nachfolger fand. Alle leitenden Charitéärzte waren gleichzeitig Professoren an dem collegium medico-chirurgicum, so daß bereits in personeller Hinsicht die Einheit von Praxis und Lehre gewahrt wurde.

Unter den leitenden Chirurgen zeichnete sich in besonderer Weise der Generalchirurgus Christian Ludwig Mursinna (1744 bis 1823) aus. Er hatte sich vom einfachen Bader emporgearbeitet und wirkte einundreißig Jahre an der Charité.

Lebenslage der Bevölkerung

Mit Friedrich Wilhelm III. hatte 1797 ein Monarch die Regentschaft übernommen, von dem man sich die Durchführung dringend notwendiger politischer und sozialer Reformen erhoffte. Das Regierungsprogramm hatte zunächst die Zuversicht verstärkt, doch die eingeleiteten Maßnahmen wurden bald wieder eingestellt. Auch in der Außenpolitik erwies sich der schwächliche König zu keinen wirksamen Beschlüssen fähig. Er versuchte vielmehr, sich das Image eines biederen Familienvaters zu geben, so recht das Vorbild für »fromme« Untertanen zu sein. Bereits in der Jugend waren seine Hilflosigkeit und Ohnmacht erkennbar. Als er 16jährig dem Grafen Brühl zur Erziehung übergeben wurde, meldeten kritische Stimmen: »Wie der Kronprinz in Brühls Hände kam, da war nichts mehr gut zu machen: er war und blieb verschlossen, ohne Selbstvertrauen, daher verlegen und blöde, wo er öffentlich auftrat; alle Repräsentation war ihm zum Ekel, alle feierlichen Akte in seiner ihm zugeteilten Rolle waren ihm zuwider. Er war am liebsten für sich allein oder unter seinen Bekannten.«[31]

Da war seine Frau, die Königin Luise, von anderem Naturell. Sie war klug, entschlußfreudig und eine Meisterin der Repräsentation. Dabei kam ihr ihre allerseits gerühmte Schönheit zugute.

Doch mit Schönheit und Anmut ließen sich keine sozialen Probleme lösen. Die Konsequenzen der preußischen Machtpolitik wirkten sich nach wie vor belastend auf die Lebenslage des Volkes aus. Die Metropole war bereits zur Jahrhundertwende neben den Rheinprovinzen das gewerbliche Zentrum des Staates. Dabei dominierte in Berlin die Textilindustrie, insbesondere die Baumwoll-, Woll- und Seidenweberei sowie die Kattundruckerei.

Andere Industriezweige, wie die Gold- und Silbermanufaktur, die königliche Porzellanmanufaktur und die königliche Eisengießerei, Tabak- und Lederwarenfabriken, Zuckersiedereien und Bierbrauereien konnten mit der Entwicklung der Textilindustrie nicht Schritt halten. Bedingt durch günstige Absatzbedingungen hatte diese bis zum Zusammenbruch Preußens im Jahre 1806 einen konjunkturellen Aufschwung genommen. Das zeigte sich anschaulich in der steigenden Zahl der gewerblich Tätigen, die sich von 9896 im Jahre 1784 auf 49432 im Jahre 1803 erhöhte. Davon arbeitete etwa die Hälfte in der Textilindustrie, vor allem in der Weberei. Die überwiegende Mehrheit der Arbeiter war in Heimarbeit beschäftigt. So wurden in Berlin in den Jahren nach 1800 etwa zehntausend Webstühle betrieben, an denen alle Familienangehörigen, einschließlich der Kinder, zum Broterwerb beitragen mußten.

Der Aufschwung der wirtschaftlichen Entwicklung fand mit der napoleonischen Besatzung und dem Eindringen der französischen Konkurrenz eine jähe Unterbrechung. Viele Manufakturen waren gezwungen, die Produktion zu drosseln oder völlig einzustellen. So verringerte sich die Zahl der Webstühle im Jahre 1807/08 um die Hälfte. Die Auswirkungen auf die soziale Lage des Volkes waren verhängnisvoll. Auf längere Sicht brachten allerdings die Folgen der Französischen Revolution und der Zusammenbruch Preußens unter den Schlägen der napoleonischen Armee den Verfall der verrotteten feudalabsolutistischen Verhältnisse und in Auswirkung der Stein-Hardenbergschen Reformen günstigere Entwicklungsmöglichkeiten der kapitalistischen Produktionsverhältnisse. Die relative Stabilisierung des absolutistischen Staatsapparates und die Konservierung feudaler Elemente in den Produktionsverhältnissen nach den Befreiungskriegen erwiesen sich nicht von Dauer.

Ernst Heim konnte sich als Arzt der Armen auf einprägsame Weise von dem Einfluß der Lebenslage auf die Gesundheitsverhältnisse überzeugen. Um die Jahrhundertwende hatte Berlin 172 Tausend Einwohner, davon gehörten nicht weniger als 25 Tausend dem Militär an, das in der Stadt dominierte. Wenn Berlin an Größe und Bedeutung auch alle anderen preußischen Städte weit übertraf, so war es doch international gesehen nur ein Ort mittlerer Größe. Die Einwohnerzahl von Paris betrug z.B. 1800 547 Tausend und die von London bereits um 1700 674 Tausend Einwohner.[32]

In nur drei Jahrzehnten nahm jedoch die Berliner Bevölkerung um nahezu 50% zu. Nach einem Bevölkerungsrückgang im ersten Jahrzehnt des 19. Jahrhunderts (auf 163 Tausend) wurden 1822 bereits 207 Tausend und 1831 248 Tausend Einwohner gezählt. Ihre Sozialstruktur war sehr differenziert.[33] Nach statistischen Angaben des Jahres 1811 lebten 13850 Personen von »gemeiner Handarbeit«, hierzu zählte die Klasse der Fabrikarbeiter, 12681 Personen waren bei Handwerkern, Einzelhändlern, Gastwirten u. ä. beschäftigt. 10936 waren selbständige Handwerker, Einzelhändler, Gastwirte. 3471 arbeiteten in der Landwirtschaft. Weiterhin zählte man 8080 sogenannte »Domestiken« und Bedienstete, 2207 Studierende und Lehrlinge.

Im gleichen Jahr wurden 11700 Bürger, 10885 Beamte sowie 3081 Personen, die wissenschaftlich oder künstlerisch wirkten, bzw. von Renten oder vom Großhandel lebten, erfaßt.

Der hetorogenen Sozialstruktur entsprach das Lohngefüge. Die Löhne der Facharbeiter in den zentralen Manufakturen und Fabriken waren wesentlich höher als die der Weber und anderer Heimarbeiter. So konnten z. B. die Buchdrucker, Schriftsetzer, Maschinenbauer und Metallarbeiter mit ihrem Einkommen erträglich leben, während die Heimarbeiter einen Hungerlohn erhielten. Daß Frauen jeweils nur einen Bruchteil des Lohnes der Männer bekamen, verstand sich von selbst. Ganz zu schweigen von dem »Entgelt« für Kinderarbeit.

Das Jahreseinkommen einer Berliner Weberfamilie von 6 Personen betrug 1821 170 Reichstaler. Dieser Lohn addierte sich aus folgenden Einkünften:

Der Wochenlohn des Webers und seiner Frau	2 Taler
der Lohn des 15jährigen Sohnes	1 Taler
der 13jährigen Tochter	8 Groschen

Der Weber gehörte zu den »Glücklichen«, die monatlich 18 Groschen Armengeld erhielten.

Der Tageslohn, der in einem Berliner Arbeitshaus gezahlt wurde, betrug 1825 4 Groschen, das entsprach einem Jahreslohn von 40 Talern. In den Arbeitshäusern waren Verarmte und Arbeitslose ohne ständige Beschäftigung gezwungen, zu den drückendsten Bedingungen ihre Ware Arbeitskraft zu verkaufen.

Zur konkreten Einschätzung der Lebenslage der Bevölkerung

ist ein Vergleich der Löhne mit den Preisen notwendig. Generell ist festzustellen, daß in den Jahren nach 1800 ständig steigenden Lebenshaltungskosten stagnierende oder gar sinkende Löhne gegenüberstanden.

Die Preise der Grundnahrungsmittel ergeben folgenden Index (1800=100): 1802 : 117, 1806 : 167, 1812 : 111, 1817 : 139, 1819 : 109.

Am höchsten war die Teuerungsrate bei dem Hauptvolksnahrungsmittel Kartoffeln (1817 : 178), während sie sich bei dem für die Massen kaum erschwinglichen Fleisch in »Grenzen« hielt.

Geht man von einem Durchschnittpreis von 2 Groschen für ein Zweipfundbrot aus, so mußte eine Arbeiterfamilie jährlich mehr als 60 Reichstaler allein für das Brot zahlen. Es kosteten im Jahre 1805 jeweils ein Pfund Butter 10 Groschen, Zucker 10 Gr., Kaffee 20 Gr., Honig 7 Gr., Wurst 16 Gr., ein Hering 2 Gr.

Die Situation bei den Mieten war ähnlich: 1802 : 114, 1805 : 135, ab 1817 stagnierend bei ca. 120. Seit 1822 erneuter Anstieg bis auf 145 im Jahre 1830.

Mindestens 25 % der ohnehin geringen Einkünfte waren für die hohen Mieten aufzubringen. Die Jahresmiete einer Wohnung mit Stube und Kammer betrug 50 Rtl. Es wirkte sich weiterhin erschwerend aus, daß im Vergleich zu der explosiv anwachsenden Bevölkerungszahl nur eine sehr geringe Zunahme relativ billiger Wohnungen zu verzeichnen war. Gewissenlose Geschäftemacher wußten diesen Notstand auszunutzen. Es entstanden Mietskasernen, in denen in etwa 400 Räumen 2400 Menschen zusammengepfercht wurden. Der Arzt Johann Ludwig Formey stellte dazu fest: »Jeder, der ein altfränkisches Haus, worin dergleichen Leute wohnen, niederreißt, erbaut an der selben Stelle ein Prachthaus und richtet es zu großen Wohnungen für wohlhabende Leute ein. Daher sind in Berlin große Wohnungen im Überfluß und verhältnismäßig wohlfeil zu haben; kleine hingegen werden immer seltener und teuerer, und der Arme findet kaum ein Obdach für sich und die Seinigen. Er schränkt sich daher immer mehr ein und behilft sich mit einem einzigen Zimmer, worin er nicht allein sein Handwerk treibt, sondern auch mit seiner ganzen Hausgenossenschaft wohnt und schläft.«[34]

Die werktätige Bevölkerung, die bisher über das gesamte Stadtgebiet, zwar in Seitenstraßen und Hinterhöfen verstreut, wohnte, wurde mehr und mehr in Elendswinkel der Vororte verdrängt. So lebte um 1800 in der Königsvorstadt, in der Spandauer-, Stralauer-, Köpenicker- und Köllnischen Vorstadt etwa ein Drittel der Berliner Einwohner.[35]

Während im Jahre 1815 die Durchschnittsmiete aller Berliner Wohnungen 39 Rtl. betrug, war sie 15 Jahre später auf mehr als das Doppelte, auf 85 Rtl. angestiegen. Die Zahl der Wohnungen unter 30 Rtl. verminderte sich von 58% aller Wohnungen im Jahre 1815 auf nur 25% im Jahre 1829/30. Viele Arbeiter konnten sich nicht einmal eine Stube in den Mietskasernen mit ihren Leidensgenossen teilen. Ihre Zuflucht war eine Schlafstelle. Doch auch hierfür wurden wöchentlich etwa 10 Silbergroschen, jährlich also 17 Rtl. berechnet. Einer der berüchtigtsten Grundstückspekulanten war Baron von Wülckwitz. Er ließ in der Rosenthaler Vorstadt 1820 bis 1824 die sogenannten Wülckwitzschen Familienhäuser bauen.[36] In Räumen von 16,5 m² wurden mehrere Familien zusammengepfercht. Nach statistischen Berechnungen lebten im Jahre 1827 in jedem Raum 6,2 Personen, wobei noch zu berücksichtigen ist, daß die Heimarbeiter hier auch ihre Arbeit verrichteten und eine entsprechende Standfläche für die Maschinen benötigten. Da es unmöglich war, mehrere Betten aufzustellen, mußten bis zu drei Personen in einem Bett schlafen. Oft verzichtete man auf diesen »Luxus« und legte sich auf raumsparende Strohschütten. Die Familien teilten sich ihr Terrain durch Stricke oder Kreidestriche ab.

Ausgehend von den Kosten für Lebensmittel, Mieten, Textilien u.a. errechnen sich für eine fünfköpfige Arbeiterfamilie folgende Lebenshaltungskosten:

1800: 250–260 Rtl.
1805: 330–350 Rtl.
1810: 240–260 Rtl.
1815: 285–295 Rtl.
1820: 255–275 Rtl.
1825: 220–235 Rtl.
1830: 255–265 Rtl.

Die Entwicklung der Lebenshaltungskosten verlief von 1800 bis 1830 in drei Etappen: Bis 1805 erfolgte eine sprunghafte Verteuerung, es folgte eine Periode des relativen Preisrückgangs, die in den Jahren 1808, 1812 und 1816 bis 1818 durch Preiswellen unterbrochen wurde. Nach 1825 ist wiederum eine Periode kontinuierlichen Preisanstiegs festzustellen.

Ein Vergleich der Lebenshaltungskosten mit den Nominallöhnen läßt erkennen, daß die überwiegende Mehrheit der Arbeiterklasse durch ihr Einkommen nicht in der Lage war, das Existenzminimum zu sichern, ganz abgesehen davon, daß bei Krankheit und Arbeitslosigkeit erhebliche Verdienstausfälle eintraten. Viele mußten deshalb im Bitten um Almosen ihre Zuflucht suchen.[37] Im Jahre 1800 lebten etwa 10500 Berliner vom Betteln. Ihre Zahl stieg im Verlaufe eines Jahres auf 12250, wobei die Dunkelziffer noch weitaus höher war.

»Mit furchtbarer Schnelligkeit griff eine gänzliche Verarmung um sich. Die Straßen füllten sich mit Bettlern, und obgleich das Betteln streng verboten war, obgleich man eigene Armenwächter angestellt hatte, um die Bettler aufzugreifen, und in das Arbeitshaus ... zu stecken, so bot doch die grenzenlose Not jedem Gesetz Trotz. Der Hunger besiegte leicht die Furcht vor den Bettelvögten ... und die Beamten verzweifelten daran, ihre Pflicht bei der Menge der Bettler zur Erfüllung zu bringen. Hungernde, weinende Kinder, zerlumpte Männer und Frauen, auf deren bleichen Züge das tiefste Elend sich spiegelte, zogen bettelnd durch diejenigen Straßen, in denen die vornehme Welt Berlins verkehrte.«[38] Um sich ein realistisches Gesamtbild von den Arbeits- und Lebensbedingungen der Arbeiterklasse zu machen, muß man auch die Länge der Arbeitszeit und die Arbeitsbedingungen berücksichtigen. Die Jahre, in denen Ernst Heim in Berlin wirkte, waren durch die extensive Ausbeutung charakterisiert. Der Arbeitstag der Heimarbeiter dauerte vom frühen Morgen bis in die Nacht. In einem Bericht über die Kinderarbeit im Jahre 1818 wird festgestellt, daß die Kinder in den Fabriken und Manufakturen von 6 bis 21 Uhr (außer Sonntags) ausgebeutet wurden. Dabei handelte es sich auch um Kinder im Alter von 5 bis 6 Jahren!

Die Arbeitsräume waren eng, dunkel und stickig. Da die Maschinen in der Regel nicht die elementarsten Sicherheits- und Schutzvorrichtungen aufwiesen, kam es häufig zu schweren, für die Betroffenen verhängnisvollen Arbeitsunfällen.

Die furchtbaren Arbeits- und Lebensbedingungen zerrütteten die Gesundheit der Arbeiter bereits in früher Kindheit. Gegen dieses namenlose Elend erhoben eine Reihe humanistischer Ärzte als Anwälte der Ausgebeuteten ihre Stimme. Dabei brachten sie die unmittelbare Verbindung der katastrophalen Lebensverhältnisse mit dem Gesundheitszustand und der Seuchengefahr zum Ausdruck. Formey stellte fest:

»Überhaupt tragen die elenden Wohnungen, welche der gemeine Mann in Berlin hat, zu den Krankheiten dieser arbeitsamen Klasse unserer Mitbürger viel bei und die vielen Bauten in Berlin sind ein wahres Unglück für sie... Es wäre daher wohl zu wünschen, daß bei den häufigen königlichen Bauten, auf diese schätzungswerte Klasse unserer Mitbürger mehr Rücksicht genommen und den oft tödlichen Folgen ihrer elenden und kleinen Wohnungen abgcholfen würde.«[39] Auch der Armenarzt Thümmel hatte ausgiebig Gelegenheit, die Wohnverhältnisse als Brutstätten von Seuchen kennenzulernen:

»Im Durchschnitt wohnen in jeder Stube zwei Familien, so daß mit Kindern und Schlafleuten eine Anzahl von 9 bis 10 Köpfen auf diesen engen Raum kommt. Die Kellerwohnungen sind im allgemeinen ... feucht und dumpfig, ohne daß ihnen die Unbequemlichkeiten und Mängel der Wohnungen des übrigen Teils des Hauses abgingen. Den Bewohnern, welche nur auf ein einziges Zimmer beschränkt sind, mangelt der eigentliche dringend benötigte Kammer-, Küchen-, Keller- und Bodenraum durchaus, und dieselben sind genötigt, wohl alle ihre häuslichen Geschäfte darin zu verrichten, als daselbst mit einer zahlreichen Genossenschaft zu schlafen.

Es ist so gut, als wären fast gar keine Abtritte vorhanden, weil sich die Leute nicht aus dem vierten und fünften Stock über den schmutzigen Hof zu den nur aus 12 Brillen bestehenden entlegenen Abtritten begeben, zu welchen der Weg ohnedies durch scheußliche Verunreinigung versperrt ist.«[40]

Um den Gestank wenigstens etwas zu mildern, wurde empfohlen, die Nachtgeschirre an die Fassade der Häuser zu hängen. In der Regel befanden sich die Nachtstühle in der Küche. Eine räumliche Trennung von Abort und Wohnung erfolgte erst später.

Auch in offiziellen Dokumenten wurden diese Zustände festgestellt, doch ließ man es beim bloßen Registrieren bewenden. So ein Bericht der städtischen Armendirektion aus dem Jahre 1825: »In dem einen Hause bestehen die Wohnungen aus einer Stube und einem ganz finsteren Behältnis als Küche, in den übrigen aber durchgängig nur aus einem einzigen Locale, dieses dient ebensowohl zum Wohn- als Schlafraum, wie zur Küche und Werkstatt... In einem Hause ... befinden sich etwa 90 solcher Wohnungen... Für die vorläufige Aufbewahrung des Unrats und Kehrrichts ist kein abgeschlossener Raum vorhanden, alles muß in der Stube bleiben oder auf dem Korridor stehen, bis es nach dem Hofe geschafft werden kann, und da dies wegen des Umfanges der Gebäude nur gelegentlich geschieht, so erzeugt sich ... ein pestilenzialischer Geruch, der sich durch das ganze Haus verbreitet. Hinzu kommt, daß nicht selten mehrere Familien beisammen wohnen, so daß sich oft 12 Seelen und mehr in einem dieser Räume vereinigt befinden.

Häufig wechselnde Schlafleute zu halten ist ganz allgemein.«[41] Besonders unheilsvoll war nach Armenarzt Thümmel die Lage für die Kinder und Kranken:

»In Ekel erregendstem Schmutz werden die Kinder erzogen, schlechte Milch, Kartoffeln, sind ihre Nahrung, und der größte Teil derselben erliegt dem zahllosen Heer der skrophulösen Leiden, welche dem Arzte hier eine reiche Beobachtung gestatten – Kranke liegen hier ganz ohne Pflege und Wartung, denn auf nachbarliche Hilfe ist hier ... nicht zu rechnen, weil jeder für den heutigen Tag zu sorgen hat, um sich mit seiner Familie zu erhalten.«[42]

Unter Berücksichtigung dieser Zustände wird erkennbar, welche Bedeutung die Hilfe des Arztes für die Armen hatte, und wird zugleich die geradezu grenzenlose Liebe des Volkes zu Ernst Heim verständlich, der mit allen ihm gebotenen Kräften auch den Ärmsten der Armen Unterstützung bot.

Die ständige Seuchengefahr ergab sich weiterhin aus der katastrophalen Versorgung mit Trink- und Brauchwasser und aus den gesamten kommunalhygienischen Bedingungen. Die Wasserversorgung erfolgte durch Hof- bzw. Straßenbrunnen. Da nur wenige dieser Ziehbrunnen oder Pütten zur Verfügung standen, ergaben sich für die Wasserholer lange Wegstrecken und Wartezeiten.

Bis in die Mitte des 19. Jahrhunderts war in Berlin eine geregelte Abwasserbeseitigung unbekannt. Die Entwässerung erfolgte in zwischen Straße und Gehsteig gelegene Gräben. Ab Ende des 18. Jahrhunderts wurden diese Rinnsteine in die Spree oder deren Seitenarme abgeleitet, die als Abfallgrube dienten. Die Folge waren schreckliche Verunreinigungen mit pestilenzartigem Gestank.

Formey schreibt dazu in der Medizinischen Topographie: »Der Strom, welcher an sich nicht wasserreich ist, wird in den Sommermonaten sehr klein, so daß die damit verbundenen Gräben fast gänzlich vertrocknen. Dem ungeachtet wird der Unrat ebenso häufig in diesen als in den übrigen Monaten hineingeschüttet. Dazu kommt noch, daß die Nachteimer nicht mitten in den Strom, wo der Unrat noch leicht weggespült werden könnte, sondern auf die Seiten, wo er oft lange liegen bleibt, oder sogar in die Schleusen, die des Nachts verschlossen bleiben, ausgeschüttet werden. Hier häuft er sich an und erfüllt die Luft mit schädlichen Dünsten, die zur Ausbreitung verschiedener Krankheiten, zumal der Ruhr, viel beitragen.«[43]

Die Verhältnisse auf den Straßen waren keineswegs besser. Die Rinnsteine als Sammelbecken des Unrats wurden bereits erwähnt. Häufig wurde der Abfall unmittelbar auf die Straßen geworfen und blieb dort liegen. Der Zustand der Straßen war nach einem zeitgenössischen Bericht aus dem Jahre 1798 derart schlecht, »daß jeder Fremde, wenn er nur wenige Stunden umhergeht, über Schmerzen in den Fußsohlen klagt. Berg und Tal wechseln, besonders auf dem Bürgersteige, miteinander ab, und man läuft an dunklen Abenden Gefahr zu stürzen oder ein Bein zu brechen. In der Mitte der Straßen befinden sich große Vertiefungen, und die Steine stehen oft weitläufig auseinander, so daß bei dem unbedeutendsten Regen sogleich fast undurchdringlicher Kot entsteht, der jeden Augenblick dem Vorübergehenden das Durchkommen erschwert. An öffentlichen Gebäuden liegen tote Tiere und allerlei Schmutz in Menge, so daß die Luft verpestet und für das Auge Ekel erregt wird.«[44]

Es versteht sich, daß unter derartigen, jeder Hygiene entbehrenden Zuständen, Epidemien und ansteckende Krankheiten den besten Nährboden fanden, sich entsprechend ausbreiteten und in der Bevölkerung, deren Gesundheitszustand durch Hunger und Not zerrüttet war, ungezählte Opfer forderten.

Glückliches Familienleben

Bei seinen Patientenbesuchen, die ihn Tag für Tag vom frühen Morgen bis in die späten Abend-, ja mitunter sogar Nachtstunden in Anspruch nahmen, kam Ernst Heim auch in die Elendsviertel der Stadt. Er hatte dabei erkannt, daß Schmutz und Unrat keineswegs den Armen anzulasten waren, sondern eine unausweichliche Folge ihrer Lebensumstände waren.

Energisch und unnachgiebig ermahnte er die Hausbesitzer zur Reinigung der Straßen und Gewährleistung hygienischer Verhältnisse. Heim richtete seine Forderungen auch an die zuständigen Behörden, in denen er die Hauptverantwortlichen für die kommunalhygienischen Mißstände sah.

Die Arbeitsfülle ließ ihn in keiner Weise seine Familie vernachlässigen. Ja, das glückliche Familienleben verlieh ihm die Kraft zur Bewältigung seiner Aufgaben. Wenn er abgespannt nach Hause kam, überraschte ihn Frau Lotte mit einem Lieblingsgericht und schmückte den Tisch mit Blumen, die er besonders liebte. Natürlich gab es, wie in jeder Ehe, auch Meinungsverschiedenheiten. Streit aber fast nie. Heim hatte ein gutes Rezept: Er vertraute die Beschwerden über seine Frau dem Tagebuch an, in englischer Sprache, die sie nicht beherrschte. – Von Jahr zu Jahr verminderten sich derartige Eintragungen, und die Harmonie wuchs. Wie kräftige Striche verraten, bemühte er sich später sogar, frühere Klagen zu tilgen.

Obwohl die damals verbreitete uneingeschränkte väterliche Familiengewalt nicht Heims Natur entsprach, dazu war Frau Lotte auch eine zu starke Persönlichkeit, liebte er doch das patriarchalische Familienleben, und Lotte war klug genug, diesem Hang Geltung zu verschaffen.

Am 9. August 1788 schrieb Ernst Heim ins Tagebuch: »Heute legte meine Frau das 24. Jahr zurück. Gott erhalte sie mir noch lange, solange wie ich lebe. Ich schenkte ihr zwei Ringe, die ihr große Freude machten, den einen wegen ihrer Sorgfalt beim Stillen unserer Karoline, den anderen, weil sie mir, wenn ich etwas behaupte und Unrecht habe, doch nicht auf der Stelle widerspricht.«[45]

Während der Sommermonate wohnten Frau und Kinder häufig in einem Sommerhaus, das ihnen ein Patient zur Verfügung stellte. Hier konnten sich die Kinder in dem großen Garten austoben. Glücklich und zufrieden teilte Heim am 3. August 1791 seinem Bruder in Meiningen mit: »Meine Frau, die mit den Kindern den Sommer über in einem großen Garten gewohnt hat, ist seit einigen Tagen wieder zu mir gezogen. Sie ist nebst den Kindern vollkommen gesund und wieder in anderen Umständen. Der Junge trägt nun Hosen und ist ein netter, hübscher Bursche, der mir viel Freude macht. Ich selbst bin gleichfalls gesund und wohl und kann mich mit viel anderen Dingen außer meinen Patienten nicht beschäftigen. Diesen Sommer hat es nicht so viel Schwerkranke gegeben als in anderen Jahren, so daß ich etwas mehr Muße gehabt habe. Ich bin fleißig spazieren geritten, welches nebst einer guten Pfeife Tabak und einem Glase Rheinwein mein größtes Vergnügen ist. An Gesellschaften finde ich keinen Gefallen, da ich den ganzen Tag mit den Kranken beschäftigt bin und immer reden muß, so daß ich Gott danke, wenn ich allein sein kann, um über meine Kranken nachzudenken oder ein gutes Buch zu lesen.«[46]

Die Kinderzahl war inzwischen angewachsen. Auf Johann Ludwig, der bald nach der Geburt gestorben war, folgte 1782 Marie Christiane. Bereits ein Jahr später kam Henriette Wilhelmine zur Welt. Das 1786 geborene Töchterchen Wilhelmine Ernestine war ebenfalls bald gestorben. 1787 erblickte Caroline Wilhelmine und 1789 endlich der lang ersehnte Stammhalter August Wilhelm das Licht der Welt. Ihm folgte drei Jahre später die kleine Juliane Auguste, und nun stand Lotte in ihrem dreißigsten Lebensjahr vor der Geburt ihres achten Kindes. Ein wahrhaft reicher Kindersegen und ein gerütteltes Maß Arbeit für die Hausfrau und Mutter. Die Kinder machten, wie Heim feststellte, viel Freude. Sie sind »immer lustig und vergnügt, ehrlich und auch fleißig, lassen sich gut ziehen. . . Seit mehreren Jahren hat keins Schläge von mir bekommen. Die drei ältesten werden nach der Schule geschickt, auch halte ich ihnen noch einen Hauslehrer, dazu der Christel (Heims erklärtem Liebling. W. G.) insbesondere noch einen, der ihr auf dem Clavecin Unterricht gibt. Mein Junge, der erst schwächlich war, hat sich seit einem Jahre sehr erholt, wird groß und unternehmend und spricht von nichts als Pferden und von Peitschen.«[47]

Ein besonderer Festtag war Vaters Geburtstag. Die große Familie zeigte ihm an diesem Tage all ihre Liebe und Dankbarkeit für seine aufopferungsvolle Fürsorge. Ernst Heim war am glücklichsten im Kreise der Familie, und wenn es möglich war, nahm er Frau und Kinder auf den Wagenfahrten mit. Zu seiner großen Freude war es ihm gelungen, den Kindern tiefe Naturverbundenheit und Liebe zu den Tieren zu vermitteln. Die Familie Heim wäre ohne Tiere als Hausgenossen nicht denkbar gewesen. Von seinen Patientenbesuchen brachte Ernst Heim so manches neue »Familienmitglied« mit, das er unterwegs aufgelesen hatte. Im Garten hatten Igel ihr Domizil. Selbst eine kranke Wühlmaus wurde liebevoll gepflegt, bis sie schließlich ein possierlicher zutraulicher Spielgefährte der Kinder war. Auch Schlangen und Frösche waren willkommen. Für sie wurde im Garten ein sumpfiger Teich angelegt. Zum Entsetzen mancher Besucher hatten die Schlangen in Heims Zimmer volle Bewegungsfreiheit. Seine besondere Liebe galt den Vögeln, deren Gesang ihm den Beginn des Arbeitstages verschönte.

Eine der gelungensten Überraschungen war es, als Lotte, die den Wunschtraum ihres Mannes kannte, ihm ungeachtet der zusätzlichen Arbeit auf dem Dachboden einen Taubenschlag einrichtete. So mußte Heim, umgeben von seinem kleinen »Zoo«, auch in der Hauptstadt nicht die gewohnte geliebte Natur vermissen. Es schmerzte ihn sehr, daß ihm zur Beschäftigung mit seinen Kindern nur allzu wenig Zeit blieb. Wenn er am späten Abend nach Hause kam, lagen sie bereits im Bett und schliefen, und bevor sie aufgestanden waren, befand er sich bereits wieder auf Visite: »Wegen meiner vielen Geschäfte sehe ich nur selten etwas von den Meinigen, und noch seltener bekomme ich sie zu sprechen«, klagt Heim seinem Bruder Anton. »Den ganzen Tag muß ich mich fort und fort mit Kranken teils vergnügen, teils plagen, bin dabei aber recht gesund und guten Mutes.« Voller Liebe und Achtung sprach er zeitlebens von seiner Frau, die ihn nach Kräften unterstützte und sich voll und ganz der großen Familie widmete. Heim schrieb Ende Februar 1793: »Ungeachtet meine Frau sieben Kinder geboren (zwei waren verstorben W. G.) und drei selbst genährt hat, so sieht sie doch recht jugendlich und munter aus, ist eine gute Hausfrau und sorgt für ihre Kinder mit aller mütterlichen Zärtlichkeit. Die Kinder sehen alle gut aus und sind immer lustig und vergnügt. Mit ihrer Erziehung kann ich mich freilich nicht abgeben, da ich sie nur selten und immer nur auf kurze Zeit sehe. –«

Nachdem Heim in den neunziger Jahren in seiner Praxis fleißige Helfer gefunden hatte, konnte er es sich leisten, auch einmal an sich zu denken. Die Mitteilung, Zeit für eine Reise mit der Familie aufbringen zu können, löste großen Jubel aus. Es war die erste gemeinsame Ferienreise. Insgeheim fürchtete Frau Lotte, daß die Reise doch noch kurzfristig abgesagt würde. Bereits im Jahre 1793 hatte sie ihren Mann zu einer »großen Ferienreise« überredet, doch nach einer Woche hielt es Heim nicht länger aus, es zog ihn nach Berlin zurück. Wie würde es wohl diesmal werden?

Natürlich gab es nur ein Ziel, die Thüringer Heimat. Allzu lange hatte er die Brüder, mit denen er nach wie vor eng verbunden war, nicht mehr gesehen. Bevor im Frühjahr 1796 die Reise angetreten wurde, galt Heims große Sorge einem weiteren »Familienmitglied«. Es war nicht möglich, das inzwischen zwanzig Jahre alte Reitpferd mitzunehmen. Neben den Postpferden herzulaufen, hätte ihm gewiß keine Freude bereitet. Zum Glück fand er einen Patienten, der seinen alten Braunen in Pension nahm.

Am 17. Mai begab sich die Familie auf die Fahrt, die unter damaligen Bedingungen ein großes Unternehmen war. Bis nach Potsdam wurde der Reisewagen von eigenen vier Pferden gezogen. Der märkische Sand erforderte von hier ab jedoch acht Pferde, die erst in der Thüringer Landschaft um zwei verringert werden konnten. Von Potsdam ging die Reise nach Wörlitz, wo man die herrlichen Parkanlagen besichtigte und von dort nach Halle. Hier versäumte es Heim nicht, seinen alten Lehrer der Botanik, Professor Junghans, aufzusuchen, um Erinnerungen und Erfahrungen auszutauschen. Auch andere Wissenschaftler ließen es sich nicht nehmen, den Gast, dessen Ansehen sich bis an die Stätte seines Studiums herumgesprochen hatte, zu begrüßen. In Jena suchte Heim seinen späteren Freund Hufeland auf und führte einen anregenden Gedankenaustausch über die Pockenbekämpfung. Weniger ersprießlich war der Besuch bei Professor Gruner, den Heim schon vor 25 Jahren kennen- und schätzen gelernt hatte. Er war ein Sonderling geworden, der völlig zurückgezogen lebte. Heim schildert am 24. Mai die eigenartige Begegnung: »Gruner öffnete mir selbst die Tür, versicherte mich aber mit halbzorniger Miene, daß er nicht zu Hause sei. Ungeachtet ich ihm nun meinen Namen nannte, wollte er doch nichts von mir wissen, warf mir die Tür vor der Nase zu und gab mir noch durch das Geräusch des Zuriegelns seinen inneren Unwillen zu vernehmen.«

Freundliche Aufnahme fand er hingegen bei Professor Batsch, der ihm bereitwillig die Schätze des Botanischen Gartens und seine Präparatensammlung zeigte.

Über Weimar, Erfurt, Gotha und Schmalkalden gelangte die Familie schließlich nach Meiningen, wo sie aufs Herzlichste begrüßt wurde. Neben Bruder Anton, der hier wohnte, fanden sich auch die Brüder Ludwig, Georg und Fritz mit ihren Familien ein. Was gab es da nicht alles zu berichten und an Erinnerungen aufzufrischen, denn seit dem Jahre 1769 war es das erste Zusammentreffen der Geschwister. Die ganze Umgebung nahm an dem Ereignis lebhaften Anteil. Viele alte Bekannte und Freunde wurden aufgesucht. Nach drei Wochen war die schöne Zeit zu Ende, und die Heimreise mußte angetreten werden. Heim wollte den Seinen die Schätze der Dresdener Kunstsammlungen nicht vorenthalten und beabsichtigte deshalb, einen Abstecher in die sächsische Metropole zu machen. Die schlechten Straßenverhältnisse erforderten weite Umwege. Über Weimar und Naumburg ging die Reise am 22. Juni zunächst nach Leipzig, wo sie vier Tage weilten und schließlich am 27. über Meißen nach Dresden fuhren. Den Schönheiten und Sehenswürdigkeiten der Stadt, der reizvollen Umgebung sowie den Bergwerken von Freiberg wurde eine weitere Woche gewidmet. Das Tagebuch registriert alle interessanten Begebenheiten, von der Aufzählung der Kleinodien des Grünen Gewölbes bis zur Kritik eines Theaterbesuches. Natürlich versäumte es Heim nicht, auf den Bergen rings um Dresden nach seltenen Pflanzen zu suchen.

Der Heimweg führte erneut über Leipzig, wo Gelegenheit

war, mit dem Botaniker J. Hedwig Fachgespräche zu führen. Heim war diesem Gelehrten besonders verbunden, hatte er doch eines der zarten Moosgewächse nach ihm »Gymnostomum Heimii« benannt. Als im Jahre 1786 der Botaniker Gleditsch verstorben war, hatte sich Heim bei Hofe bemüht, Hedwig an dessen Stelle nach Berlin zu holen, leider vergeblich. Seitdem war die enge persönliche Verbindung zwischen ihnen nicht abgebrochen.

Am 11. Juli traf die Familie nach zweimonatiger Abwesenheit wieder in Berlin ein. Die Reise war zwar mit 1300 Talern Ausgaben recht kostspielig gewesen, hatte aber wesentlich zur Erholung Heims beigetragen. Endlich hatte er einmal uneingeschränkt das Glück des Familienlebens genießen können. Übrigens reduzierte er künftig seine Hausbesuche auf täglich etwa 50, um sich mehr seinen Kindern zu widmen. Dem alten Braunen war der freie Koppelaufenthalt bestens bekommen. Noch ein Jahr trug er seinen Herrn unermüdlich zu den Patienten, dann gab Heim das brave Tier aufs Land, wo es bei bester Pflege in der freien Natur seine letzten Jahre genießen sollte. Daß Heim ihn regelmäßig besuchte, verstand sich von selbst. Die Pferde waren seine treuesten Helfer. Für ihr Wohlergehen trug er mit großer Umsicht Sorge. Um sie nicht zu »überanstrengen«, hatte er inzwischen sechs Pferde erworben, damit sie zwischen den Einsätzen ordentliche Ruhepausen hatten.

Unmittelbar nach der Rückkehr suchte Heim wieder seine Patienten auf. Da er in Ausübung der Praxis den ganzen Tag unterwegs war, konnte er nur selten die Mahlzeiten zu Hause einnehmen. Wenn er auch für alle Fälle immer ein Stück Brot eingepackt hatte, mit dem er durchaus zufrieden war, zog er es doch vor, bei Freunden und Patienten zu speisen. Die Liste seiner Gastgeber war, wie eine Aufstellung Heims zeigt, sehr vielgestaltig: »Den 3. Januar 1805 beim Grafen von Wartensleben, den 4. bei Frau von Berg, den 5. beim Fürsten Radziwill, den 6. beim Geheimrat von Faudel, den 7. beim Prinzen Ferdinand, den 8. beim Grafen von Lottum, den 9. zu Hause, den 10. beim englischen Gesandten, den 11. beim Minister von Voß, den 12. beim Minister von Hardenberg, den 13. bei Frau von Berg mit Klaproth, Görcke und Zelter, den 14. beim Justizrat

Becker, den 15. zu Hause, den 16. speisten die sämtlichen Lehrer des Werder'schen Gymnasiums u.s.w. bei mir.« Am häufigsten und liebsten war Heim bei Hardenberg zu Gast. Dieser legte auf seine offene Meinung zu politischen und gesellschaftlichen Fragen großen Wert. Hardenberg ließ sich von dem Volksarzt, der tiefe Einblicke in das soziale Leben hatte, manche Information geben, die er sonst nie oder nur entstellt erhalten hätte. Heim liebte Hardenbergs Tafelgesellschaft, da es hier immer recht fidel zuging. Hier traf er auf den vergnüglichen Iffland, den volkstümlichen Blücher und andere interessante Gesprächspartner.

Wichtiger noch als gutes Essen war für Ernst Heim schmackhafter Wein. Er bevorzugte Rheinwein. Für den eigenen Hausbedarf hatte Bruder Anton zu sorgen, der dafür genaue Instruktionen erhielt: »Wegen des Weines sei so gut und schicke mir mit der Ostermesse wieder Proben, von jeder Sorte eine volle Bouteille. Es kommt mir auf etwas Porto mehr oder weniger nicht an. Der Wein muß auf der Bouteille bleiben, auf die er beim Abziehen gebracht worden ist, sonst verliert er von seinem Geschmack. Ich wundere mich sehr, daß Du jährlich mit so wenig Wein auskommen kannst. Jungen Rheinwein, wovon mich die Ohm, bis ich sie im Keller habe, an 100 Taler kostet, brauch ich 3 Ohm das Jahr. Für französischen Wein als Medoc, Champagner, Muskat, zahle ich jährlich über 100 Taler. Außerdem bekomme ich an allerhand Sorten wenigstens für 100 bis 200 Taler geschenkt, und dies wird so ziemlich alles bei uns ausgetrunken, ob ich schon für meine Person das wenigste dabei tue. Ich trinke fast nie über eine halbe Bouteille, wenn ich zu Hause esse; eine ganze kann ich nicht wohl vertragen, wenn ich nicht befürchten will, bei meinen Nachmittagskranken unvorsichtig zu handeln. Ich trinke schlechterdings nichts als täglich $^1/_4$, höchstens $^1/_2$ Quart Wasser und ebenso viel Rheinwein. Keinen Tee, keinen Coffee. Suppen kommen nicht auf den Tisch. Selterwasser hasse ich wie die Pest. Ich bin überhaupt kein Freund vom Trinken außer Rheinwein.«[48] Doch hatte er mit den Angaben über den täglichen persönlichen Konsum etwas untertrieben, denn in seinem Tagebuch finden sich Notizen wie: »Ich habe mir schon so oft vorgenommen, unter keiner Bedingung mehr so viel Wein zu trinken und dennoch geschieht es zuweilen, welches mir nachher immer manche unangenehme Stunde macht. Mag es in diesem Jahr das erste- und letzte Mal gewesen sein, daß ich zu viel Wein getrunken habe.«[49]

Bald aber folgte die Eintragung: »Durch das Wohlwollen mehrerer Gäste, die mich von ihrem Wein zu trinken nötigten, trank ich zu viel und kam, nachdem ich noch 2 Stunden lang Kranke besucht hatte, ziemlich benebelt nach Hause, so daß ich mich gleich zu Bette legen mußte.«

Zum Geburtstag seines Bruders Anton schrieb Heim ein kleines Gedicht, das den Titel trug »Fünf Ursachen, Wein zu trinken«. Es lautete:

»Nach meinem wenigen Bedünken
Gibt's fünf Ursachen, Wein zu trinken.
Man trinkt, den frohen Tag zu ehren,
Man trinkt, den jetz'gen Durst zu stillen.
Man trinkt, dem künft'gen vorzukehren.
Man trinkt des guten Weines wegen.
Man trinkt, ich habe nichts dagegen,
um jeder andern Ursach willen.«

Was Heim gar nicht vertragen konnte, war Knausrigkeit des Gastgebers. Voller Entrüstung wird nach einer Tischgesellschaft beim Prinzen Ferdinand eingetragen: »Heute beim Prinzen August Ferdinand, Königl. Hoheit, gespeist, der für 10 Personen Eine! Bouteille Champagner gab. O Geizhals, o Knauser!«[50]

Damit ihm dergleichen nicht widerfahre, und um gewiß zu sein, nur schmackhafte Sorten angeboten zu bekommen, ließ er dort, wo er öfters zu Gast war, sicherheitshalber einige Flaschen seines eigenen Sortiments im Keller deponieren.

Kollegiale Beziehungen

Nach der Aufnahme seiner Tätigkeit in Berlin hatte Ernst Heim zunächst mit den etablierten Ärzten, die ihn wegen seiner wachsenden Beliebtheit beneideten, manchen Ärger. Er befürchtete sogar, »Selle und Stosch werden mir wohl nie ganz gewogen werden. Beide haben eine weit stärkere und einträglichere Praxis als ich und glauben mich noch weiter unter sich zu sehen.

Ich begehre aber als Arzt kein besseres Glück als mein jetziges; Gott weiß, daß ich keinem meiner Kollegen das seine beneide, ihm vielmehr allen Segen wünsche!«

Vor allem die unkonventionelle Art und Weise, mit der Heim den Patienten begegnete und die neuen Wege, die er bei seiner Therapie einschlug, waren es, die den Unwillen einiger Kollegen erregten. Allerdings beging Heim auch die Unvorsichtigkeit, seine Ansichten über ihre zum Teil veralteten Behandlungsmethoden sehr freimütig auszusprechen. So äußerte er über den Königlichen Leibarzt R. Stosch, er sei zwar »ein sehr guter Hofmann, aber nur ein sehr mittelmäßiger Arzt.«[51] Zu Friedrich Wilhelm Georg Kranichfeld (geb. 1789) stellte er fest: »In seiner Wohnung traf ich kein einziges medizinisches, aber eine Menge geistlicher Gebetbücher, unter denen mancher Schmöker war, an«.[52]

Karl August Wilhelm Berends (1759–1827) würdigte er als Kenner der alten Medizin, doch sei er »kein Praktikus, aber Pedant und Charlatan, letzteres wohl mehr als ersteres.«[53]

Schärfste persönliche Ablehnung fand der Arzt Boehm (gest. 1828): »Als Arzt und Gelehrten fälle ich kein Urteil über ihn, aber als Mensch war er einer der größten Spitzbuben und Schurken, die ich je gekannt habe, der nicht ein – ja zehnmal den Staupbesen verdient hat. Ich bin stolz darauf, daß ich ihn gleich bei unserer ersten Bekanntschaft richtig erkannt und beurteilt habe.«[54]

So deutlich wie Heim Kritik an fachlichem Unvermögen und menschlichem Fehlverhalten äußerte, brachte er auch seine hohe Wertschätzung für andere Kollegen zum Ausdruck. Dazu gehörten vor allem Johann Goercke, den er bereits in Spandau kennengelernt hatte und der nach dem Tode von Johann Christian Anton Thieden (1714–1797) zum General-Chirurgen befördert worden war, sowie der leitende Wundarzt der Charité, Christian Ludwig Mursinna, und der erste Charitéarzt, Christian Gottlieb Selle. Besonders achtete Heim seinen Kollegen Johann Ludwig Formey. Nachdem dieser 1796 zum königlichen Leibarzt ernannt worden war, erhielt er zwei Jahre später die Berufung zum Professor am Collegium medico-chirurgicum. Als Vortragender Rat der Medizinalabteilung des Ministeriums des Innern bekleidete er eine hohe staatliche Funktion, was ihn jedoch nicht daran hinderte, nachdrücklich auf die vielfältigen sozialen und hygienischen Mißstände hinzuweisen und in seinem »Versuch einer medizinischen Topographie von Berlin« entsprechende Veränderungen zu fordern. Heim sagte von ihm: »Unter den hiesigen Ärzten ist und bleibt er immer der, der den meisten Menschenverstand hat, richtig denkt und in wissenschaftlicher Beziehung ohne Vorurteile ist.«[55]

Es empörte Heim zutiefst, daß eine Reihe älterer Kollegen es strikt ablehnten, jungen Ärzten ihre Erfahrungen zu vermitteln. Sie hatten sich im Konkurrenzdenken verrannt und in der Sucht, sich zu bereichern, das humanitäre Anliegen des Arztes, den Menschen zu helfen, vergessen.

Eine solche Gesinnung war dem Humanisten Heim fremd und widerwärtig. Er war nicht nur bereit, dem akademischen Arztnachwuchs all seine Erfahrungen mitzuteilen, er hielt auch engen Kontakt mit Wundärzten. Die Überwindung der unseligen Trennung in der Medizin, dazu bildete der Abbau der völlig ungerechtfertigten Überheblichkeit einen ersten wichtigen Schritt, war Heims erklärtes Ziel. Viele Jahre verband ihn ein enges kollegial-freundschaftliches Verhältnis mit dem Stadtchirurgen Münch.

Die Beziehungen zu den Berliner Kollegen verbesserten sich und konnten bald als vorbildlich angesehen werden. Christoph Wilhelm Hufeland (1762–1817) charakterisierte treffend Heims kollegiale Einstellung: »Nicht sich, sondern nur das Wohl des Kranken im Auge habend, suchte er nie seine Persönlichkeit durch Herabsetzung seiner Kollegen hervorzuheben, behandelte sie vielmehr mit Achtung und, wo es irgend ohne Nachteil für den Kranken geschehen konnte, mit Nachgiebigkeit. Waren Fehler oder Unterlassungssünden begangen worden, so verschwieg er sie sorgfältig gegen den Kranken und seine Angehörigen, damit nicht die Ruhe des Kranken, noch der gute Ruf eines Kollegen gefährdet werde.«[56]

Seit den neunziger Jahren sammelten sich um Heim eine Reihe begabter Assistenten und Helfer, die ihn in seiner großen Praxis unterstützten und bei ihm als hervorragenden Diagnostiker und Praktiker viel lernten. Zu diesen jungen Ärzten, das Tagebuch vermerkt die Namen Merzdorf, Grappengießer, Weitsch u. a. war Heim voller Toleranz, Duldsamkeit und

Hilfsbereitschaft. Mußte er jedoch Eigensucht oder Überheblichkeit gegenüber den Patienten feststellen, wurde er unerbittlich. Aus den Heimschülern entstand allmählich das Heimsche Morgenklinikum, eine sensationelle Neuerung für Berlin. Schon im Februar 1793 hatte Heim seinem Bruder Anton geschrieben: »Von morgens sechs bis acht Uhr und abends von acht bis zehn Uhr wird meine Stube nicht leer von Kranken. Erst abends von zehn bis halb zwölf kann ich etwas für mich tun, Bücher und Zeitungen lesen, Briefe schreiben, Rechnungen in Ordnung bringen pp.«[57]

Um das Aufsehen, das Heim damit erregte, indem er Patienten in seinem Hause in der Kronenstraße behandelte, verstehen zu können, muß man sich vergegenwärtigen, daß die ärztliche Tätigkeit bisher ausschließlich aus Hausbesuchen bestand. Sprechstunden wurden Mitte des 19. Jahrhunderts eingeführt und erst seit den siebziger Jahren im Zusammenhang mit der fachärztlichen Spezialisierung gebräuchlich. Die weiten Strekken, die mit Pferd oder Wagen bei Krankenbesuchen zurückgelegt werden mußten, hätten eine zeitlich festgelegte Sprechstunde am Tage gar nicht ermöglicht.

Als Heim damit begann, Sprechstunden, zumeist für Arme, einzuführen, legte er sie zu den Zeiten fest, die für Hausbesuche ungeeignet waren. Dafür wurden, wie Ludwig Choulant, nicht zuletzt auf Heims Erfahrungen fußend, in seiner »Anleitung zur ärztlichen Praxis« schrieb, »die frühern Stunden des Vormittags ... verwendet, und wenn mehrere Besuche des Tages notwendig sind, die spätern Stunden des Nachmittags und der Abend selbst. In den Vormittagsstunden befindet sich der Kranke in der Regel am erträglichsten, es ist daher leichter mit ihm zu sprechen; manche Untersuchungen lassen sich nur in diesen Stunden vornehmen, zugleich erfährt man jetzt am besten den Verlauf der Abendexacerbation und den Zustand während der Nacht; man ist im Stande, die nötigen Anordnungen wegen der Mahlzeit und des übrigen Verhaltens zu machen und die ärztlichen Verordnungen diesen anzupassen; kurz es ist die Frühstunde in jeder Hinsicht die vorzüglichste für den Krankenbesuch, nur daß dieser in der vornehmen Welt, wo es in der Regel nicht so früh Tag zu werden pflegt als bei andern Leuten, etwas später, gegen die Mittagsstunden hin, erst vorzunehmen ist. Wird ein zweiter Besuch des Tages notwendig, so ist die Zeit von fünf Uhr Nachmittags an wohl die geeignetste, denn man wird den Kranken um diese Zeit in der abendlichen Exacerbation antreffen; oft kann es dem Arzte wünschenswert sein, den Kranken vor Einbruch der Nacht noch einmal zu sehen, was indessen nicht ohne Not geschehen soll, da es die Angehörigen und den Kranken selbst besorgt zu machen pflegt.«[58]

In den ersten Jahren der ärztlichen Hauspraxis waren Sprech- oder Wartezimmer unbekannt.[59] Es spielte sich alles im Wohnzimmer des Arztes ab. So waren auch in dieser Hinsicht Beruf und Privatleben aufs engste verbunden. Spärlich war auch das ärztliche Instrumentarium.

Organisator des Morgenklinikums wurde der junge Arzt Hans von Arnim (1800–1868). Er berichtet über den Verlauf der Konsultationen: »Dieses Morgenklinikum, das er hielt, gehörte gewiß zu dem Originellsten, was man in dieser Hinsicht sehen kann. Er kam in das Empfangszimmer, so wie er dem Bette entstiegen war, und während der ganzen Zeit, in der die Kranken erschienen, examiniert und abgefertigt wurden, machte er mit großer Behaglichkeit und Sorgfalt, unter beständigem Tabakrauchen, seine Toilette. Gleichzeitig verzehrte er ein höchst frugales Frühstück, trank Kaffee und dazwischen Leinsamentee. Während er sich ankleidete, kamen die verschiedensten Menschen jedes Standes und Geschlechts. Alle wurden in demselben Kostüm empfangen und mit derselben Leichtigkeit und Höflichkeit abgefertigt. Manche Damen, mancher vornehme Herr erschrak, wenn der alte Heim in seinem ledernen Unterhosen und im Hemd vor ihnen stand. Aber was bei einem anderen unzart gewesen wäre, das kleidete ihn, und gewiß verließ ihn keiner, ohne das angenehmste Bild seiner Persönlichkeit mitzunehmen.

Neben dem Abfertigen der Kranken bestand unsere Beschäftigung noch darin, seine ärztliche Korrespondenz zu führen. Mit wenigen Worten gab er an, was man schreiben sollte. Die Ausführung überließ er uns. Ebenso wenig wie eine Überschrift im Briefe duldete er den gewöhnlichen Schluß: ›Ergebendst‹. Der Brief mußte hoch oben anfangen und kurz das Nötige enthalten, ohne Titulaturen und Prädikate...«[60]

Heim hatte sich bereits in den neunziger Jahren den Ruf des erfolgreichsten und beliebtesten Berliner Arztes erworben. Das Geheimnis seiner Erfolge beruht jedoch nicht nur in seiner großen ärztlichen Kunst. Ebenso wichtig war sein Wesen. Als Hausarzt machte er nicht schlechthin ärztliche Besuche, sondern er kam zugleich als Freund und Vertrauter der Familie, der tiefen Einblick in das häusliche Geschehen hatte und dem man volles Vertrauen entgegenbrachte. Die Patienten spürten seine Anteilnahme und menschliche Wärme.

Um die Jahrhundertwende wurden an der Charité herrschende Mißstände von dem Charitépfarrer Prahmer in seiner Schrift »Einige Worte über die Berlinische Charité zur Beherrschung aller Menschenfreunde« öffentlich angeprangert.

Der »Neueste Staatsanzeiger« meldete: »Will jemand sehen, wie sehr der Mensch seinen Nebenmenschen vergessen kann, wie sehr es wahr ist, daß Tiere oft besser behandelt werden wie die Menschen, der gehe zur Charité in Berlin und von da in die Vieharzneischule.«

Nachdem Prahmer auch dem König ein Exemplar seiner Publikation übermittelt hatte, sah sich die Regierung gezwungen, eine Kommission zu bilden, die den Auftrag erhielt, zu prüfen, ob die Schilderungen den Tatsachen entsprachen. Dieser Kommission gehörten Ernst Heim, sowie seine Kollegen Johann Ludwig Formey und Johannes Nepomuk Bremer (1745–1816) an. Heim notierte am 7. September 1798: »Den ganzen Vormittag in der Charité zugebracht... Leider fanden wir alle in der Schrift geführten Klagen gegen die Charité nicht allein gegründet, sondern wir entdeckten noch mehrere Mängel und Fehler, wovon wir dann unsere Anzeige und Gutachten aufzeichnen und abgeben werden.«

Die schlimmsten Mängel waren unzureichendes Essen, Unsauberkeit, Mangel an Pflegepersonal, schlechte Unterbringung und als Folge davon eine Sterblichkeitsrate von $^1/_6$ der Patienten. Nicht selten sträubten sich deshalb sogar die Kranken, in das »Sterbehaus« zu gehen. Viele dieser Mängel hatte Formey bereits in seiner »Medizinischen Topographie« erwähnt, ohne daß auch nur das Geringste verändert worden wäre. Das gleiche Schicksal war dem Kommissionsbericht beschieden, denn der Predigamtskandidat Moritz, der den Winter 1799/1800 in der

Charité zubringen mußte, legte erneut eine ungeschminkte Anklage vor: »Treue Erzählung meiner gehabten Schicksale in Berlin vor und nach der Aufnahme in der Charité«, in der die alten Mängel beschrieben wurden.

Dem energischen Eingreifen und Einfluß Hufelands, der im Jahre 1801 die Leitung der Charité übernommen hatte, war es zu danken, daß schrittweise die schlimmsten Übel beseitigt wurden.

Ebenso wie Ernst Heim seinen jungen Kollegen Wissen und Erfahrung weitervermittelte, war er selbst bis ins hohe Alter bestrebt, die eigenen Kenntnisse zu erweitern und zu vertiefen. Als wirksame Methode, dieses Ziel zu verwirklichen, erschien ihm der kollegiale Gedankenaustausch. So vereinbarte auf seine Initiative Anfang des Jahres 1799 eine Gruppe von sechs Ärzten, monatlich einmal zusammenzukommen, um medizinische Fragen zu diskutieren. Neben Heim und Goercke, die als Wortführer wirkten, gehörten dem »Kränzchen« anfangs noch D. Boehm, Georg Heinrich Boehr (1757–1805), Wall (gest. 1808) und Georg Adolph Welper (1762–1842) an.

Bald nach seiner Übersiedlung nach Berlin trat auch Hufeland der Gesellschaft bei. Heim und Hufeland, die wenige Jahre später enge Freunde wurden, fanden anfangs schwer Kontakt zueinander, wie überhaupt die Zusammensetzung der Gruppe nicht so recht Heims Vorstellungen entsprach:

»Ein medizinischer Klub von 6 Ärzten ist an und für sich eine vortreffliche Sache, so verschieden die Mitglieder auch immer sein sollten. Wären diese Mitglieder unter sich nun auch gute Freunde – könnte dies sein – was für eine herrliche Gesellschaft müßte das nicht sein! Mit Welper, Boehr und Goercke bin ich in jeder Hinsicht zufrieden, aber mit Boehm und Hufeland nicht; diese beiden haben zu viel Arroganz und letzterer fast noch mehr als ersterer – da er unter uns 6 doch gewiß der schlechteste Praktikus ist – aber freilich durch seine Schriften und als Königl. Leibarzt den größten Ruf hat.«[61]

Die Auseinandersetzungen innerhalb des Kreises vertieften sich, so daß es Goercke schließlich 1805 vorzog, sich zurückzuziehen. Da Wall und Boehr im gleichen Jahre verstarben, waren Heim und Hufeland um Erneuerung des Gremiums bemüht. Dem Grundanliegen des kollegialen Informationsaustausches, vermochte jedoch ein derart kleiner Kreis trotz bester Absichten nicht gerecht zu werden. Hier erwies sich Hufeland als der bessere und einflußreichere Organisator. Er schuf aus dem Heimschen Kränzchen schließlich im Februar 1810 die »Medizinisch-chirurgische Gesellschaft«, die an keine festgelegte Mitgliederzahl gebunden war. Regelmäßig traf man sich im Abstand von zwei Wochen, um über praktische und kollegiale Fragen zu diskutieren. Den Abend schlossen gewöhnlich Vorträge und kritische Besprechungen von Neuerscheinungen der Fachliteratur ab. Zur Aktivierung des wissenschaftlichen Lebens wurde eine Bibliothek und ein Lesezirkel gegründet. Neben den turnusmäßigen Zusammenkünften trat man jeweils am Gründungstag und zum Jennerfest (am 14. Mai, dem Tag, an dem Jenner erstmals vakzinierte) zu Festsitzungen zusammen.

Bei ihrer Gründung zählte die Gesellschaft 60 Mitglieder, die bis zum Jahre 1833 auf 582 anwuchsen. Davon waren 192 ordentliche und 390 korrespondierende Mitglieder, die nach Satzungsänderung vom Jahre 1822 aufgenommen wurden.

Bei Abwesenheit Hufelands übernahm Ernst Heim die Geschäftsführung der Sitzungen, auf denen er sich häufig auch als Diskussionsredner und Referent auszeichnete. So hielt er im März 1811 einen viel beachteten Vortrag über die Differentialdiagnose bei Scharlach, Röteln und Masern.

Während in der »Medizinisch-chirurgischen Gesellschaft« ausschließlich medizinische Fragen diskutiert wurden, waren in der etwa zur gleichen Zeit durch den Naturwissenschaftler Klaproth und den Anatom Rudolphi ins Leben gerufenen »Gesellschaft für Natur- und Heilkunde«, Naturforscher und Ärzte etwa paritätisch vertreten. Da sich die Naturforscher mehr und mehr in Fachgesellschaften absplitterten, überwogen später auch in diesem Gremium die Ärzte. Am zweiten Jahrestag der Gründung erklärte 1811 Rudolphi zu seinem Anliegen:

»Jenen doppelten Zweck haben wir vor Augen gehabt. Wir haben unser Wissen bereichert, wir haben uns vor Einseitigkeit, Pedanterei und Kälte zu bewahren gesucht. Jeder ist dem anderen mit Liebe entgegengetreten. Unsere gelehrten Ansichten und Meinungen müssen häufig verschieden sein, oder wir wären nicht wert, einen solchen Verein zu bilden; aber diese Verschiedenheit muß statt zu trennen, näher anziehend wirken.«[62]

Auch in diesem Verein war Ernst Heim aktives Mitglied und übte vom Jahre 1817 bis zu seinem Tode das Amt des Präsidenten aus.

Kampf gegen die Pocken

Geißel der Menschheit

Der Kampf gegen die Pocken zählte zu den Aufgaben, denen sich Ernst Heim während seiner gesamten ärztlichen Tätigkeit in Praxis, Forschung, Wort und Schrift am intensivsten widmete.

Die Pocken, eine der fürchterlichsten Geißeln der Menschheit, forderten seit Jahrhunderten alljährlich Tausende Opfer. Wenn auch die Frage nach Ursprung und Alter dieser Krankheit schwer zu beantworten ist, kann doch mit Sicherheit angenommen werden, daß um das Jahr 600 Pockenepidemien grassierten.[1] Angaben aus früheren Zeiten sind jedoch unsicher, da die von Thukydides (460–396 v. u. Z.), Herodot (484–425 v. u. Z.) und Galen erwähnten Epidemien in ihrer Beschreibung sehr heterogene Merkmale und Symptome aufweisen, die auch für eine Reihe anderer exanthemischer Krankheiten zutreffend sind. In der Literatur wird, ungeachtet des bisher fehlenden Quellennachweises übereinstimmend China als Ursprungsland der Pocken genannt, wo etwa um 1500 v. u. Z. die Epidemie erstmals aufgetreten sein soll. Ab dem Jahr 500 mehren sich die beweisfähigen Belege über Pockenvorkommen im Mittelmeerraum. Ende des ersten Jahrtausends waren zunehmend auch europäische Gebiete heimgesucht worden.[2] Nachdem erste ärztliche Angaben über die Pocken im 7. Jahrhundert in den Schriften des Ahron von Alexandria zu finden waren, legte der bedeutende arabische Kliniker Rhazes (865–923) die erste umfassende wissenschaftliche Abhandlung vor.

Im Mittelalter erreichte die Seuche auch in Europa derartige Ausmaße, daß die Bevölkerung ganzer Landstriche dezimiert wurde. Zweifellos trugen die Kreuzzüge zu dieser massenhaften Ausbreitung bei. Auf deutschem Territorium können die Pocken ab Ende des 15. Jahrhunderts nachgewiesen werden. Ihre Intensität nahm ständig zu, so daß für das 18. Jahrhundert etwa 70 Tausend Todesfälle pro Jahr errechnet wurden, eine Zahl, die sich bei Epidemien beträchtlich erhöhte. In Berlin waren im Jahre 1740 16% aller Todesfälle Pockenkranke. Am häufigsten wurden Kinder bis zu 5 Jahren befallen. Es starben in der preußischen Metropole von 1758 bis 1774 6705 Menschen an Pocken. Davon bis zu 5 Jahren 5876, von 6 bis 10 Jahren 742 und über 11 Jahren 87. Obwohl der schrecklichen Seuche seit Jahrhunderten alljährlich Tausende zum Opfer fielen, wurden erst im 17./18. Jahrhundert wirksame Methoden zu ihrer Bekämpfung entwickelt. Die »Theorie« von der Krankheit als gerechter Strafe Gottes, hatte die Erkenntnissuche lange behindert. Es kursierten die widersinnigsten Deutungen der Krankheitsursachen. So glaubte man, die Pocken entstünden durch Gärung des während der Schwangerschaft im Körper der Mutter zurückgehaltenen Menstrualblutes, das auf das Kind überginge. Noch Anfang des 19. Jahrhunderts vertrat Kaeser in Jena die Ansicht, »Pocken, Scharlach und Masern sind normale Entwicklungsvorgänge bei Kindern; Versuche zu ihrer Vermeidung sind daher verwerflich.«

Während die Ursachen der Pocken und damit die Prophylaxe noch nicht erforscht war, fanden bereits verschiedene empirische Verfahren der Pockenbehandlung Anwendung. Im Gegensatz zu den bisherigen Methoden, durch Reizmittel den Exanthemausbruch zu fördern, wobei der Patient das Bett hüten mußte, forderte der Empiriker Thomas Sydenham, dessen Verdienst die exakte Beobachtung des Krankheitsprozesses war, die Erkrankten auf, an die frische Luft zu gehen. Seiner Therapie schlossen sich namhafte Ärzte wie Ettmüller (1644–1684) in Leipzig und später auch Hufeland an. Da auch mit dieser Therapie keine nennenswerten Erfolge erzielt werden konnten, kam der Arzt Tralle zu der pessimistischen Auffassung: »Wahrlich, durch die traurigste Erfahrung bin ich zu der Überzeugung gelangt, daß die Unzulänglichkeit der besten Methode ... gleichsam mit lauter Stimme nach einem anderen Heilmittel ruft, und daß Kinder und Erwachsene durch keine bisher bekannte Kunst vor dem Tode zu retten sind, sondern unter unabwendbaren und schrecklichen Qualen sterben.«[3]

Zum Glück wurden nicht alle Ärzte von dieser Resignation erfaßt. Da die bisherigen Versuche einer Behandlung und Bekämpfung erfolglos blieben, war man bestrebt, der Infektion und Verbreitung durch Isolierung der Pockenkranken entgegenzuwirken, eine Maßnahme, die sich als sehr nützlich erwies.

Erste Schritte zur Pockenprophylaxe reichen weit zurück. Die Beobachtung, daß Menschen, welche die Pocken überstanden hatten, gegen eine erneute Infektion immun waren, führte zu vielfältigen Versuchen, auf empirischem Wege Mittel zu finden, um durch künstlich hervorgerufene Infektion eine leichtere Form der Erkrankung und damit die erhoffte Immunität herbeizuführen. Die älteste Nachricht der Variolation[4] stammt aus Indien, wo schon vor zwei Jahrtausenden Brahmanenpriester die Pocken mit flachen Hautschnitten am Arm überimpft haben sollen. Den Impfstoff nahmen sie vom Schorf leichter Pockenfälle oder sie legten einen Leinenbausch mit Pockeneiter auf die Wunde.

Auch in China soll spätestens im 6. Jahrhundert die Variolation durchgeführt worden sein. Borkenpulver wurde mit einem Messingrohr in die Nase geblasen oder ein Baumwollbausch mit frischem Pusteleiter eingeführt. Aus Warschau wird das sogenannte »Pockenkaufen« überliefert. Kinder zerdrückten in ihren Händen Pockenschorf, um immun zu werden.

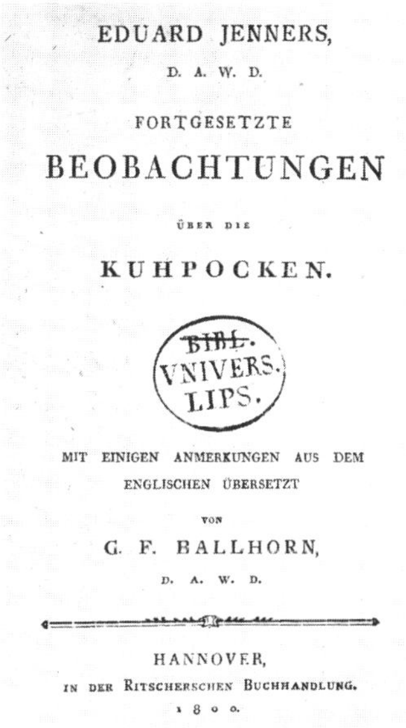

EDUARD JENNERS,
D. A. W. D.
FORTGESETZTE
BEOBACHTUNGEN
ÜBER DIE
KUHPOCKEN.

MIT EINIGEN ANMERKUNGEN AUS DEM ENGLISCHEN ÜBERSETZT
VON
G. F. BALLHORN,
D. A. W. D.

HANNOVER,
IN DER RITSCHERSCHEN BUCHHANDLUNG.
1800.

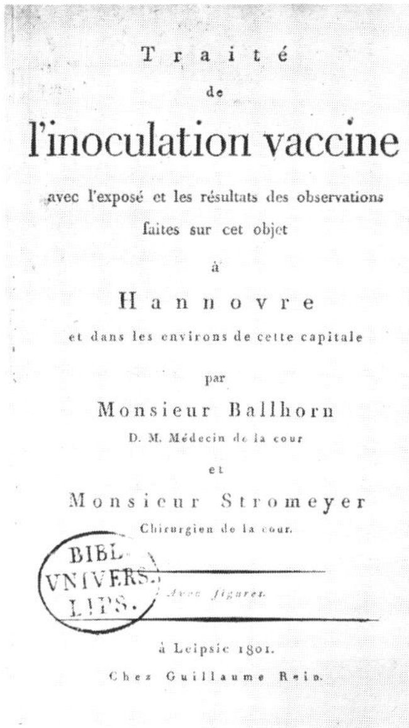

Traité
de
l'inoculation vaccine
avec l'exposé et les résultats des observations faites sur cet objet
à
Hannovre
et dans les environs de cette capitale
par
Monsieur Ballhorn
D. M. Médecin de la cour
et
Monsieur Stromeyer
Chirurgien de la cour.

Avec figures.

à Leipsic 1801.
Chez Guillaume Rein.

44–45 Propagierung der Kuhpockenimpfung in Deutschland

und umgekehrt Manches nur von den falschen erwartet, was auch bei den echten nicht vermisst wird. Es scheint mir daher nicht unnütz, das Gleiche, Aehnliche, und Verschiedene zwischen dieser Art der Varicella und den echten Pocken neben einander zu stellen, um so die wesentlichen Momente ihres Unterschiedes noch deutlicher ins Licht zu setzen. Zu diesem Zwecke, hoffe ich, wird folgende Uebersicht am sichersten führen.

Eigenthümlichkeiten der falschen Pocken, die den echten gleichen.	*Eigenthümlichkeiten der echten Pocken.*
1. Die falschen Pocken können an allen Theilen des Körpers hervortreten.	1. Dies findet auch bei den echten statt.
2. Sie haben gemeiniglich einen eignen Geruch, dessen Eigenthümlichkeit sich nicht beschreiben lässt, jedoch ist dieser Geruch von dem der echten Pocken sehr verschieden.	2. Sie haben einen eigenthümlichen Geruch, der von dem der falschen sehr verschieden ist.
3. Der Zeitraum des Ausbruchs ist begleitet mit heftigem Fieber, Erbrechen u. s. w.	3. In dieser Rücksicht sind sie den falschen gleich, obgleich in den mehrsten Fällen alle Zufälle heftiger sind.
4. Der Ausschlag zeigt sich gleich anfangs meistens an allen Theilen des Körpers.	4. Der Ausschlag zeigt sich zuerst im Gesichte, dann an den Händen, und so nach und nach an den Armen, Brust, Beinen, Schenkeln und Füssen.
5. Nach dem dritten Tage der Eruption kommen noch hie und da neue Pocken zum Vorschein.	5. Nach dem dritten Tage hört alle Eruption auf.

46–47 Beispiele der Heimschen Differentialdiagnose bei Pocken

6. Der Ausschlag juckt sehr.	6. Der Ausschlag juckt nicht, brennt mehr und es fällt den Kindern kaum ein, während des Zeitraums der Eruption und Füllung sich zu kratzen.
7. Sämmtliche Stippchen haben gleich anfangs so wie in der Folge am Grunde jeder einzelnen Pustel eine dunkelrothe Farbe.	7. Bei diesen ist die Farbe mehr hellroth.
8. Wenn gleich der grössere Theil der Pocken nach dem dritten und vierten Tage des Ausschlages sich erhoben hat, so bleiben dennoch viele Pocken zurück, die sich nicht erheben, oder doch viel kleiner bleiben und nur mit einer wässrigen Feuchtigkeit sich füllen. Im Gesichte füllen sich die meisten, auf den übrigen Theilen des Leibes wenige, und von zehn bis zwanzig Pusteln, welche auf der flachen Hand, an den Fusssohlen und im Munde hervortreten, füllen sich höchstens eine oder zwei.	8. Obgleich die einzelnen Pusteln nicht alle von gleicher Grösse sind, so heben sie sich doch alle. Alle ohne Ausnahme füllen sich; keine einzige bleibt zurück, selbst die nicht, welche sich im innern Munde, in der flachen Hand und an den Fusssohlen befinden.
9. Wenn auch noch so viele Pusteln sich füllen, so entsteht doch keine *febris secundaria.*	9. Wenn die Zahl der Pusteln irgend bedeutend ist, so fehlt dieses zweite oder sogenannte Eiterungsfieber niemals.

Um diese Unterschiede aber in ein helleres Licht zu setzen, sei es mir erlaubt, die wichtigsten diagnostischen Momente in der angeschlossenen Uebersicht vollständig zusammenzufassen.

Tabellarische Uebersicht

der diagnostischen Verschiedenheiten

des Scharlachs.	der Rötheln.	der Masern.
	A. In Hinsicht des Fiebers.	
1) Das Fieber ist gleich anfangs heftig, und bei keiner einzigen hitzigen exanthematischen Krankheit zeigt sich ein so frequenter Puls, wie beim Scharlach.	1) Das Erstere ist auch hier der Fall.	1) Das Fieber ist weit mässiger, so dass es einem gelinden Katarrhalfieber gleicht. Es ist im Anfange schwach gezeichnet, wird aber in der Folge stärker.
2) Das Fieber bleibt sich gewöhnlich gleich, ist zu allen Zeiten des Tages gleich stark.	2) Eben so hier.	2) Des Morgens ist es gelinde, aber des Abends auffallend vermehrt.
3) So lange der Ausschlag vorhanden ist, dauert das Fieber fort, ja oft noch dann, wenn der Ausschlag schon verschwunden ist.	3) Dies findet auch hier statt.	3) Sehr oft, wenn der Ausschlag 2 oder 3 Tage sich gezeigt hat, hört alles Fieber auf, und der Ausschlag ist noch einige Tage sichtbar.
4) Oft erfolgt der Ausschlag schon in den ersten 24 Stunden des Fiebers.	4) Dies geschieht auch hier; ja zuweilen erscheint der Ausschlag mit dem Eintritt des Fiebers zugleich.	4) Das Fieber muss wenigstens 3 bis 4 Tage angehalten haben, ehe der Ausschlag zum Vorschein kommt.
5) Mit dem Eintritt des Fiebers entsteht	5) Eben so hier.	5) Dies ist in der Regel nicht der Fall;

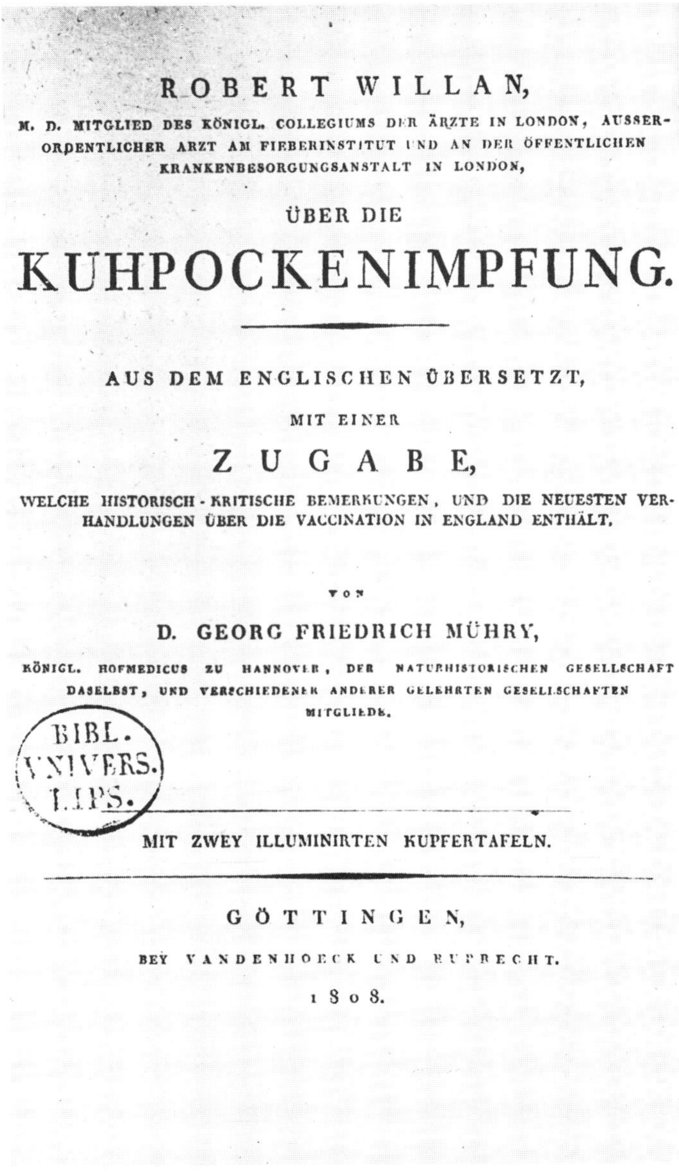

ROBERT WILLAN,

M. D. MITGLIED DES KÖNIGL. COLLEGIUMS DER ÄRZTE IN LONDON, AUSSERORDENTLICHER ARZT AM FIEBERINSTITUT UND AN DER ÖFFENTLICHEN KRANKENBESORGUNGSANSTALT IN LONDON,

ÜBER DIE

KUHPOCKENIMPFUNG.

AUS DEM ENGLISCHEN ÜBERSETZT,

MIT EINER

ZUGABE,

WELCHE HISTORISCH-KRITISCHE BEMERKUNGEN, UND DIE NEUESTEN VERHANDLUNGEN ÜBER DIE VACCINATION IN ENGLAND ENTHÄLT,

VON

D. GEORG FRIEDRICH MÜHRY,

KÖNIGL. HOFMEDICUS ZU HANNOVER, DER NATURHISTORISCHEN GESELLSCHAFT DASELBST, UND VERSCHIEDENER ANDERER GELEHRTEN GESELLSCHAFTEN MITGLIEDE.

MIT ZWEY ILLUMINIRTEN KUPFERTAFELN.

GÖTTINGEN,

BEY VANDENHOECK UND RUPRECHT.

1808.

49 Auftakt des wissenschaftlichen Meinungsstreits zur Pockenimpfung

VII.

Ueber die Diagnostik der falschen Pokken mit Hinsicht auf die neuerlich behaupteten Fälle von echten Pokken nach vorhergegangener gelungener Vaccination.

Vom

Herrn Geheimenrath Dr. *Heim* in Berlin.

Die Erscheinung der *Willan*eschen Schrift über die Kuhpockenimpfung, deren Bekanntschaft wir dem Herrn Hofmedikus *Mühry* in Hannover, welcher dieselbe übersetzte und mit lehrreichen Anmerkungen im vergangenen Jahre herausgab, verdanken, hat mich überzeugt, daſs die Diagnostik der falschen Pocken (*Varicella*) noch einer groſsen Vervollkommnung bedürfe, in dem

VII.

Vertheidigung der Beobachtungen einer besondern Art natürlicher Blattern nach Kuhpocken.

Vom

Herrn Leibmedicus Dr. *Stieglitz* in Hannover.

Herrn Geheimenrathes Heim Aufsatz im 7ten Bd. 2tes Heft dieses Archivs für praktische Medicin und Klinik: „über die Diagnostik der falschen Pocken mit Hinsicht auf die neuerlich behaupteten Fälle von echten Pocken nach vorhergegangner gelungener Vaccination“ ist reich an Belehrung über die Erscheinungen und den Gang der Windpocken. Grosse Beobachtungsgabe, Fülle von Erfahrung, seltne Festigkeit derselben, fortgesetzte Aufmerksamkeit und anhaltendes Interesse für Wahrnehmun-

51 Die wissenschaftlichen Opponenten verteidigen sich . . .

Versuch

einer

kritischen Geschichte

der bei

Vaccinirten

beobachteten

Menschenblattern,

nebst

Untersuchungen über die Natur, die Ursachen und die Verhütung dieser Krankheit,

von

Dr. Adolph Friedrich Lüders,

Königl. Dän. Physicus zu Eckernförde im Herzogth. Schleswig, Mitgliede der Königl. mediz. Gesellschaft in Kopenhagen.

Altona,

bei I. F. Hammerich

1824.

I.

Meine jetzige Ansicht über den Einfluss der Schutzblattern auf Menschenpocken.

Vom

Herrn Geheimen Rath Heim in Berlin.

In einem Aufsatze, den ich im Jahre 1809 in dies Archiv einrücken liefs*), bemühte ich mich darzuthun, dafs die nach vollständiger Vaccination entstandene pockenähnliche Eruption, keine durch den frühern Einflufs der Kuhpockenimpfung erzeugte Modifikation der ächten Menschenpocken sei. Ich schlofs jene Abhandlung mit den Worten: „Sollten die Resultate meiner Erfahrung befriedigend und auch für andre überzeugend sein, so mufs man es gewagt finden, die Entstehung ächter Menschenpocken nach vorausgegangener vollkommener Vaccination anzunehmen. Es ist möglich, dafs künftige Erfahrungen uns hierüber eine andere Ueberzeugung geben. So lange aber diese noch fehlen, mag die Kuhpockenimpfung ihren ganzen uneingeschränkten Werth auch ferner behaupten."

Ich glaube mir durch jenen Schlufs den Weg offen gehalten zu haben, um das, was ich seit jener Zeit, in einer Reihe von beinahe 16 Jahren, erfahren habe, ob und wie meine Ansichten durch diese

*) Ueber die Diagnostik der falschen Pocken, mit Hinsicht auf die neuerlich behaupteten Fälle von ächten Pocken nach vorhergegangener gelungener Vaccination. Archiv für praktische Medizin u. Klinik 7. Bnds 2s Heft.

53 Ernst Heim korrigiert seine Meinung

54 Leipziger Straße

55 Das Königliche Schloß

56 Der Dom

57 Die Singakademie

58 Königswache und Zeughaus

59 Mineral-Brunnen-Trinkanstalt

60 Das große Friedrichs Waisenhaus

61 Hafen und Packhof

Die Methode der Inokulation, das heißt die direkte Übertragung von Pockeneiter durch Schnitt oder Stich von Mensch zu Mensch, wurde in Europa erstmals in Griechenland und in der Türkei angewendet.

Bereits im Jahre 1713 hatte der griechische Arzt Emmanuele Timoni eine kleine Schrift über die Pockenimpfung verfaßt (»Historia variolarum quae per insitionem excitantur«), die von dem Feldscher Melchior Neumann ins Deutsche übersetzt wurde. Auch eine Publikation des schottischen Chirurgen Peter Kennedy war der Pockenimpfung gewidmet.[5] Die wichtigste Frühschrift zur Variolation war die 1715 vorgelegte Dissertation des in Venedig lebenden griechischen Arztes Anton Pilarini, die auch in England, Deutschland und Holland Aufsehen erregte.[6] Schließlich brachten auch die Berichte zahlreicher Reisender Kunde von der im Orient in Anwendung befindlichen Impfmethode. Es ist nicht zutreffend, daß, wie immer wieder in der Literatur festgestellt wird, erst die Gattin des britischen Botschafters in Konstantinopel, Mary Wortley Montagu, die Information nach England übermittelt hat. Ihr Brief vom 1. April 1717 aus Adrianopel lautete: »Die Blattern, die bei uns so gefährlich und verbreitet sind, werden hier mittels der Pfropfung (Impfung), wie sie es nennen, ganz unschädlich. Gewisse alte Weiber machen sich ein Geschäft daraus, die Operation zu verrichten. Die Familien befragen sich untereinander, ob jemand unter ihnen die Blattern haben will. Sie schließen sich zu Gesellschaften zusammen, und wenn ihrer genug sind, gewöhnlich fünfzehn oder sechszehn, dann kommt die alte Frau mit einer Nußschale voll Blattermaterie von der besten Art. Sie fragt, welche Ader man geöffnet haben will. Gleich ritzt sie die, welche man ihr zeigt, mit einer großen Nadel (der Schmerz gleicht dem eines gewöhnlichen Ritzes mit der Nadel), steckt so viel Materie, wie auf den Kopf einer Nadel geht, hinein und verbindet die kleine Wunde mit einem hohlen Stück einer Nußschale«.[7]

Mary Wortley Montagus Verdienst ist nicht die Erstinformation, sondern die Tatsache, durch mutige persönliche Initiative entscheidend zur Verbreitung der Impfmethode beigetragen zu haben. Während die Gelehrten in langen Streitgesprächen das Für und Wider des Inokulierens erörterten, und in dieser

Zeit die Seuche weiterhin ihre Opfer forderte, ließ sie unter Aufsicht des englischen Arztes Maitland ihren dreijährigen Sohn impfen. Diese Tat war überzeugender als alle Agitation. Ihrem Wort wurde, als sie nach England kam, Glauben geschenkt. Großen Anteil an der Propagierung des Inokulierens hatte der im Mai 1726 aus der Bastille entlassene und von der französischen Reaktion nach England verbannte Voltaire (1694 bis 1778).[8] Die vielfältigen Anregungen, die er hier erhielt, waren für seine weitere Entwicklung von entscheidendem Einfluß. Er informierte sich auf den wichtigsten Gebieten des politischen, sozialen und kulturellen Lebens, aber auch im Bereich der Wissenschaften, besonders der Naturwissenschaften. Über die von ihm gesammelten Kenntnisse berichtete er in den »Philosophischen Briefen«, ursprünglich »Englische Briefe« oder »Briefe über die englische Nation« genannt, in die Heimat. Der 11. Brief war den Pocken und der Pockenimpfung gewidmet. Nachdem Voltaire mit der neuen Immunisierungsmethode bekannt gemacht hatte, stellte er die Frage: »Warum nicht auch in Frankreich? ... Lieben denn die Franzosen nicht das Leben, sind denn ihre Frauen nicht um ihre Schönheit besorgt? Wahrhaftig, wir sind merkwürdige Menschen. Vielleicht wird man in zehn Jahren die englische Methode übernehmen, wenn die Pfaffen und die Ärzte es erlauben.«[9]

Übrigens war der Orient nicht alleiniges Ursprungsgebiet des Inokulierens. Negersklaven hatten die Pockenimpfung auch aus ihrer afrikanischen Heimat nach Amerika gebracht. Von England aus wurde die Methode in anderen europäischen Ländern verbreitet. In Frankreich war der in hohem Ansehen stehende Arzt Condanime ein Vorkämpfer, konnte sich aber gegen den Widerstand der Reaktion nicht durchsetzen. In Österreich zeigten Maria Theresia und in Rußland Katharina II. Interesse für die neue Methode, und sie ließen ihre Förderung zuteil werden. Nach Deutschland war die Nachricht 1721 durch den Arzt Johann Theodor Eller gelangt, der das Inokulieren bei dem griechischen Arzt Carazza während einer Frankreichreise kennengelernt hatte.

Zweifellos waren mit dem Inokulieren große Gefahren verbunden, da es keinerlei Garantien für einen leichten Krankheitsverlauf nach erfolgter Infektion gab. Nach einer Reihe von

Fehlschlägen kam es in England in den Jahren 1730 bis 1740 zu einem Verbot, doch eine schwere Epidemie ließ als einzigen Ausweg erneut zu diesem Mittel greifen, da trotz aller Gefahren eine Abnahme der Erkrankungshäufigkeit und ein leichterer Krankheitsverlauf offenkundig waren. Während der Zeit, als in England das Inokulieren verboten war, begaben sich die Impfspezialisten außer Landes. Ein typischer Vertreter dieser »Reiseinokulierer« war der Arzt Maitland, der nach Deutschland kam.

Ein Faktor, der in England, dem europäischen Ausgangsland der Pockenimpfung, einer allgemeinen Verbreitung entgegenwirkte, waren die hohen Impfkosten. Die wachsende Nachfrage hatte gewissenlose Geschäftemacher auf den Plan gerufen. Mit angeblich notwendigen, ebenso langwierigen wie teuren Vor- und Nachbehandlungen, trieben sie ihren Wucher, so daß sich nur noch Reiche das zum Luxus gewordene Impfen leisten konnten. Dank der Initiative privater Stiftungen wurde diesem Treiben durch Einrichtung von Impfanstalten, in denen sich auch Arme kostenlos inokulieren lassen konnten, entgegengewirkt. Die erste Institution dieser Art war am 26. September 1746 in London eröffnet worden. Ihr Leiter wurde ab 1747 der namhafte Arzt Edward Archer (1717–1789). Neben dieser sozialen Maßnahme trug eine durch Robert Sutton und dessen Söhne entwickelte vereinfachte Impfmethode zur Popularisierung und Verbreitung bei. Die Suttonsche Impfung erfolgte mit einer Lanzettenspitze in direkter Übertragung des Impfstoffes. Die bisherigen hinderlichen Verbände und langwierigen Nachbehandlungen gehörten der Vergangenheit an. Doch nicht nur die Impftechnik wurde verbessert. Auch in der vorjennerschen Zeit wurden die, das Impfverfahren beeinflussenden Faktoren intensiv erforscht. Der erste wissenschaftliche Experimentator, der mit zahlreichen Versuchen die Abschwächung der Virulenz des Impfstoffes anstrebte, um die nach wie vor mit der Inokulation verbundenen großen Gefahren zu mildern, war William Watson (1715–1787). Die Experimente wurden in zwei Hauptrichtungen geführt. Zum einen wurde auf den Erreger mit Hitze, Kälte, Licht und chemischen Mitteln eingewirkt, zum anderen wurde der Körper des Impflings durch entsprechende Vor- und Nachbehandlungen beeinflußt. Auch durch verschiedene Impftechniken (Stich, Schnitt, Einreibung des Impfstoffes) sollte die Wirkung positiv beeinflußt werden. Noch vor Jenners Großtat entstand eine wahre Flut von Impfliteratur, die leider allzu häufig spekulativen Charakter trug.

Natürlich waren auch die Stimmen der Impfgegener nicht verstummt. Allerdings waren ihre Argumente immer weniger medizinisch motiviert. Ihre Vorbehalte waren mehr religiöser oder ethischer Natur. So sprach sich auch Immanuel Kant dagegen aus, das Leben zu gefährden. In Deutschland hatten, nachdem die ersten Versuche Ellers ohne größere Resonanz geblieben waren, die Suttonschen Neuerungen in den fünfziger Jahren eine Aktivierung zur Folge. Um sich von der Impfpraxis zu überzeugen, ließ Friedrich II. 1760 den englischen Arzt William Baylies nach Berlin kommen. Dieser gab über sein Wirken eine interessante Darstellung.[10] Als erster Berliner Impfarzt erwarb sich der Armenarzt Johannes Nepomuk Bremer große Verdienste. Zum Abbau des großen Mißtrauens trug J. F. Meckel wesentlich bei, indem er seine eigenen Kinder impfte. Auch Formey sprach sich sehr befürwortend aus, während sich Selle noch Anfang der 80er Jahre in seinem »Handbuch der medicinischen Praxis« sehr vorsichtig äußerte:

»Ich habe mich deswegen über diesen Gegenstand herausgelassen, weil ich es für keine Kleinigkeit halte, mit diesem Gifte ebenso verschwenderisch umzugehen, als ob es Schnupftabak wäre. Ich will damit keineswegs die Einimpfung überhaupt widerraten, sondern ich glaube nur, daß wir bis jetzt nicht gehörig bestimmen können, unter welchen Umständen das Blatterngift am besten und unschädlichsten in dem menschlichen Körper verarbeitet und wieder herausgeschafft werden könne. Wer es kann, impfe, und er wird ein unsterbliches Verdienst um die Erhaltung der Menschheit haben.«[11]

Nachdem Baylies Friedrich II. von dem Nutzen der Inokulation überzeugen konnte, wurde veranlaßt, daß 14 preußische Ärzte eine Ausbildung in der Impfpraxis erhielten. Einer der bedeutendsten Pioniere des Pockenimpfens war Christoph Wilhelm Hufeland, der in seiner damaligen Weimarer Wirkungsstätte mit allen ihm zur Verfügung stehenden Möglichkeiten gegen die Pocken ankämpfte.[12] Nachdem er im Jahre 1786 in dem von Wieland herausgegebenen »Teutschen Merkur« seine ersten Erfahrungen dargelegt hatte,[13] war auch seine erste Buchpublikation »Bemerkungen über die natürlichen und künstlichen Blattern zu Weimar im Jahre 1788«, die 1789 erschien, diesem Problem gewidmet.

Hufeland wandte sich vor allem an das einfache Volk, um es für die Pockenimpfung zu gewinnen: »Ist nur erst das Volk überzeugt, wie leicht ist dann die Ausführung! Und gerade hier werde ich mir von der Klasse, die man so leicht in politischen Berechnungen vergißt, am meisten versprechen – von der Klasse der Landleute und Bauern.«[14] Sein drei Jahre später erschienenes zweites Buch hat erneut die Inokulation zum Gegenstand. Der Titel ist dem Zeitgebrauch entsprechend endlos lang: »Über die wesentlichen Vorzüge der Inoculation vollkommene und unvollkommene Blattern, und andere darin eingeschlagene Punkte, desgleichen über verschiedene Kinderkrankheiten und sowohl diätetische als medizinische Behandlung der Kinder«. Aufgrund eigener Erfahrungen und einiger ihm bekannt gewordener schwerwiegender Impfkomplikationen mahnte Hufeland zur Vorsicht bei der Wahl des Impfstoffes. Er selbst übertrug nur Pockenviren eines bereits Genesenden und hoffte, damit einen gemilderten Krankheitsverlauf zu gewährleisten.

Ernst Heim führte seit seiner Spandauer Praxis die Inokulation durch. Die Schriften Hufelands hatte er mit großem Interesse gelesen, und er suchte ihn anläßlich einer Ferienreise 1798 in Jena auf, um Erfahrungen über die Pockenbekämpfung auszutauschen. Auch für Ernst Heim, der sich mit aller Entschiedenheit, nicht zuletzt bei den preußischen Behörden, für die Einführung der von ihm als richtig und notwendig erkannten Pockenimpfung einsetzte, gab es Zeiten tiefer Zweifel und Gewissensnöte. 1789 war ein von ihm inokuliertes Mädchen verstorben. Während er bisher seine Kinder mit Erfolg geimpft hatte, konnte er sich 1795 unter dem Eindruck des schweren Fehlschlages nicht dazu entschließen, die kleine sechsjährige Tochter zu impfen. Heims Zögern wurde hart bestraft. Die Kleine bekam die Pocken, und es gelang ihm nur mit größter Mühe, sie zu retten. Dieses schreckliche Erlebnis in der eigenen Familie bestärkte ihn darin, künftig noch entschlossener den Kampf gegen die verheerende Krankheit, die er ja selbst in der Kindheit hatte durchmachen müssen, zu führen.

Im Jahre 1765 hatten die englischen Ärzte Sutton und Fewster festgestellt, daß die von ihnen vorgenommenen Inokulationen bei Personen, die bereits an Kuhpocken erkrankt waren, wirkungslos blieben. Sie bestätigten damit eine Beobachtung, die bereits wesentlich früher gemacht worden war. In Europa wurde sie erstmals in einem Bericht über Barbara Villiers, eine Geliebte des englischen Königs Karl II. (1630–1685), erwähnt. Auch in einem Beitrag der Göttinger »Allgemeinen Unterhaltungen« war 1769 auf diese Tatsache hingewiesen worden. Doch hatte man all diese Beobachtungen bisher unberücksichtigt gelassen.

Als Edward Jenner (1749–1823) während seiner ärztlichen Ausbildung in der Apotheke von Sudbury bei Bristol von einem Bauern auf den gleichen Umstand hingewiesen wurde, begann er 1775 seine Forschungen. Zunächst untersuchte er die Kuhpocken und analysierte dann deren Schutzwirkung. Nach harter, zwei Jahrzehnte dauernder Arbeit, entschloß er sich schließlich am 14. Mai 1796 zu einer historischen Tat[15]: Er impfte ein achtjähriges Kind mit Impfstoff aus den Blattern einer kuhpockeninfizierten Melkerin. Sechs Wochen später infizierte er den Jungen mit echten Menschenpocken. Die Inkubationszeit ging vorüber, ohne daß sich Krankheitssymptome zeigten. Diese Gegenprobe ist dann von ihm mit gleichem Erfolg an fast tausend Kindern wiederholt worden. Damit war der Beweis der Schutzwirkung der Kuhpockenlymphe erbracht, die bisherige gefährliche Inokulation mit menschlichen Pockenviren konnte durch die Vakzination mit Kuhpockenlymphe abgelöst werden.

Im Jahre 1798 veröffentlichte Jenner sein aufsehenerregendes Buch »An inquiry into the causes and effects of the variolae vaccinae, a disease ... known by the name of the cowpox«. Er mußte es auf eigene Kosten drucken lassen, da die Schrift 1797 von der Royal Society abgelehnt worden war. Ein Jahr später folgte bereits »Further observations on the variolae vaccinae or cowpox«. Beide Bücher lagen jeweils ein Jahr nach Erscheinen der Originalausgabe in deutscher Übersetzung vor.[16] Als Ernst Heim Jenners Schriften gelesen hatte, notierte er am

27. Juni 1800 begeistert in sein Tagebuch: »Der Name dieses Mannes wird allen jetzigen und künftigen Ärzten und der ganzen Menschheit teuer sein.«[17]

Jenners Methode fand bald in ganz Europa Anwendung. Deutsche Ärzte, die England besucht hatten, verbreiteten die Jennersche Impfmethode in ihrer Heimat. Gerhard Reumont (1765–1828), ein praktischer Arzt aus Aachen, ließ sich von Jenner in der Impfpraxis anleiten.[18] In Halle war Christian Friedrich Wilhelm Juncker (1761–1800) Wegbereiter des Neuen. Er versuchte unermüdlich weitere Ärzte zu gewinnen und eine gemeinnützige Gesellschaft zur Pockenbekämpfung zu gründen. Seine Tätigkeit war weit über die Grenzen seines Wirkungskreises hinaus von großer Ausstrahlungskraft. Junckers Impfvorlesungen, -kurse und -schriften überzeugten viele Praktiker von der Richtigkeit des von Jenner gewiesenen Weges.

An der Einführung der Pockenschutzimpfung war auch der Hannoveraner Leibarzt Christian Friedrich Stromeyer (1761 bis 1824) maßgeblich beteiligt. Sein Sohn, der bekannte Chirurg Georg Friedrich Louis Stromeyer (1804–1876), gibt in seinen Lebenserinnerungen ein anschauliches Bild der Anfangsphase der Pockenimpfung:

»Im Juni 1798 erschien Dr. Jenners berühmtes Werk Kuhpockenimpfung, welches dazu bestimmt war, der Humanität größere Dienste zu leisten, als alle medizinischen Schriften zusammengenommen. Auf Anraten und mit Beihilfe meines Vaters unternahm sein Freund, Dr. Ballhorn, eine deutsche Übersetzung, welche 1799 in Hannover erschien. Im Mai 1799 machte mein Vater in Hannover die ersten Versuche mit der Kuhpockenimpfung. Die ersten Impfungen mißlangen, weil die Lanzetten rostig geworden waren, auf denen Jenner die Lymphe geschickt hatte. Erst die dritte Sendung von Lanzetten hatte Erfolg... Zu den ersten Impfungen von 1800 diente noch Lymphe von Jenner und Pearson, später wurde nur hannoversche Lymphe benutzt und das Vorurteil beseitigt, als ob die englische Lymphe Vorzüge darböte. Die Impfung von Arm zu Arm, mit der Lanzette, wurde als das zweckmäßigste Verfahren erkannt und eingeführt.«

Ein zweiter, sehr umfassender Aufsatz von Ballhorn und Stromeyer, d. d. 30. August 1800 (ein erster Aufsatz[19] wurde am 6. Februar gleichen Jahres veröffentlicht und sollte die Bevölkerung Hannovers mit den Impfungen und deren Nutzen bekannt machen. W. G.), berichtet schon über 700 Impfungen und ermahnt zu noch größeren Anstrengungen, weil damals fast jedes fünfte Kind in Hannover an den Blattern starb. Die beiden Freunde hielten es für ihre Pflicht, zu versichern, daß in Hannover noch kein Kind an den Kuhpocken gestorben und keines, welches mit Erfolg geimpft wurde, von den Blattern befallen sei.

Dieser Aufsatz[20] machte großen Eindruck, er gab die erste Nachricht über so zahlreiche Impfungen in Deutschland, daß daraus allein schon hervorging, wie groß das Zutrauen sein mußte, welches sich die Kuhpockenimpfung erworben hatte.«[21]

Auch in Hannover gab es zunächst Gegner des Neuen. So sprach sich Bernhard Christoph Faust (1755–1842) gegen die Kuhpockenimpfung aus. Sie sei nur eine »englische Mode, welche vermutlich bald wieder vergessen sei«. Wenig später ließ auch er sich von den Tatsachen überzeugen und wurde einer der aktivsten Verfechter der Vakzination.

Im Jahre 1801 veröffentlichten Ballhorn und Stromeyer das erste Buch in Deutschland, das über die Ergebnisse und Erfahrungen der Impfpraxis berichtete. Die Autoren informierten eingehend über 1000 Impfungen, die bis zum 1. November 1800 durchgeführt worden waren. Stromeyer und sein Freund ließen es nicht bei Informationen bewenden, sondern schickten Hunderte von silbernen Impfnadeln und Lymphe an ihre Kollegen, mußten sich aber beklagen: »nur eine sehr kleine Anzahl unter denen, welche dieselbe erhielten, würdigten uns einer Antwort.«[22]

Als Anerkennung für seine hervorragenden Verdienste um die Kuhpockenimpfung wurde Stromeyer 1805 von der Royal medico-chirugical Society in London zum auswärtigen Ehrenmitglied ernannt.

In Berlin führten Bremer und Heim die Vakzination ein. Heim hatte die Lymphe von der Frau des Prinzen Radzwill aus England erhalten und nahm die erste Impfung am 1. Februar 1800 vor. Wider Erwarten gab es eine Anzahl Gegner, die sich entschieden gegen eine Übertragung »tierischer Materie« auf den Menschen aussprachen und für die Beibehaltung der Inokulation eintraten. Zu ihnen zählte auch der Vorkämpfer der experimentellen Naturwissenschaften, Marcus Herz (1747 bis 1803).[23]

An der Durchsetzung der Vakzination in Preußen hatte Hufeland, der 1801 nach Berlin gekommen war und hohe Ämter im Medizinalwesen bekleidete, großen Anteil. Bereits in seinem ersten Berliner Amtsjahr richtete er in seinem »Journal« und anderen Organen eine »Aufforderung an alle Ärzte Teutschlands im Betreff der Kuhpocken«. Darin hieß es: »Das große Experiment, was sich die Arzneikunst erlaubt hat in Betreff der Kuhpocken mit der Menschheit anzustellen, nähert sich allmählich einer für die Sache und für das Wohl der Menschheit sehr günstigen Entscheidung. Tausende von Beispielen sprechen sehr laut für den Nutzen dieser Erfindung. Alles beruht nur noch auf der befriedigenden Beantwortung folgender zwei wichtigen Fragen:

Sichert die Kuhpockenimpfung gewiß vor den Menschenpocken, und wenn dies nicht immer geschieht, unter welchen Umständen sichert sie nicht?

Erzeugt diese Vergiftung irgend etwas Nachteiliges oder Ausgeartetes in der Organisation, wovon noch nach überstandener Krankheit Wirkungen zu befürchten wären?«[24]

Er forderte alle Ärzte, die Impferfahrungen hatten, zur Beantwortung dieser Fragen auf. Die Antwort war eindeutig. In mehr als 100 Meldungen wurde über 7445 Vakzinationen berichtet, die folgende Schlußfolgerung ergaben:

»1. Die Kuhpockenimpfung bewirkt nur eine leichte, gefahrlose und selbst durch Komplikationen mit anderen Übeln nicht zu fürchtende Krankheit; 2. Sie schützt gegen die Ansteckung der natürlichen wenigstens ebenso sicher, als es die Impfung mit natürlichen Pocken tut; 3. Sie gewährt also ein der größten Empfehlung wertes Mittel, um Millionen Menschen vor den schrecklichsten Folgen der natürlichen Pocken zu sichern, und diese am Ende ganz zu vertilgen.«[25] Da diese Feststellung als Bekanntmachung des Königlich-Preußischen Obercolegium medicum erschienen war, trug sie offiziellen Charakter, was im preußischen Obrigkeitsstaat für die Durchsetzung einer Maßnahme äußerst wichtig war. Als schließlich das gleiche Gremium am 2. Juni 1802, überzeugt durch Hufelands Beweisführung, die Erklärung abgab, daß »in jedem Falle die Vakzination der Impfung der natürlichen Pocken vorzuziehen sei,« hatten die Vorkämpfer des Neuen einen wichtigen Sieg errungen.

Hufeland gab Heims Bestrebungen, nach dem Vorbild der »Jennerian Society« eine Anstalt zur Verbreitung der Pockenimpfung zu gründen, volle Unterstützung. Noch im Jahre 1801 wurde das Berliner »Schutzblatternimpfungs-Institut« eröffnet und am 31. Oktober 1803 ein »Impf-Reglement« erlassen. Zur Förderung der Pockenimpfung hatte Hufeland in seinem Journal eine ständige Rubrik eingerichtet, in der über alle wichtigen Neuigkeiten informiert wurde. Der Erfolg ließ nicht auf sich warten. Während in den Jahren 1787 bis 1795 allein in Berlin 5526 Menschen an Pocken starben, erlagen von 1834 bis 1841 nur 471 dieser Krankheit. Von 1801 bis 1810 ließen sich in Preußen etwa 600 Tausend Menschen impfen. Hufeland schrieb 1823 unter dem Eindruck des Erfolges: »Vor dreißig Jahren würden zu einer solchen Zeit Tausende befallen. Tausende ein Opfer des Todes geworden sein. Dies war freilich jetzt, bei der allgemein eingeführten Vakzination nicht mehr möglich und wir wollen dieser himmlischen Wohltat von Herzen dafür danken«.

Als erstes Land hatte Spanien die Jennersche Impfung am 1. April 1805 zur Pflicht gemacht. Napoleon ordnete im gleichen Jahr die Impfung für Soldaten an, die keine Pockennarben hatten. 1810 machte der Rektor der Pariser Universität die Impfung zur Voraussetzung der Immatrikulation. In Österreich bestimmte 1836 ein »Impfnormativ« bei Schulantritt die Vorlage eines Impfscheins. Allerdings wurde diese Bestimmung sehr salopp behandelt.

Als erster deutscher Partikularstaat hatte Bayern am 26. August 1807 ein Impfgesetz erlassen, das für Kinder im 1. Lebensjahr die Impfpflicht vorsah. Andere deutsche Staaten folgten sehr zögernd. In Preußen war seit 1834 die Impfung in der Armee Pflicht. Eine für das gesamte Gebiet des damaligen Deutschland verbindliche einheitliche Impfpflicht wurde erst durch das am 8. April 1874 angenommene Reichsimpfgesetz ab 1. Januar 1875 eingeführt, das erstmals auch aufgrund der bisherigen ärztlichen Erfahrungen die Zweitimpfung im Schulalter obligatorisch machte.

Die hartnäckigen Impfgegner hatten sich selbst angesichts der klaren Erfolge nicht überzeugen lassen. Auch in England gab es, wie der württembergische Regimentsarzt Franz Heim mitteilte, große Vorbehalte.[26] An Ignoranz und Engstirnigkeit schwer zu überbieten sind die »Erleuchtungen« des süddeutschen Arztes Nittlinger, die er noch im Jahr 1874 unter dem Motto »Germanias Not und Klage über die Vergiftung ihrer Kinder« verzapfte: »Unter der deutschen Eich sitzt trauernd Germania, zu ihren Füßen liegt ihre Tochter, die edle Libertas, getötet von drei Impfstichen, wodurch die Staatsgewalt jedem Deutschen die frei Verfügung über seinen Leib genommen. Die Staatsmedizin träumt wohlgefällig auf dem Faulbett der Impfpraxis. Die Wissenschaft muß sich beschämend abwenden von dem Vorwurf der Lüge, den ihr die akademische Jugend zuwirft. Die Kirche zählt die Geborenen und Gestorbenen und verbirgt das Defizit in ihren Büchern. Auf der pockenkranken Kuh sitzt der Landsknecht des Impfgesetzes, der moderne Don Quichote, die Rasierschüssel auf dem Haupte, die Lanzette in der Hand, um dem Moloch der Vakzination ein neues Opfer zu bringen, deren einige in ihrem Siechtum vor ihm liegen, während eine Mutter ihr letztes Kind begräbt, das die Impfrichter gemordet.«

Die Suche nach dem Pockenerreger blieb lange erfolglos. Erst an der Wende zum 20. Jahrhundert stellten Forscher wie Friedrich Loeffler (1852–1915), Emilé Roux (1853–1933) und Paul Frosch (1860–1928) fest, daß einige Infektionskrankheiten offensichtlich von Mikroorganismen verursacht wurden, die infolge ihrer Kleinheit die Bakterienfilter passierten und mit den bisher gebräuchlichen Mikroskopen nicht sichtbar gemacht werden konnten. Sie legten mit ihren Forschungsergebnissen den Grundstein der Virologie. 1906 entdeckte der Internist Enrique Paschen (1860–1936) in Ausstrichpräparaten aus Pockenimpfpusteln den Pockenvirus. Herzberg stellte ihn 1934 mit Viktoriablau und Weinsäure deutlicher dar, und etwa zur gleichen Zeit konnte Barnard in London mit Hilfe der Ultraviolett-Mikrophotographie auch seinen Nachweis im lebenden Zustand sichern.

Der Anteil Ernst Heims an der Verbreitung der Pockenimpfung beschränkte sich keineswegs, so vielfältig und wichtig diese auch war, auf die praktische Durchführung der Vakzination. Die Bekämpfung der Pocken bildete das zentrale Thema auch seiner publizistischen Arbeiten, mit denen er vornehmlich auf dem Gebiet der Differentialdiagnostik zur Vervollkommnung des Impfwesens beitrug. Erstmals hatte er sich dazu 1809 in seiner Arbeit »Über die Diagnostik der falschen Pocken nach vorhergegangener gelungener Vaccination«[27] geäußert. Er erklärt zu seinem Anliegen:

»Ich habe schon seit vielen Jahren diesem, im gegenwärtigen Augenblicke doppelt wichtig gewordenen Gegenstand meine ganze Aufmerksamkeit gewidmet, und da ich dem selben zu einiger Klarheit gebracht zu haben hoffe, so kann ich es nicht für unnütz halten, die Resultate meiner Erfahrungen hierüber auszusprechen.«[28]

Mit großem Einsatz setzten sich die Pioniere des Neuen mit den teilweise völlig haltlosen, ja böswilligen »Argumenten« ihrer Gegner auseinander. Die Schärfe, mit der sie dabei vorgingen, war berechtigt und notwendig, handelte es sich dabei doch nicht um einen abstrakten Theorienstreit, sondern hier ging es um Gesundheit und Leben Tausender Menschen. Es muß allerdings auch festgestellt werden, daß nicht alle zum Ausdruck gebrachten Bedenken eine grundsätzliche Ablehnung der Vakzination bedeuteten. Ja, es gab unter den Skeptikern durchaus auch Verfechter des Neuen, denen eine Verbesserung der Impfmethode am Herzen lag. Hier vermochte Ernst Heim anfangs nicht, in dem notwendigen Maße zu differenzieren. So schloß er die Möglichkeit aus, daß es Fälle geben könne, daß trotz vollzogener Schutzimpfung eine Pockenerkrankung erfolgt sei. Entweder handele es sich dabei nach seiner Auffassung nicht um »echte, sondern falsche Pocken«, oder die Impfung sei fehlerhaft gewesen.

Unmittelbarer Anlaß seiner Entgegnung waren einige Publikationen, die nach seiner Meinung der weiteren Verbreitung der Vakzination schadeten und falsche Auffassungen enthielten.

So hatte Robert Willan 1808 in seinem Buch »Über die Kuhpockenimpfung« von Fällen einer Pockenerkrankung nach erfolgter Impfung berichtet.[29] Übersetzer und Bearbeiter der Schrift war der Hannoveraner Arzt Mühry, der selbst seit Anfang Mai 1800 die Vakzination durchführte. Mühry schreibt in der Einleitung des Buches:

»Unter uns scheint die Vakzination, so sehr sich auch anfangs die Tätigkeit der Praktiker und Schriftsteller in Bewegung setzte, seit einiger Zeit weniger der Gegenstand der Beobachtung und Untersuchung zu sein. Vielleicht, weil man die Sache als entschieden, und die Untersuchungen für geschlossen ansieht. Der Inhalt dieses Buches wird zeigen, daß dem nicht so sei. Die zu große Sicherheit wird aufgeschreckt, mancher feste Glaube wankend werden; aber die Wahrheit erfordert unparteiische ruhige Untersuchung, wie auch das Resultat ausfallen möge.«[30]

Zur Bestätigung von Willans Feststellungen publizierte Mühry in Hufelands »Journal« den Artikel »Beobachtung einer nach vollkommener Vaccination erfolgten Blattereruption, mit Vergleichung ähnlicher schon früher in England gemachter Erfahrungen und einigen Bemerkungen begleitet.«[31]

Dagegen erhob nun Ernst Heim in Horns »Archiv« Einspruch: »So lange ich Arzt bin, fand ich vielfache Veranlassung, auf die falschen Pocken ein vorzügliches Augenmerk zu richten. Im Anfange meiner Praxis, wo ich mit den Eigentümlichkeiten derselben noch ganz unbekannt war, täuschte ich mich nicht selten ... sowohl in Spandau wie in Berlin war die Impfung der Blattern bis zum Jahre 1799, wo ich mit der Vakzination bekannt wurde, eins meiner Lieblingsgeschäfte.«[32] Er habe auch in Berlin zuweilen von angeblichen Pockenerkrankungen trotz Schutzimpfung gehört:

»Bei dieser Uneinigkeit der Stimmen konnte es nicht fehlen, daß die Feinde der Impfung häufige Veranlassung fanden, zu behaupten, daß dieses oder jenes geimpfte Kind späterhin doch noch die echten Pocken bekommen habe. Ich selbst impfte sehr viele, und sobald ich ein solches Gerücht erfuhr, eilte ich jedesmal diese Kinder genauer zu untersuchen. Ich überzeugte mich beständig, daß die angeblichen echten Pocken stets nur falsche waren.«[33]

In langjähriger Praxis habe er seine diagnostische Sicherheit derart vervollkommnet, daß es ihm kaum noch unterlaufen könne, falsche Pocken für echte anzusehen. Die der Publikation beigefügte tabellarische differentialdiagnostische Tabelle (s. Bild 53) kennzeichnet den hervorragenden Praktiker und Diagnostiker Ernst Heim in eindrucksvoller Weise. Er hatte sich das Ziel gestellt, den Fachkollegen die Erfahrungen einer gründlichen Pockendiagnose zu vermitteln und den Beweis zu führen, daß nach vollständiger Schutzimpfung eine Pockenerkrankung auszuschließen sei. Als Beleg führte er das Berliner Beispiel an: »Seit zehn Jahren sind hier in Berlin mehr als 20000 Kinder und Erwachsene vakziniert worden. Kein einziges von diesen Individuen hat nach vollständig verlaufener Vakzination die echten Pocken bekommen.«[34]

Am Ende seiner Arbeit kommt der Wissenschaftler zu Wort, der die Möglichkeit neuer Erkenntnisse bei einer erst wenige Jahre praktizierten Methode nicht völlig ausschließt:

»Sollten die Resultate meiner Erfahrung befriedigend und auch für andere überzeugend sein, so muß man es gewagt finden, die Entstehung echter Menschenpocken nach vorausgegangener vollkommener Vakzination anzunehmen. Es ist möglich, daß künftige Erfahrungen uns hierüber eine andere Überzeugung geben. So lange aber diese noch fehlen, mag die Kuhpockenimpfung ihren ganz uneingeschränkten Wert auch ferner behaupten.«[35]

Heims Publikation löste einen wissenschaftlichen Meinungsstreit aus, an dem sich nun mit J. Stieglitz ein weiterer Arzt beteiligte, dem keinesfalls eine Vakzinationsfeindlichkeit angelastet werden konnte. Stieglitz bestätigte in Horns »Archiv« mit seinem Beitrag »Vertheidigung der Beobachtungen einer besonderen Art natürlicher Blattern nach Kuhpocken« Mührys Angaben. Nicht auf die von Heim unterstellte mangelhafte Impfung, sondern auf »Idiosynkrasien einzelner menschlicher Organismen« seien die Fehlschläge zurückzuführen. Auch Mühry selbst meldete sich mit der Veröffentlichung »Vertheidigung meiner Beobachtung über die nach vollkommener Vaccination vorkommenden Blattern« erneut zu Wort, um Heim zu widerlegen.[36] So leicht aber war Ernst Heim nicht zu überzeugen. Seine Erfahrungen bewiesen ihm bisher das Gegenteil, und die Praxis war für ihn das unveräußerliche Kriterium der Wahrheit. In Horns »Archiv« führte er den Meinungsstreit mit der Arbeit »Noch zwei Worte über das Vorkommen echter Pocken nach vorhergegangenen echten Kuhpocken« weiter.[37] Dabei hatte er allerdings wenig neue Argumente zu liefern, sondern er bestätigte unter Hinweis auf seine Praxis den gewonnenen Standpunkt:

»So mißtrauisch ich anfangs gegen die Schutzpocken gewesen war, so gewann ich doch nachher die Überzeugung, daß sie gegen die Ansteckung von Menschenpocken sichern. Diese Überzeugung wurde bei mir bald so fest, daß sie weder durch politische noch durch wissenschaftliche Gründe geschwächt werden konnte... Sobald ich mich nun über die Zuverlässigkeit und Wohltätigkeit der Vakzination näher unterrichtet hatte, vakzinierte ich ... am 1. Febr. 1800 die ersten Kinder. Dieselben Kinder inokulierte ich dann wieder mit echter Blattermaterie, ließ sie selbst bei echten Blatternkranken in einem Bette liegen, und nachdem ich mich so von der großen Wichtigkeit dieser Entdeckung durch eigene Erfahrung überzeugt hatte, benutzte ich mein ganzes Vertrauen beim hiesigen Publikum, um dieser wohltätigen Entdeckung hier vollen Beifall zu verschaffen; dazu hielt ich mich um so mehr verpflichtet, da gerade damals sehr bösartige Blattern herrschten.«[38]

Heim schließt seine Darlegungen, da er erkannt hatte, mit keinen Impfgegnern streiten zu müssen, schon wesentlich versöhnlicher: »die verdienstvollen Herren Ärzte in Hannover haben mich von der Wahrheit ihrer Behauptung, daß in seltenen Fällen nach echten Kuhpocken früher oder später echte Menschenpocken entstehen könnten, wirklich entstanden seien, nicht überzeugt, und da ich eben so wenig im Stande bin, zu beweisen, daß dieser Vorgang physisch unmöglich sei, so bleibt uns nichts übrig, als das Resultat künftiger entscheidender Entdeckungen hierüber ruhig abzuwarten.«[39]

Es vergingen nahezu anderthalb Jahrzehnte, da veröffentlichte Adolph Friedrich Lüders 1824 seinen »Versuch einer kritischen Geschichte der bei Vaccinierten beobachteten Menschenblattern, nebst Untersuchungen über die Natur, die Ursachen und die Verhütung dieser Krankheit.« Lüders bedauert, daß in den vergangenen Jahren der erkenntnisfördernde Meinungsstreit verebbt sei und wirft den staatlichen Einrichtungen des Medizinalwesens vor, diese Problematik nicht aufgegriffen und ihre Lösung vernachlässigt zu haben:

»Der Gegenstand, dessen Erörterung die folgenden Blätter versuchen, scheint bis jetzt außerhalb Englands, die allgemeine Aufmerksamkeit der Sachverständigen nicht in dem Grade, wie er es verdient, auf sich gezogen zu haben. Und doch wäre es die Sache der Ärzte aller Länder, die wirkliche oder scheinbare Gefahr, in welcher sich die größte Erfindung, die ihre Wissenschaft für die Menschheit gemacht hat, befindet, einer besonnenen und gründlichen Prüfung zu unterwerfen... Es wäre die Sache der Staaten gewesen, deren Interesse, auch wenn sie nicht blos auf die Vermehrung ihrer Bürger, sondern auf ihre Gesundheit und ihr Glück ausgehen, mit dem Bewährtbleiben oder Fallen der Vakzination aufs Engste verknüpft ist, eine solche Prüfung zu veranlassen.«[40]

Auch er hatte bisher Ernst Heims Auffassung geteilt: »Ich verwarf die Nachrichten, welche öffentliche Blätter, besonders Englische, von Zeit zu Zeit über Vakzinierte, die von Blattern befallen waren, enthielten, als willkürliche oder unvorsätzliche Täuschungen bedauerte, als die Fälle sich häuften, daß der, uns auch in andern Erscheinungen der Zeit entgegentretende Geist der Übersättigung, der aus Sucht nach Neuem, auch das Alte und Bewährte nicht mehr gelten lassen will, jetzt auch die Vakzination zweifelhaft zu machen suche, wußte die Fälle, von denen ich ausführlichere Kunde erhielt, immer als Windblattern auszulegen oder die Fahrlässigkeit der Vakzinatoren zu beschuldigen, und verstockte mich in diesem Irrtume, bis ein unerwarteter Blatterausbruch mir eigene Anschauung verschaffte.«[41]

So kam er zu der Überzeugung, daß »eine eigentümlich modifizierte Blatterkrankheit bei Vakzinierten erfolgen könne«.[42]

Lüders hatte intensiv und gewissenhaft alle zur Verfügung stehenden Arbeiten, insbesondere auch statistische Unterlagen, mehrerer europäischer Länder erforscht. Die Tatsache, daß es außerordentlich selten war, daß eine solche Infektion offensichtlich doch erfolgte, war ihm keineswegs Veranlassung, die Sache wegen Belanglosigkeit abzutun. Die Angaben waren unterschiedlich und schwankten im Verhältnis von 1 : 1000 bis zu 1 : 3000. Nach einem Bericht des Londoner Vakzinationsinstitutes vom 8. April 1819 erkrankten sogar von 52253 seit Gründung dieser Einrichtung Geimpften, insgesamt nur vier an Pocken mit relativ leichtem Krankheitsverlauf. Dieser Erfolg hatte das Königliche Kollegium der Ärzte Londons zu der Feststellung veranlaßt: »Wenn die Sicherheit, welche man von der Vakzination zu erwarten hat, nicht absolut vollständig ist, so ist sie es doch wohl in dem Grade, wie es von irgend einer menschlichen Erfindung nur erwartet werden kann.«

Die Tatsache vereinzelter Pockenerkrankungen regte im Jahre 1821 die Holländische Gesellschaft der Wissenschaften zu Harlem zu der Preisfrage an: »Obgleich die allgemeinere Einführung der Vakzine fast überall die Blatterepidemie verhütet hat, so zeigt sich doch seit einigen Jahren hier und anderswo diese Seuche von neuen, und da sich seit kurzem auch bei Vakzinierten eine Art Blattern zeigt ... so fragt man ...«. Die Gesellschaft forderte auf, Art und Verlauf der Pocken zu analysieren und zu erforschen, wie sie verhindert werden könnten. Erstmals wird hier, und das ist besonders wichtig, die Frage der Zweckmäßigkeit einer Wiederholungsimpfung gestellt.

Die Entwicklung war natürlich nicht unbemerkt an Ernst Heim vorübergegangen. Es zeichnet ihn aus, daß er nicht im Starrsinn verharrte, sondern sich 78jährig, 1825 zu der Erklärung »Meine jetzige Ansicht über den Einfluß der Schutzpocken auf Menschenblattern« entschloß.

Heim bekennt sich freimütig zu seinen früheren Feststellungen: »Was ich damals vortrug war das Resultat fleißiger und ehrlicher Beobachtung, die hier im Einzelnen zu wiederholen zu weit führen würde, daß ich auch zu meinen neuesten Resultaten auf keinem andern Wege gelangte, kann ich mit meiner ganzen Individualität verbürgen.

Wenn ich fremde Beobachtungen und besonders auslänsche, so gefeiert auch die Namen derer, die sie anstellten, sein mögen, stets mit großen Skeptizismus aufgenommen habe, so habe ich es in der vollsten Überzeugung getan, daß die Summe absoluten und positiven Wissens sehr klein, die Gelegenheit echter Forschung sehr schwer, Selbsttäuschung leicht möglich und Mangel an Wahrheitsliebe nicht selten sei.«[43]

Es war vor allem die eigene Anschauung, die ihn zur Korrektur seiner Meinung veranlaßte: »ich habe besonders in der letzten Pockenepidemie, die wir erlebten, hinreichende Gelegenheit gefunden, meine Ansichten zu vervollkommnen, wobei ich es nicht außer Acht gelassen habe, mit dem selbst Gesehenen das Fremde zu vergleichen.«[44] Doch auch Lüders Appell, der in seiner sehr beweiskräftigen, wissenschaftlich fundierten Monographie geschrieben hatte »möchte unser Versuch im Fall er in Heims Hände kommt, im Stande sein, seine Zweifel zu heben«, hatte ihn nicht länger schweigen lassen. Auch Stieglitz hatte sich damals in Verehrung Heims, ähnlich wie jetzt Lüders, geäußert. So ist, wie Heim in seiner letzten Arbeit bemerkt, »Stieglitz Ausspruch: ›daß Heim anders urteilen würde, wenn Ereignisse in seine Beobachtung fielen, wie sie in England und Hannover vorgekommen‹, in Erfüllung gegangen, da ich, sobald ich nur einmal modifizierte Blattern gesehen hatte, von ihrer Realität überzeugt war. Nichts destoweniger«, so fügt er, seine frühere Auffassung motivierend, hinzu, »unterdrücke ich aber auch diejenigen Stellen nicht, wo ich mich früher gegen das wirkliche Vorkommen derselben erklärte, da auch dies nur bedingt geschah, indem ich nach meiner Erfahrung ihr Dasein leugnen mußte, während ich die Möglichkeit nicht in Abrede stellte.«[45]

Zu den Auseinandersetzungen mit seinen wissenschaftlichen Kontrahenten bemerkte er: »daß der Streit von beiden Seiten ein gerechter war, indem wir, ein jeder von seinem Standpunkte aus, unsere Erfahrungen uns nicht nehmen lassen konnten, und darauf gestützt, unsere Meinungen verteidigen mußten – gewiß der einzige Weg, auf welchem man in unserer Wissenschaft zur Wahrheit gelangt. Leichtsinniges Aufgeben und Vergessen der Tatsachen hat leider nur schon allzu vielen seichten Hypothesen und Irrtümern die Bahn gebrochen, und darum steht eine Wahrheit, wenn auch spät doch auf diese Weise gewonnen, desto fester.«[46]

Heim hatte, wie er feststellte, schon in seinen früheren Publikationen die Möglichkeit neuer Erkenntnisse keineswegs ausgeschlossen. Der Abschluß seiner Erklärung ist als Appell an die Wissenschaftler ein wichtiges, verpflichtendes Vermächtnis des großen Humanisten: »In diesem Mangel an Abgeschlossenheit liegt aber gerade die Sicherung ewiger Lebendigkeit in unserer Wissenschaft und des fortgesetzten Strebens bis an das Ende seiner Tage bei jedem ihrer Bekenner. Nach Wahrheit zu ringen bleibt unsere höchste Pflicht; sie umgehen, sie verschweigen zu wollen, erniedrigt uns nicht nur vor uns selbst, sondern ist auch an sich den kleinlichen Zwecken, die man dadurch erreichen will, geradezu hinderlich. Um das Publikum nicht zu ängstigen, in dieser wichtigen Angelegenheit schweigen zu wollen, würde gewiß das Gegenteil desto mehr befördern, und nur dadurch, daß wir das, was wir wissen, ehrlich mitteilen, beruhigen wir die Gemüter und machen es ihnen klar, daß trotz aller Modifikationen die Entdeckung Jenners für Jahrtausende ihren ungeschwächten Wert behält«.[47]

Die Entdeckung des Pockenerregers, eines 150 bis 300 Millionstel Millimeter messenden Virus, hatte zu Beginn des 20. Jahrhunderts die Möglichkeit der gezielten Bekämpfung der Seuche verbessert. Doch noch bis in die siebziger Jahre unseres Jahrhunderts starben jährlich Tausende Menschen in Asien und Afrika an Pocken. Im Mai 1980 erreichte die Menschheit eine freudige Nachricht. Der Abschlußbericht der 33. Weltgesundheitsversammlung erklärte die Welt für pockenfrei. Der letzte Pockenkranke war der Krankenpfleger Ali Maow Maalin aus Somali. Seit bei ihm Ende Oktober 1977 letztmals die Krankheit diagnostiziert wurde, war trotz gewissenhafter Untersuchungen kein weiterer Pockenfall mehr aufgetreten. Die friedliche internationale Zusammenarbeit der Völker hatte einen einmaligen Triumph errungen.

Nachdem die Pocken bereits um 1900 aus Europa praktisch verbannt waren, hatte mit dem Anwachsen der internationalen Verkehrsverbindungen die Zahl der Einschleppungen wieder zugenommen. Von 1953 bis 1973 wurden die Pocken 51mal nach Europa eingeschleppt. Als 1972 ein Pilger die Krankheit nach Jugoslawien brachte, führte das zu dem größten Pockenausbruch auf unserem Kontinent im 20. Jahrhundert. Ende der 60er Jahre waren die Pocken noch in mindestens 30 Ländern Asiens, Afrikas und in Südamerika endemisch. Etwa noch 2,5 Millionen Menschen litten unter der furchtbaren Krankheit.

Den ersten Vorstoß zu einer internationalen Kampagne

gegen diese Geißel der Menschheit hatte im Jahre 1958 die Sowjetunion unternommen, die auf eigenem Territorium, auch in den asiatischen Gebieten, wo einst Pocken grassierten, bereits 1936 die Seuche ausgemerzt hatte.

Noch waren die Skeptiker, die das vorgeschlagene humanitäre Programm für unreal hielten, in der Mehrzahl, doch zehn Jahre später konnte die 18. Vollversammlung der Weltgesundheitsorganisation im Jahre 1967 einen umfassenden Plan zur Ausrottung der Pocken beschließen. Danach sollten bis 1976 alle Bewohner der Seuchengebiete schutzgeimpft werden. In 33 Ländern wurde mit internationaler Unterstützung ein umfassendes nationales Bekämpfungsprogramm eingeleitet. Unter schwierigsten Bedingungen führten Tausende selbstlose Humanisten aus 55 Ländern den aufopferungsvollen Kampf. Dabei erwiesen sich neue Erkenntnisse der Wissenschaft und Praxis als äußerst wirksam. An Stelle des bisher verwendeten flüssigen Impfstoffs, der bei hohen Temperaturen leicht verdarb, kam haltbare gefriergetrocknete Lymphe in Anwendung. Auch das bisher gebräuchliche Impfmesser war für Massenimpfungen unrationell und wurde von der einfacheren zweigegabelten Impfnadel abgelöst, die es einem Impfer ermöglicht, täglich etwa 1000 Menschen zu versorgen. Die Erfolge blieben nicht aus. 1973 waren die Pocken auf dem amerikanischen Kontinent ausgemerzt, 1974 folgte Indonesien, 1976 Westafrika und Pakistan, 1977 waren Indien und Bangladesh, die Länder mit den bisher höchsten Erkrankungszahlen, pockenfrei, ebenso Zentral- und Südafrika. 1976 wurden nur noch aus Äthiopien und Somalia Pockenerkrankungen gemeldet. Auf sie konzentrierte sich nun die Arbeit. Das Jahr 1980 brachte schließlich den bisher größten internationalen gesundheitspolitischen Erfolg. Der Sieg über die Pocken darf jedoch nicht zur Sorglosigkeit führen. Ein Wiederauftreten der Seuche ist zwar nicht wahrscheinlich, aber auch nicht völlig auszuschließen. Deshalb sind in dem historischen Abschlußbericht der WHO vom Mai 1980 auch Schlußfolgerungen und Maßnahmen enthalten, die eine ständige Abwehrbereitschaft gewährleisten. Danach wird zunächst bis 1985 die Pockenausrottung ständig weiter überprüft, in speziell dafür eingerichteten, mit allen strengen Sicherheitsvorkehrungen ausgestatteten internationalen Depots wird Impfstoff für 200 Millionen Menschen bereitgestellt und ständig erneuert. Viele Staaten haben bereits die Aufhebung der Pockenimpfpflicht beschlossen. In der DDR werden Kinder und Jugendliche nicht mehr gegen Pocken geimpft, abgesehen von solchen, die in ein Land reisen, in dem zur Zeit noch Impfpflicht besteht. So konnte im Ergebnis der gemeinsamen Anstrengungen der Völker eine Krankheit überwunden und damit die von Jenner eingeleitete Impfprophylaxe, an deren Durchsetzung Ernst Ludwig Heim maßgeblichen Anteil hatte, eingestellt werden.

»Vater Heim«

Wirren der Zeit

Nach dem kurzen Abriß eines der wichtigsten Arbeitsgebiete Ernst Heims wollen wir wieder dem Verlauf seines Lebens und Wirkens folgen. Bei Anbruch des neuen Jahrhunderts stand er am Anfang des sechsten Lebensjahrzehnts. Er konnte den Ruhm in Anspruch nehmen, der bekannteste und gefragteste Arzt der preußischen Metropole zu sein. Die Berliner liebten und verehrten den populären Volksarzt; er war ganz einfach ihr »Vater Heim«.

Soziale Not und politische Willkür waren nach wie vor die charakteristischen Kennzeichen des gesellschaftlichen Lebens. Friedrich Wilhelm III. war nicht in der Lage, eine Reform des von Mißwirtschaft und Korruption zerrütteten Staates einzuleiten, geschweige denn durchzuführen. Die gleiche Unfähigkeit stellte er auch in der Außenpolitik unter Beweis. Die preußische Armee, zum großen Teil aus Söldnern anderer Staaten zusammengesetzt, war völlig unzureichend ausgerüstet. Eine Woche vor der alles entscheidenden Schlacht von Jena und Auerstedt hatte der König einen Aufruf erlassen, in dem er um Spenden für die Anschaffung von warmer Soldatenkleidung bat. Das dünkelhafte, überalterte Offizierkorps kannte als einzige Strategie nur die rückständige friderizianische Lineartaktik. Mit einem solchen Heer wollte man die von den Erfahrungen der bürgerlichen Revolution gestählte, hervorragend geführte erste Militärmacht der Welt aufhalten. Es war nur eine logische Konsequenz, daß Preußen einer Katastrophe entgegentrieb. Innerhalb weniger Tage brach im Oktober 1806 als Auswirkung der verheerenden Niederlagen von Jena und Auerstedt das zerrüttete friderizianische Staatswesen zusammen. In wilder Panik flüchteten die Vertreter der herrschenden Klasse, allen voran der preußische Hof, aus Berlin. Auch das Besitzbürgertum war bestrebt, Hals über Kopf die Stadt zu verlassen. Für Heim gab es kein Überlegen. Sein Platz war hier, bei seinen Patienten, die ihn jetzt mehr denn je brauchten. Was hatte er denn zu befürchten? Im Gegenteil, er verehrte Napoleon, den er als Vollstrecker der Ideen von Gleichheit und Brüderlichkeit ansah, und der endlich Ordnung in das allgemeine Chaos bringen würde. Im Jahre 1799 hatte er den engen Vertrauten Napoleons, General Gérard Christoph Michel du Duroc (1772–1813), als dieser in Berlin weilte, kennen und schätzen gelernt. So schreibt Heim am 17. Oktober 1806, als größtes Chaos herrschte, in sein Tagebuch: »Den 14. d. ist der unglückliche Tag gewesen, wo unsere Hauptarmee zwischen Naumburg und Weimar total geschlagen worden ist. Heute war über dieses Unglück jedermann in der größten Bestürzung. Mich selbst, der ich lange genug die Unbeständigkeit aller menschlichen Dinge kennen gelernt habe, hat dieser Unfall nicht aus der gewöhnlichen Fassung gebracht.«[1]

Über Napoleon notierte er: »Den großen Napoleon verehre ich, nicht sowohl als Kaiser, sondern als den ersten Menschen der Welt.« Nachdem bereits am 26. Oktober das Korps des Marschalls Louis Nicolas Davout (1770–1832) in Berlin einmarschiert war, hielt der Imperator am 27. Oktober triumphalen Einzug in der besiegten preußischen Hauptstadt. Er zog, begleitet von den Kampfliedern der Revolution, der »Marseillaise« und »Ça ira«, durch das Brandenburger Tor die Linden hinauf zum Königlichen Schloß. Einen Monat, bis zum 24. November, weilte Napoleon in Berlin. Die Mahnung des preußischen Stadtgouverneurs, Graf Schulenburg, zur Ruhe, war überflüssig. Das werktätige Volk Berlins dachte zu dieser Zeit nicht an Widerstand. Was hatte es auch zu verlieren? Man betrachtete den berühmten Kaiser und Feldherrn mit größtem Interesse, ja mit unverhohlenem Wohlwollen. Insgeheim hegte man die Hoffnung, daß er, der ihre Unterdrücker in die Flucht getrieben hatte, die Lebenslage der Armen verbessern würde. Die in Berlin verbliebenen preußischen Beamten aller Rangstufen leisteten dem Sieger eilfertig den Treueeid. Zum Kommandanten der Stadt wurde Oberst Pierre Augustin Hulin (1758–1841), einer der Anführer des Sturms auf die Bastille, ernannt. Die ersten Maßnahmen der Besatzungsmacht waren ermutigend und schienen den Erwartungen des Volkes zu entsprechen. Die Stadtverwaltung wurde von der Bevormundung durch die Feudalbürokratie befreit. Napoleon befahl, die Verwaltung Berlins neu zu organisieren. Eine am 30. Oktober einberufene Versammlung vermögender Bürger wählte den Sechziger Rat, der wiederum das siebenköpfige »Comité administatif« nominierte. Doch die Hoffnungen sollten bald enttäuscht werden. Diesem Ausschuß wurde nicht die Durchführung demokratischer Reformen und sozialer Maßnahmen übertragen, sein wichtigstes Amt war die Durchführung der napoleonischen Verfügungen zur Sicherung der Interessen der Besatzer. So wurden die Berliner Bürger systematisch ausgepreßt. Zunächst hatten die Hauseigentümer entschädigungslos »Quartiergäste« aufzunehmen und zu beköstigen. Insgesamt wurden 10000 Soldaten einquartiert. Mehr und mehr hatte aber die gesamte Bevölkerung unter dem Druck zu leiden. Bis zum Ende des Jahres stieg die Summe der Lasten auf 8,25 Millionen Taler.

Auch Ernst Heim hatte »Quartiergäste«: »Es waren grobe Menschen, ohne alle Erziehung. Wir haben gar keinen Umgang mit ihnen gehabt, sie haben ihn auch nicht gesucht. Essen und Trinken, Lärmen und Schlafen war ihre Sache. Siebenundsechszig Flaschen Wein, acht Flaschen Rum und täglich einige mal Kaffee haben sie getrunken, Zucker, alten Käse und Fleisch in Mengen verzehrt. Sie waren unersättlich«.[2]

Je tiefer der Dienstrang der Besatzungsoldaten, um so größer war der Wunsch, in die Heimat zurückzukehren. Seit über zehn Jahren führte die napoleonische Armee nun Krieg. Die großen Siege von Jena und Auerstedt, so hoffte man, würden endlich Frieden bringen. Auch in Frankreich wurde die Friedenssehnsucht immer größer. Der Pariser Senat sandte schließlich eine Abordnung, der auch der Polizeiminister Joseph Fouché (1759–1810) angehörte, nach Berlin, um Napoleon das Anliegen, das auch von dem Generalstabschef und militärischen Berater Napoleons, Louis-Alexandre Barthier (1753–1815), geteilt wurde, vorzutragen.

Napoleon aber hatte als Interessenvertreter der französischen Großbourgeoisie andere Ziele. Noch in Berlin unterzeichnete er am 21. November das Dekret über die Kontinentalsperre. Mit dieser wirtschaftspolitischen Maßnahme sollte ganz Europa ökonomisch unterworfen und England als Konkurrent eliminiert werden. Der durch die grandiosen Siege in seinem Ehrgeiz angestachelte Imperator glaubte mit seiner überheblichen Eroberungspolitik alle Hindernisse mit Blitzkriegstrategie im Handstreich nehmen zu können. Ein von der französischen Großbourgeoisie beherrschtes Europa, an dessen Spitze er als gigantischer Herrscher stehen würde, war sein Ziel. Auf dem Wege dazu stand neben England, das er mit »friedlichen Mitteln«, der Blockade, ausschalten wollte, noch ein Rivale im Wege, das große russische Reich. Napoleon begann sich auf das letzte große Kräftemessen, den Marsch nach Osten, vorzubereiten. Die Härte des Besatzungsregimes, Kontributionen und Besatzungskosten, die hohen Steuern für Gewerbetreibende, die infolge des wirtschaftlichen Verfalls allgemeine Verarmung, ließen die anfängliche Begeisterung für Napoleon bald in das Gegenteil umschlagen.

Während der Besatzungszeit zog sich Heim stärker zu seiner Familie zurück. Seit 1804 war er glücklicher Großvater, und ein Jahr später hatte er im Kreise seiner Kinder das Fest der silbernen Hochzeit begangen. Auch das Kriegsgeschehen konnte den über alles geschätzten häuslichen Frieden nicht beeinträchtigen.

Viele der wohlhabenden Patienten hatten die Stadt verlassen, deren Einwohnerzahl von 155706 im Jahre 1806 auf etwa 145000 im Jahre 1808 gesunken war. Mancher seiner Patienten wollte aber trotz weiter Entfernung die Hilfe Heims nicht entbehren, so fuhr er im Januar 1807 bis nach Hamburg, um einen alten Patienten, den erkrankten Geheimrat Faudel, zu behandeln. Hier traf er noch andere gute Bekannte, wie Feldmarschall Gebhard Lebrecht von Blücher (1742–1819) und Fürst Wittgenstein, die mit großem Interesse die weitere politische Entwicklung verfolgten.

Kriegsfolgen, wirtschaftlicher Ruin und die Ausbeutung durch die Besatzungsmacht führten im Jahre 1807 zu einer Hungerepidemie. Die Zahl der Erkrankten, vor allem der armen Bevölkerung, stieg derartig an, daß Ernst Heim nahezu bis zur Erschöpfung arbeiten mußte, um die größte Not zu lindern. Häufig aber kam jede Hilfe zu spät. Die Sterblichkeitsrate war in diesen schweren Jahren im steten Ansteigen. Unter dem Eindruck der Ereignisse wandelte sich auch Heims Einstellung zu Napoleon, ohne daß er dabei dessen welthistorische Bedeutung verkannte. Das Tagebuch vom 29. November 1806 enthält die Notiz: »Über das traurige Schicksal des Preußischen Staates bin ich betrübt; mein Verstand ehrt und schätzt Napoleon, mein Gefühl haßt ihn«[3].

Am 14. Juni 1807 hatte die verbündete russisch-preußische Armee bei Friedland eine Niederlage erlitten. Da die russische Armee im Sommer 1807 nicht mehr in der Lage war, sich zu verteidigen, und der französischen die Kraft zu neuem Angriff fehlte, waren sich die Herrscher beider Reiche alsbald über die Vereinbarung des Friedens einig. Am 25. Juni 1807 begannen die Verhandlungen in Tilsit, das zur neutralen Stadt erklärt worden war, und bereits am 7. Juli konnten die Hauptdokumente unterzeichnet werden. Zwei Tage später wurden auch die Preußen betreffenden Dokumente unterschrieben. Friedrich Wilhelm, der in diesen Tagen der Verhandlungen zwischen den Großmächten allenfalls nur bis in die Vorzimmer der Konferenz Zutritt hatte, setzte die letzte Waffe zur Verteidigung seiner dynastischen Interessen ein, die weiblichen Reize seiner Frau Luise. Doch auch dieses, in der Geschichte der Diplomatie höchst seltene Eingeständnis eigener Unfähigkeit, verfehlte sein

Ziel. Luises Schönheit und Anmut blieben zwar nicht ohne Wirkung, doch wie Napoleon seiner Frau Joséphine schrieb, ohne Konsequenzen: »Die Königin von Preußen ist wirklich bezaubernd; sie ist voller Koketterie zu mir, aber sei ja nicht eifersüchtig; ich bin eine Wachsleinwand, an der alles nur abgleiten kann. Es käme mich teuer zu stehen, den Galanten zu spielen«.[4]

So mußte Preußen die furchtbare Erniedrigung auf sich nehmen: Es verlor mehr als die Hälfte seines Territoriums. Eine nicht einmal fixierte hohe Kontributionssumme wurde auferlegt, bis zu deren restloser Zahlung die Okkupanten im Lande verbleiben sollten.

Die Nachricht vom Friedensabschluß löste in Berlin Erleichterung aus. Ernst Heim war da zurückhaltender, wie konnte er etwas feiern, dessen Preis er noch nicht kannte? So notiert er kurzerhand: »Da ich die Friedensbedingungen nicht weiß, so habe ich mich auch nicht gefreut.«[5]

Er sollte leider Recht behalten. Als er einige Tage später die Festlegungen des erniedrigenden Diktats, das Preußen dem Eroberer völlig auslieferte, erfuhr, schrieb er voller Enttäuschung:

»Die 46 Talglichte, die ich zur Illumination wegen des Friedens habe verbrennen lassen, hätte ich ersparen können. Unsere schwache Regierung ist indessen an allem Unglück schuld. Nicht allein unser König, sondern vielmehr sein Vater hat den Grund dazu gelegt.«[6]

Heim sah die entstandene Lage, vor allem die Ursachen, die dazu geführt hatten, viel bewußter und klarer als sein Kollege Hufeland, der als Leibarzt in Begleitung der Königin Luise mit dem Hof die Flucht angetreten hatte und sich noch immer in Ostpreußen befand. Die Niederlage Preußens hatte die ganze Fäulnis des überlebten, zerrütteten Hohenzollernstaates deutlich gemacht. Der einzige Ausweg aus der Katastrophe konnte die Aufnahme und Weiterführung der Vorschläge sein, die von fortschrittlichen Politikern unter dem Einfluß der Auswirkungen der Französischen Revolution bereits vor dem Fiasko angeregt worden waren.

Zu ihnen zählten Heims enger Vertrauter Karl August von Hardenberg (1750–1822), Wilhelm von Humboldt und vor allem Heinrich Friedrich vom und zum Stein (1757–1831). Da alle Reformvorschläge mit gewissen Einschränkungen der Adelsprivilegien verbunden waren, hatten sie kein Gehör gefunden. Jetzt aber, nach dem katastrophalen Fiasko des preußischen Staates, war die Reaktion zu Kompromissen genötigt, boten sich den Patrioten und Reformern größere Wirkungsmöglichkeiten. Die preußischen Reformen, der »Beginn der bürgerlichen Revolution in Preußen« (Engels), umfaßten eine Agrar-, Städte-, Heeres- und Bildungsreform. Bei allem Fortschritt, den sie in der gegebenen Lage bedeuteten, hielten sie sich doch in den Grenzen einer Regeneration der Hohenzollernmonarchie.

Von großer Bedeutung war auch die von den Reformen verstärkte patriotische nationale Bewegung. Seit Dezember 1807 hielt Johann Gottlieb Fichte (1762–1814) unter den Augen der Besatzer, die mit Argwohn alle freiheitlichen Regungen verfolgten, seine begeisternden, aufrüttelnden »Reden an die deutsche Nation«. Friedrich Daniel Ernst Schleichermacher (1768 bis 1834) rief zum Kampf gegen die »Mächte der Finsternis« auf. Auch das von August Wilhelm Iffland geleitete Nationaltheater trug wesentlich zur Stärkung der patriotischen Bewegung bei.

Um die nach dem Frieden von Tilsit erneut aufgetretenen Differenzen zwischen den Großmächten zu bereinigen, traten Napoleon und Zar Alexander in Erfurt erneut zu Verhandlungen zusammen, die am 12. Oktober 1808 mit der Unterzeichnung einer Bündniskonvention abgeschlossen wurden. Für das weitere Schicksal Preußens war diese Zusammenkunft nicht zuletzt dadurch von Bedeutung, daß Napoleon noch vor den Erfurter Verhandlungen, um Alexander seinen guten Willen unter Beweis zu stellen, am 8. September ein Abkommen mit dem preußischen König über den Abzug der französischen Truppen abschloß. In Erfurt gelang es Alexander, eine Senkung der inzwischen auf 140 Millionen Franken festgesetzten preußischen Kontributionen auf 20 Millionen Franken zu erreichen.

Anfang Dezember 1808 verließen die französischen Soldaten Berlin. Die Folgen der Besatzungszeit für die Berliner Bevölkerung sollten, wie ein zeitgenössischer Bericht zeigt, noch lange nachwirken:

»Erst nachdem die französische Besatzung im Dezember 1808

Berlin verlassen, konnte man allmählich übersehen, welche Verluste die Stadt und jeder einzelne aus der Bürgerschaft erlitten hatte. Dieselben waren so groß und wirkten auf die Bevölkerung so nachhaltig, daß jedermann bis in die zweite Hälfte der zwanziger Jahre genötigt war, die größte Sparsamkeit zu üben.

Wie einfach man durchweg, auch in sonst wohlhabenden Bürgerhäusern lebte, ist ... kaum glaublich. Abends zwei Talglichter anzünden, war schon etwas Ungewöhnliches. Die meisten Familien saßen um einen runden Tisch, in dessen Mitte eine solche Kerze aufgepflanzt war...

Nicht bloß in Bezug auf Beleuchtung, sondern auch was Speise und Trank betrifft, war man im Vergleich mit der jetzigen Zeit unendlich anspruchslos; sowohl wenn die Familie allein war, als auch beim Empfang von Freunden. Zwar gab jeder wohl im Jahre ein oder zwei größere Gastereien, wo es hoch herging, aber bei den gewöhnlichen geselligen Abendzusammenkünften begnügte man sich abends mit einer Tasse Tee und Butterbrot und setzte einige sehr zierlich, aber auch recht sparsam mit Wurstscheibchen, Braten und Schinkenschnitten belegte Teller auf die Tafel. Wein wurde nicht greicht, sondern man erlabte sich an einem Glase Bier, von welchem Getränk damals in Berlin sehr vorzügliche Sorten zu haben waren.«

Wenige Wochen zuvor war am 19. November 1808 eine neue Städteordnung verabschiedet worden, nach der jeder Bürger mit Grundbesitz oder einem Mindestjahreseinkommen von 200 Talern das aktive und passive Wahlrecht erhielt. Obwohl das bezeichnenderweise nur auf 8% aller Berliner Einwohner zutraf, trug auch diese Reform spürbar zur Aktivierung der patriotischen Bewegung bei.

Erst als der letzte französische Soldat Preußen verlassen hatte, entschloß sich der feige und unentschlossene Monarch zur Rückkehr. In Begleitung des Hofes befand sich Hufeland, der nach dreijähriger Abwesenheit, wieder seine maßgeblichen Ämter im Medizinalwesen übernahm. Unter dem Eindruck der Not breitester Bevölkerungskreise, der eigenen schweren Erlebnisse, aber auch des Einflusses Ernst Heims, mit dem ihn enge Freundschaft verband, wandte sich Hufeland stärker als bisher sozialen Fragen zu. Zur Betreuung mittelloser Patienten gründete er im März 1810 an der neuen Universität das erste Poliklinikum. Im Dienste seiner vielfältigen Unterstützungen der Notleidenden stand auch die von ihm im gleichen Jahre erarbeitete »Armen-Pharmakopöe«. Mit dieser forderte er seine Kollegen zur aktiven Hilfe auf: »Wer kennt wohl die Lage und die Bedürfnisse des Armen besser als der Arzt? Und wer kann ihm die Hilfe wohltätiger und zweckmäßiger reichen?« Dem Beispiel seines Freundes Heim folgend, empfahl er als Voraussetzung einer ständigen und kontinuierlichen Betreuung der Armen das Hausarztsystem. Nach der von ihm entworfenen Organisationsstruktur teilte er Berlin in verschiedene Medizinalbezirke auf, in denen jeweils ein Armenarzt für die kostenlose Betreuung Notleidender zuständig sein sollte. Er ließ es nicht bei Vorschlägen bewenden. Während Heim die Funktion des Armenarztes im später festgelegten 3. Medizinaldestrikt ausübte, übernahm Hufeland die gleiche Aufgabe im angrenzenden 4. Destrikt.

Auf der Höhe von Wissenschaft und Praxis

Seit Ernst Heim sich in die Berliner Praxis eingearbeitet hatte, regte ihn der Einfluß seiner Kollegen auch zur Publikationstätigkeit an. Dabei griff er anfangs vor allem auf Erfahrungen zurück, die er bereits während der Spandauer Jahre gesammelt hatte. Von ihm bevorzugte Publikationsorgane waren Zeitschriften, die sich an den Praktiker wandten. Dazu zählten die von Selle herausgegebenen »Beiträge zur Natur- und Arzneiwissenschaft«, Hufelands »Journal der praktischen Heilkunde« und Horns »Archiv«.

Als erste Publikation veröffentlichte Heim im Jahre 1783 den Bericht über eine Sektion, die er 1781 in Spandau bei einem Kinde ausgeführt hatte, das nach dem Genuß von Stechapfelsamen verstorben war.[7]

Sehr aufschlußreich für Heims exakte und wissenschaftlich fundierte Arbeit auch auf dem Gebiete der Veterinärmedizin sind seine Berichte und Gutachten über verschiedene Tierkrankheiten in den »Aufsätzen und Beobachtungen aus der gerichtlichen Arzneiwissenschaft« herausgegeben von J. T. Pyl.[8] Ergebnis seiner intensiven kritischen Durchsicht der Neuerscheinungen seines Fachgebietes waren eine Reihe aufschlußreicher Rezensionen, mit denen er Autoren und Lesern viele wertvolle Hinweise gab, ja, sogar zum Schreiben von Büchern anregte. Sein besonderes Interesse galt Veröffentlichungen über Kinder- und Infektionskrankheiten. Wie bereits in dem Kapitel »Kampf gegen die Pocken« erwähnt, hatte sich der Hannoveraner Leibarzt J. Stieglitz auf diesen Gebieten große Verdienste erworben und Heims besondere Wertschätzung gefunden. Gefürchtet, der helfenden Kritik wegen aber zugleich begehrt, waren auch Stieglitz' Literaturkritiken. Im Jahre 1801 veröffentlichte er das Buch »Versuch einer Prüfung und Verbesserung der jetzt gewöhnlichen Behandlungsart des Scharlachfiebers«, das Heim einer detaillierten Beurteilung unterzog.[9] Er begann die Rezension mit der Feststellung:

»Der Herr Verfasser hat sich durch seine verdienstlichen Arbeiten im Fache der medizinischen Kritik einen Namen erworben, der ihm in der Reihe der vorzüglichsten Ärzte Deutschlands eine ehrenvolle Stelle anweisen mußte. Die vorliegende Schrift ist dieses Ranges würdig; denn obgleich meine Überzeugung mich nötigt, in mancher Hinsicht von den Behauptungen des Herrn Verfassers abzuweichen; so fühle ich mich doch zu der öffentlichen Versicherung verpflichtet, daß es mir bei der sehr geringen Muße, die meine Praxis mir gestattet, immer wert bleiben wird, diese Schrift mit Studium gelesen zu haben.«[10]

»Je mehr sein Kredit die Menge für sich einnehmen wird, desto nötiger scheint es zu sein, auch die schwachen und mangelhaften Seiten dieser Arbeit nicht zu übersehen, welche sich dem Arzt von Erfahrung und unbefangenem Beobachtungsgeiste bei näherer Prüfung darbieten.«[11]

Heim gesteht, daß er die Lektüre des Buches mit dem Vorsatz begann, »welche Mängel möchten sich wohl in der Schrift dies ebenso strengen wie sachkundigen Rezensenten finden lassen?« Er kam zu dem Ergebnis: »Ich bin zufrieden, wenn ich einige gefunden habe«. Ein großes Kompliment für diese insgesamt gesehen sehr empfehlenswerte Schrift. Heims Kritik basiert auf reichen praktischen Erfahrungen. Er hatte im Verlaufe der Jahre mindestens 1500 Scharlachpatienten behandelt und warnte davor, bei leichten Fällen »große Mittel in Bewegung zu setzen«. Er vertrat vielmehr die Auffassung: »Der naturgemäße Verlauf der Krankheit, ihre bloße Fortdauer während ihrer bestimmten Stadien, die damit verbundene Enthaltung von gewohnten Speisen und die Versorgung reizender Arzneien und Getränke (mithin die Methodus expectativa) sind bei diesen Formen der Krankheit die besten Heilmittel.«[12]

Erst gegen Ende des 18. Jahrhunderts waren erste bescheidene Versuche einer wissenschaftlich begründeten Dermatologie zu verzeichnen. Joseph Jacob Plenk (1738–1807) bemühte sich, allerdings mehr auf der Literatur als auf eigenen Erfahrungen fußend, um eine Systematik der Hautkrankheiten, während A. Chr. Lorry (1726–1783) in dem ersten wissenschaftlichen Lehr- und Handbuch der Dermatologie bestrebt war, den bisher erworbenen Kenntnis- und Erfahrungsschatz zu sammeln. Stärker auf die Anforderungen der Praxis orientiert war das Werk des Engländers Robert Willan (1757–1812), der konkrete Hinweise zur Charakterisierung und Therapie einzelner Hautkrankheiten vermittelte. In Paris hatte J. L. Alibert (1766–1837) versucht, die Hautkrankheiten nach Ursache und Verlauf zu analysieren. In Deutschland war die Mehrheit der Ärzte noch in humoralpathologischen Vorstellungen befangen. Mit Recht stellte Heim deshalb in seinem Aufsatz »Erfahrungen über die Furunkeln, nebst Beobachtungen über eine ansteckende Art derselben«[13] 1808 fest: »So viel auch in älterer und neuerer Zeit über die Hautkrankheiten geschrieben ist; so viel Dunkles hat diese Lehre doch noch immer. Je mehr man diese Krankheiten durch Erfahrung kennenlernt, je mehr findet man, daß selbst unsere besten Autoren diesen Gegenstand bei weitem nicht erschöpfen. Die Hauptfrage über ihre Entstehung, ihre Natur und ihr Verhältnis zu den so häufig gleichzeitig vorhandenen allgemeinen Krankheiten ist bis jetzt noch nicht beantwortet.«[14]

Das sei um so erstaunlicher, da gerade bei den Hautkrankheiten mehr als bei anderen Erkrankungen intensive empirische Untersuchungen »auf doppeltem Wege, durch den Sinn des Auges und des Getastes«[15] möglich wäre. Es sei höchst zweifelhaft »ob Dasjenige, was wir wissen, wichtiger sei, wie das noch Fehlende«. Heim war bestrebt, auf Grund eigener Erfahrungen Ratschläge zur Heilung von Furunkulose zu geben.

Eine Disziplin, die ihn ebenfalls sehr beschäftigte, waren die Geisteskrankheiten. Besonders auf diesem Gebiet war man, befangen im Glauben an »geheimnisvolle Seelenkräfte«, von einer wissenschaftlichen Fundierung der Psychiatrie noch weit entfernt. Heim scheinen jedoch, im Gegensatz zu der Mehrzahl seiner Kollegen, die wissenschaftlichen Denkansätze, die von Friedrich Hoffmann, Albrecht von Haller, Johann August Unzer (1727–1799) u. a. erarbeitet und von William Cullen (1710–1790) zusammengefaßt worden waren, bekannt gewesen zu sein. Seine Arbeit »Einige Fälle von temporärem Verluste des Bewußtseins und der Empfindung bei sonst gesunden Individuen«[16] aus dem Jahre 1809 zeigt erstaunliche Erkenntnisse. Er gibt sich zunächst scheinbar ratlos: »Bei keiner Klasse von Krankheiten finden wir so rätselhafte ja unerklärliche Erscheinungen, wie bei der Nervenkrankheit. Wir behandeln sie, bald mit größerem, bald mit geringerem Glück, ohne über den Grund und das Kausalverhältnis derselben oft nachzudenken.«[17]

Dann entwickelt er beachtliche Ansichten über das Wechselverhältnis von Körper und Psyche: »Wir kennen die innere Natur dieser Nervenübel zu wenig, um die Gesetze nachweisen zu können, nach denen dieser periodische Verlust des Bewußtseins und der Empfindung, ihr Wiedereintritt, und ihre intensive Zunahme sich richten. Besonders entgeht uns die Kenntnis über die Art des Zusammenhanges und der wechselseitigen Abhängigkeit des Geistigen vom Körperlichen, welche bei verschiedenen Krankheiten dieser Art ... sich so deutlich an den Tag legt.«[18]

Wie er in einem späteren Schreiben an Horn zum Ausdruck brachte, war es sein Anliegen, die akut psychisch Erkrankten, die Gewalttaten ausübten, als Kranke, nicht als Kriminelle zu sehen. Einen solchen Fall beschreibt er in dem Aufsatz »Von einer kaum eine Stunde lang gedauerten Tobsucht«:[19]

»Hierbei überschicke ich Ihnen, sehr wertgeschätzter Freund, den zur Aufnahme in Ihr Archiv schon früher versprochenen Aufsatz. Vermutlich würde ich hierzu noch nicht gekommen sein, wenn ich nicht vor einigen Tagen von einem wichtigen Kriminalfall, in welchem ein Mann einen andern, höchst wahrscheinlich in einem tobsüchtigen Anfall, ermordete, Kenntnis bekommen hätte. Außer Zweifel ist es wohl, daß mancher unter Henkers Händen – durch Tortur gemartert, auf Festungen und in Zuchthäusern sein Leben verloren hat, der ganz unschuldig war und nur das Unglück hatte, von einer Tobsucht, von der auch der beste Mensch ergriffen werden kann, befallen zu werden.«[20]

Wie kaum ein anderer akademisch gebildeter Arzt in Deutschland hatte Heim dank seiner jahrelangen engen Zusammenarbeit mit dem Stadtchirurgen Münch auch auf chirurgischem Gebiet sein Wissen vertieft. Ein deutlicher Beweis sind seine Instruktionen für den operativen Eingriff bei einer Bauchhöhlenschwangerschaft. Er hatte diese kühne Operation erstmals am 29. August 1813 gewagt. Nach eigenen Angaben konnte er in seiner langjährigen Praxis 33 Fälle von Schwangerschaften außerhalb der Gebärmutter, davon 14 in der Bauchhöhle, behandeln.

Über die Schwierigkeiten und Probleme, die mit dem Entschluß zu einem solchen komplizierten Eingriff verbunden sind, läßt der verantwortungsbewußte Arzt keinen Zweifel:

»Nichts desto weniger sah ich die Ausführung in konkreten Fällen immer sehr ernsten Schwierigkeiten unterliegen, nicht sowohl das operative Verfahren an sich, als vielmehr dessen allseitige, gegen stets noch übrig bleibende Zweifel völlig sicherstellende Motivierung, besonders in Bezug auf die richtige Zeitbestimmung: wann operiert werden soll... Wie oft habe ich mich in solcher Lage nach jemand umgesehen, der jene Zustände eben so gut, wie ich, kennen zu lernen Gelegenheit gehabt hatte! – Aber ich stehe allein da mit meiner Erfahrung und kann fast alle Belehrung über diesen schwierigen Punkt nur aus eigener Erinnerung schöpfen. – Wie so oft in der Medizin, haben wir es auch hier in der Regel mit Wahrscheinlichkeiten zu tun, deren Berechnung um so schwieriger und peinlicher wird, je unmittelbarer das darauf zu gründende Handeln über Leben und Tod Zweier entscheidet.«[21]

Mit großer Genugtuung erfüllte Heim die Tatsache, daß neben Einzelveröffentlichungen zu speziellen Fragen der Erkrankungen im Kindesalter auch erste zusammenhängende Darstellungen für die Arbeit des Praktikers erschienen. So veröffentlichte A. Henke, offensichtlich dem Beispiel Nils Rosen von Rosenstein (1706–1773) folgend, in dessen »Anweisung zur Kenntnis und Cur der Kinderkrankheiten« (1764) das damalige Wissen in der Kinderheilkunde zusammengefaßt war, sein

»Handbuch zur Erkenntnis und Heilung der Kinderkrankheiten«. Hatte Rosen von Rosenstein den Nachteil, seine Kenntnisse im wesentlichen nur aus der Literatur entnommen zu haben, so war Henkes Buch einerseits zu theoretisch und ließ andererseits eine Reihe von Krankheiten, insbesondere die Entzündungen, unberücksichtigt. Heim wies in einer ausführlichen Rezension auf diesen Mangel hin und zog mit einem gehörigen Schuß Ironie das Resumé, »daß manche wichtige Kapitel genügender ausgefallen sein würden, wenn er eben so viele eigene Erfahrung, wie Gelehrsamkeit besessen hätte«.[22]

Angeregt von Heims Kritik verfaßte Christian Friedrich Harles 1810 seine Schrift »Einige praktische Bemerkungen über innere Entzündungen bei Kindern«, die er als Ergänzung zu Henkes Handbuch betrachtete. Einleitend beruft er sich dabei auf Heim:

»Einer der erfahrungsreichsten unter unsern jetzt lebenden Ärzten, der würdige Geheimrat Heim zu Berlin, sagt in seiner ungemein lehrreichen Kritik des mit Recht geschätzten Handbuchs zur Erkenntnis und Heilung der Kinderkrankheiten:

›Die Entzündungskrankheiten, besonders die Lungenentzündungen, Darmentzündungen etc., sind bei Kindern eine der wichtigsten Krankheitsklassen, und kommen bei diesen noch häufiger als bei Erwachsenen vor. Diese Frequenz ist so groß, daß man unbedenklich annehmen kann, daß unter vier Kindern, welche sehr krank darnieder liegen, und von denen viele Ärzte glauben, daß sie blos und allein am schweren Zahnen, oder an Würmern, oder gar an Nervenfieber leiden, gewiß drei befinden, bei denen der wesentlichste Teil der Krankheit auf einer inneren Entzündung beruht‹.«[23]

Diesen Erkrankungen widmete sich Harles nun in seiner Arbeit, die allerdings auch nicht in jeder Hinsicht der kritischen Prüfung des erfahrenen Praktikers Heim genügen konnte.[24] Dabei ging es Heim keineswegs darum, möglichst viel zu kritisieren, um damit selbst zu glänzen. Sein Anliegen war es, mißverständliche oder gar falsche Therapievorschläge im Interesse der Patienten zu berichtigen. Eben das schien ihm bei der vorliegenden Publikation notwendig:

»Hier hat sich Herr H. wohl durch willkürliche Deutung und vorgefaßte hypothetische Ansichten von dem einfachen Wege der Naturbeobachtung und Erfahrung abziehen lassen. Eben deshalb sind die daraus abgeleiteten therapeutischen Vorschläge mit den Erfahrungen nicht vereinbar, die von den praktischen Ärzten aller Zeiten hierüber gemacht wurden.«[25]

Sehr ungehalten konnte er werden, wenn Autoren einen klaren Sachverhalt mit künstlich akademisiertem Stil komplizierten und nach möglichst vielen Fremdwörtern suchten. Auch Harles war von diesem Makel nicht frei und Heim ging mit ihm, obwohl er die Schrift insgesamt begrüßte, gehörig zu Gericht:

»Wenn es gleich zu bedauern ist, daß eine fast ermüdende Weitschweifigkeit, ein stetes Eindrängen von Neben- und Zwischensätzen in den eigentlichen Text, und ein ängstliches Haschen nach undeutschen und zum Teil ganz unverständlichen Kunstausdrücken der modernsten Schule das Studium dieser lehrreichen Schrift unendlich erschweren; so verdienen doch die Bemühungen des Hrn. Verfs., dessen gründliche Gelehrsamkeit schriftstellerische Arbeiten, wie diese erleichtert, den aufrichtigsten Dank des ärztlichen Publikums.«[26]

Aus dem publizistischen Schaffen Heims ergibt sich, wie falsch die zuweilen geäußerte Auffassung ist, Heim sei ausschließlich »Nur-Praktiker« gewesen. Abgesehen davon, daß er auch als Praktiker auf der Höhe des Wissens seiner Zeit stand, hat er durch Wort und Schrift einen gewichtigen Beitrag zur Entwicklung seines Fachgebiets geleistet.

Die Freundschaft der Ärzte Heim und Hufeland hatte sich mit zunehmendem Alter weiter vertieft. Zum Entstehen des Bundes hatte Lotte Heim den Grundstein gelegt. Sie hatte sich gleich mit Juliane Hufeland angefreundet, während Ernst Heim den eleganten, und wie er meinte, überheblichen Kollegen zunächst keineswegs sympathisch fand. Doch die Gemeinsamkeit des humanitären Anliegens, die gleichen Ziele und die Überzeugungskraft seiner Lotte hatten ihn umgestimmt. Auch die Kinder beider Familien waren Spielgefährten.

Neben dem Kampf gegen die Pocken und der Hilfe für Notleidende, vertraten Heim und Hufeland auch gleiche medizinisch-wissenschaftliche Grundauffassungen. Das hatte sich gezeigt, als der Anatom Franz Joseph Gall (1757–1828) im März 1805 in Berlin weilte und mit seinen Vorlesungen einen heftigen Meinungsstreit auslöste. Heim und Hufeland waren Johann

Caspar Lavaters (1741–1801) umfangreiche »Physiognomische Fragmente zur Beförderung der Menschenkenntnis und Menschenliebe« gut bekannt. So ansprechend das ethische Anliegen auch sein mochte, fehlte den Praktikern und rationalen Denkern in den wortreichen Schwärmereien die wissenschaftliche Grundlage. Das, was sie hier vermißten, schien nun Gall mit seinen physiologisch-anatomischen Beweisführungen zu bieten. Zweifellos hat sich Gall, so weit er sich der empirischen Forschung bediente, große Verdienste auf dem Gebiete der Hirnanatomie erworben. Darin waren sich Heim und Hufeland einig. Sie gingen nicht unvorbereitet in Galls Vorträge. Galls erste Schrift »Des Herrn D. F. J. Gall Schreiben über seinen bereits geendigten Produmus über die Verrichtungen des Gehirns der Menschen und Thiere an Herrn Jos. Fr. v. Retzer« war 1798 in Wielands »Neuem deutschen Merkur« erschienen.

Heim war so gefesselt, daß er trotz zeitlicher Belastungen zwölf Tage hintereinander Galls Kolloquium besuchte. Am 17. April 1805 notierte er: »Heute die letzte Vorlesung des D. Galls mit angehört. Ich verehre und schätze diesen Mann von ganzer Seele, und bin glücklich, von ihm soviel gelernt zu haben.«[27] Hufelands Urteil fiel ähnlich aus.

Nachdem Gall die Ausübung seiner Tätigkeit in Wien untersagt worden war, unternahm er seit März ausgedehnte Vortragsreisen durch Deutschland, Holland und die Schweiz. Schließlich ließ er sich 1808 als Arzt in Paris nieder. Mit seiner Theorie der Kranioskopie (Schädellehre) verlor er den Boden der Wissenschaft. Danach sollten die von ihm lokalisierten 27 »Hirnorgane« jeweils verschiedenen Funktionen und psychischen Eigenschaften entsprechen und zu spezifischen Schädelwölbungen führen. So könne man die Geistes- oder Charakteranlagen eines Menschen am Schädel ablesen oder abtasten. Der Weg in haltlose Scharlatanerien, der von einigen Schülern Galls beschritten wurde, war nicht weit.

Von derartigen Spekulationen waren Heim und Hufeland weit entfernt. Sie übten deshalb gegenüber den verschiedenen Spielarten des Magnetismus, gegen den Hufeland bereits in Jena mit seinem literarischen Debüt »Mesmer und sein Magnetismus« Stellung genommen hatte, große Zurückhaltung. Insgeheim hatte Hufeland als er 1809 wieder in Berlin eintraf, gehofft, daß seine Frau, die ihn verlassen hatte und mit seinem früheren Assistenten Dr. Bischoff zusammenlebte, wieder zu ihm zurückkehren würde. Doch er fand in der Wohnung nur seinen Sohn Eduard vor, der in Berlin studierte. In dieser schweren persönlichen Situation war die Freundschaft Heims eine große Hilfe. Heim unternahm alles in seinen Kräften Stehende, um den Freund aus seiner Niedergeschlagenheit herauszuführen. Das beste Mittel hierfür schien ihm die Arbeit zu sein. Ein Rat, den Hufeland mit großem Erfolg zu beherzigen wußte. Im Mai 1810 hatte er den Auftrag erhalten, den König von Holland, Louis Bonaparte, einen Bruder Napoleons, der an Lähmungserscheinungen litt, zu behandeln. Während seiner Abwesenheit übte Heim auf Vorschlag Hufelands das Amt des Leibarztes der Königin Luise aus. Bei einem Besuch ihrer Verwandten erlitt diese auf Schloß Hohenzieritz eine akute Erkrankung. Auf Befehl des Königs begab sich Heim, begleitet von Goeschke, sofort zu der Patientin. Vom 17. Juli an weilte er Tag und Nacht an dem Krankenlager der Königin, vermochte aber trotz Aufbietung aller seiner ärztlichen Kunst, den Tod, der am 19. Juli am späten Abend eintrat, nicht abzuwenden. Eine Obduktion ergab, daß der rechte Lungenflügel nahezu zerstört war, eine Embolie hatte den Tod hervorgerufen.

Das schwere persönliche Schicksal des Freundes ließ Ernst Heim um so mehr die Freude glücklichen Familienlebens genießen. Nach und nach verließen allerdings die Töchter, von denen ihm die dritte, Karoline, besonders nahe stand, das Haus. Die Älteste, Marie Christiane, hatte vor Jahren den Anfang gemacht, und nun stand bereits die Hochzeit der vierten Tochter, der achtzehnjährigen Auguste, bevor. Ein Brief an seine Schwägerin, die zugleich Pflegemutter des künftigen Schwiegersohns Georg Wilhelm Keßler war, zeigt die innige Beziehung Heims zu seiner Familie:

»Sehr wertgeschätzte Frau Schwester!
Ich habe schon so manchen Brief von Ihnen erhalten und Sie so wenige von mir, und dies ist eigentlich nicht recht. Leider habe ich immer so viele Geschäfte, daß ich nur die notwendigsten Antworten auf Briefe von meinen Kranken geben kann. Seit mehreren Tagen habe ich wegen verfrorenen und aufgebrochenen Zehen auf meinem Zimmer bleiben und meine Kranken

durch andere Ärzte besorgen lassen müssen. Ungeachtet es mir nicht an häufigen Besuchen fehlt, so hatte ich mir doch schon lange vorgenommen, einen Teil meiner Zeit dazu anzuwenden, meiner besten Frau Schwester einige Nachrichten von mir und den Meinen zu schreiben. Meine ganze Familie mit mir befindet sich gesund und wohl. Keiner aber ist froher und vergnügter als unser Keßler mit seiner Braut und sie mit ihm. Ist er hier bei uns, so bringt er seine meiste Zeit mit Küssen zu. So was von Küssen habe ich nicht leicht gesehen! Er küßt seine Braut sicher in einem Tage mehr, als ich die meinige während ihres siebenmonatigen Brautstandes geküßt habe. Ich habe indessen meine Freude daran! Der gute Keßler verdient dieses Glück. Meine Auguste paßt auch recht für ihn. Bleibt unser Staat so, wie er jetzt ist, so kann Keßler ein recht angesehener Mann werden. Kraft, Geist, Kenntnisse und besonders einen vortrefflichen moralischen Charakter besitzt er in hohem Grade. Ein so rechtschaffener Mann, der zugleich für seine Pflichten glüht, dem muß es wohlergehen. Zum Sommer gedenkt er mit seiner künftigen Frau zu Ihnen zu kommen und Ihnen als treuer Mutter die Hand zu küssen.

Auguste ist von meinen Töchtern diejenige, welche am wenigsten auf Schönheit Anspruch machen kann. Durch die Pokken hat ihr Gesicht verloren, aber unangenehm ist sie ganz und gar nicht. Was ihr an Schönheit abgeht, ersetzt sie durch Fleiß und gründliche Kenntnisse, und Keßler wird sie noch mehr ausbilden. Mein Sohn macht meine ganze Freude aus. Ein gut gewachsener, hübscher Junge ist er, fast Kopfes größer als ich, der sich vortrefflich zum Arzte ausbildet. Künftige Ostern geht er nach Göttingen. Wenn ich ihn erst hier als practicus sehe, welches wohl noch 3 Jahre dauern kann, dann sind meine Wünsche erfüllt, die ich jetzt habe. Solange ich noch im Besitz meines ansehnlichen Vermögens war, hatte ich keinen Wunsch. Jetzt aber, da ich beinahe all mein Vermögen durch den unglücklichen Krieg verloren habe, weiß ich nicht, was aus meiner Frau werden würde, wenn ich bald stürbe. Lebe ich noch lange, nun, so wird es weiter gut gehen, so gut, als es immer gegangen ist, da meine Praxis einträglich genug ist, um alle unsere Bedürfnisse zu befriedigen. Ihrem guten Anton empfehlen Sie mich gar schön. Wenn erst mein Sohn mich hier ablösen kann, dann komme ich vielleicht noch einmal nach Meiningen. Kurz, wenn nicht alles noch bunt über Eck geht, so kann ich noch viele Freude in der Welt erleben. – Keines von den Meinigen ist zu Hause, ich bin allein, alle sind zu Gaste. Sie wußten aber, daß ich an Sie schreiben wollte, und empfehlen sich Ihnen. Nun leben Sie tausendmal wohl. Eben schreit der Nachtwächter: elfe die Glocke. Gute Nacht.

Ewig Ihr treuer Freund und Bruder Ernst.«[28]

Besonders stolz war Heim auf den Sohn August Wilhelm, der sich zu seiner großen Freude entschlossen hatte, dem Vater nachzueifern und Medizin zu studieren. Zu seinem 65. Geburtstage erwartete Ernst Heim eine freudige Überraschung: »Als wir zu Tische saßen, trat mein Enkel herein und überreichte mir ein großes Schreiben. Wie sehr wurde ich überrascht, als ich darin Inauguraldissertation meines Sohnes und zugleich einen sehr schönen Brief von ihm fand. Etwas Angenehmeres hätte mir heute nicht begegnen können. Meine liebe Frau und wir alle tranken auf die Gesundheit des jungen Doktor Heim.«[29]

Der Sohn kehrte bald aus Göttingen, wo er sein Studium abgeschlossen hatte, zurück und absolvierte in Berlin einen zusätzlichen praktischen Kursus.

Befreiung von der Fremdherrschaft

Napoleon stand auf dem Höhepunkt seiner Macht. Er beherrschte das besiegte Europa. Nur ein Land, das russische Reich, das er durch einen Bündnisvertrag versucht hatte, an sich zu fesseln, um ihm so nach und nach Vasallenbeziehungen aufzupressen, ließ sich nicht an die Kette legen. So beschritt er den verhängnisvollen Weg des Krieges gegen die für ihn gefährlichste Macht. In den Morgenstunden des 24. Juni 1812 fiel die napoleonische Armee in das Russische Reich ein. Zuvor war Napoleon bestrebt, eine europäische Koalition als Verbündete zusammenzuschmieden. Es war für die Berliner Bevölkerung ein schwerer Schlag, als bekannt wurde, daß sich Friedrich Wilhelm III. diesem Bündnis angeschlossen und 20000 Soldaten für Napoleons antirussischen Kriegsziele zur Verfügung gestellt hatte. Im März 1812 marschierten erneut französische

Truppen in Berlin ein. Daß sie als »Verbündete« kamen, vermochte freilich nicht die schweren Belastungen zu erleichtern.

Unter den Soldaten, die ihre Quartiere bezogen, befand sich auch ein hervorragender Arzt, der Chirurg Dominique Jean Larrey (1766–1842). Schon als Napoleon im Oktober 1806 in Berlin einzog, hatte Larrey, als Feldchirurg auf Grund des geringen preußischen Widerstandes wenig beschäftigt, versucht, mit den Berliner Fachkollegen Verbindung aufzunehmen. Nun, inzwischen zum Chefchirurg der »Grand Armée« avanciert, intensivierte er die früheren Versuche. Er inspizierte Lazarette und fand in Generalstabsarzt Goercke, der bereits mit Percy, einem anderen leitenden Chirurgen der französischen Armee, befreundet war, den rechten Mann zum Aufbau der notwendigen fliegenden Feldambulanzen. Die Mediziner wußten, welche schrecklichen Leiden der bevorstehende Krieg verursachen würde, und sie wollten wenigstens nach Kräften beitragen, das schreckliche Elend unschuldiger Menschen zu mildern.

Nach heldenhaftem Abwehrkampf leitete die russische Armee eine gewaltige Gegenoffensive ein. Die Reste der geschlagenen »Grand Armée« zogen auf ihrem Rückzug, eine der größten militärischen Katastrophen der Geschichte, Richtung Westen. Das Elend überstieg alle Vorstellungen. Die auf Panjewagen geworfenen Verwundeten und Verstümmelten entbehrten nahezu jeder ärztlichen Hilfe. Von den 826 Chirurgen, die in Begleitung der Armee in die Schlacht gezogen waren, kehrten im Februar 1813 nur 275 zurück. Die anderen waren ein Opfer des Krieges geworden. Trümmer der geschlagenen napoleonischen Armee durchzogen in grauenerregendem Zustand auch Berlin. Heim half den Opfern der Unersättlichkeit eines Tyrannen.

Der Sieg über den Unterdrücker gab den Völkern Europas, die sich auf die Stunde der Befreiung vorbereitet hatten, das Signal zum Aufstand. Die auch in Preußen einsetzende Volksbewegung ließ sich nicht länger durch das Zögern des Königs hemmen. Auf Drängen der Patrioten mußte er sich schließlich am 16. März 1813 zur Kriegserklärung gegen den Fremdherrscher entschließen. Inzwischen war allerdings die preußische Metropole von der ruhmreichen russischen Armee befreit worden.

Auch Vater Heim wurde von der patriotischen Bewegung erfaßt. Am 4. März enthält das Tagebuch die Notiz: »Heute ganz früh verließen endlich die Franzosen mit Sack und Pack unsere Stadt und gleich darauf zogen mehrere 100 Kosaken hier ein. Die ganze Stadt war in Bewegung. ... Mögen die Russen ganz Deutschland von den Franzosen befreien und diese nie wieder nach Berlin kommen!«[30]

Heims Sohn war sofort als Arzt einem Freiwilligenkorps beigetreten und auch die Schwiegersöhne Grolmann und Keßler hatten sich angeschlossen. Bereits in den ersten Tagen nach dem Aufruf zur Mobilmachung versammelten sich in Berlin mehr als 9000 Freiwillige. Das Kriegsgeschehen war wechselhaft und ungewiß. Auch bei Siegesmeldungen, die ihn natürlich hoch erfreuten, schwieg bei Ernst Heim nicht die Stimme der Menschlichkeit, die er auch gegenüber dem Leid der Gegner wahrte. Seine Eintragungen während der Kriegstage sind ein beredtes Zeugnis seiner Humanität:

»Den 22. August 1813, die Nacht um 1 Uhr wurde Generalmarsch geschlagen; alle unsere Truppen zogen aus, auch Keßler, der bei mir wohnte. Wegen des großen Lärms nur wenig geschlafen. Die Franzosen stehen nur 4 bis 5 Meilen von hier und sollen entschlossen sein, alles zu wagen, um nach Berlin zu kommen. Von Trebbin her haben sie einen Versuch gemacht, aber er ist mißlungen. Sie haben mehrere Dörfer in dortiger Gegend abgebrannt und sich nach Zossen und Mittenwalde hingezogen. Heute den ganzen Nachmittag hat man beständig kanonieren gehört. Die ganze Stadt ist in Unruhe.

Den 23. August. Meine Frau mit der ganzen Familie ist aus dem Tiergarten in die Stadt gezogen, da sie draußen nicht mehr sicher zu sein glaubte. Alle waren sehr betrübt, und besonders Auguste und Henriette weinten viel. Es ist heute wieder stark kanoniert worden, und wir alle leben noch in Besorgnis. Einer meiner traurigsten Tage.

Den 24. August. So sorgenvoll mir und der ganzen Stadt der gestrige Tag war, so vergnügt, ja seelenvergnügt waren wir alle an dem heutigen. Keßler und von Grolmann haben ihren Frauen geschrieben, daß sie gesund sind. Die Franzosen sind geschlagen worden und fliehen; 32 Kanonen hat man ihnen abgenommen und mehrere Tausende sind als Gefangene hier eingebracht worden. Ich habe mich der Tränen kaum enthalten können beim Anblick der Unglücklichen. Aus ganz Schlesien sind die Franzosen verjagt. Die ganze Stadt war voller Freude. Aus einem Fischzuge in Stralau ist heute in Berlin ein Franzosenzug geworden.

Den 26. August. Nach Tische ritt ich mit dem Geheimrat Formey nach Großbeeren, um das Schlachtfeld zu sehen. Viele Gebliebenen sah ich noch unbegraben liegen, desgleichen mehrere Pferde; ein schaudervoller Anblick!«[31]

Die Völkerschlacht bei Leipzig brachte schließlich nach wechselvollem Kriegsgeschehen die Entscheidung über Napoleons Niederlage. Ernst Heim notierte einen Tag später voller Erleichterung: »Heute Abend die höchst erfreuliche Nachricht erfahren, daß die vereinigte Große Armee bei Leipzig die französische geschlagen habe. Die ganze Stadt war deshalb erleuchtet, Kanonen abgefeuert, und das Schießen auf den Straßen hatte kein Ende. Wollte Gott! Napoleon wäre nun tot! Denn so lange dieses Ungeheuer lebt, ist an keine Ruhe in der Welt zu denken.«[32]

Übrigens objektivierte Heim diese von Emotionen getragene Äußerung über Napoleon später wieder, indem er bei dessen Tode im Juli 1821 bemerkte: »Er mag viel Böses in der Welt getan haben – aber auch gewiß viel Gutes.«[33]

Die Gefahren des Krieges hatten die Schwiegersöhne verschont, doch von dem geliebten Sohn fehlte lange jede Nachricht. Aufopferungsvoll hatte er in Görlitz ein Lazarett eingerichtet und geleitet. Dabei infizierte er sich an Typhus. Obwohl bereits erkrankt, wollte er nach der siegreichen Völkerschlacht Feldmarschall Blücher an den Rhein folgen, brach aber bei Eisenach erschöpft zusammen und lag hier, wochenlang mit dem Tode ringend. Kaum einigermaßen genesen, folgte er, wie beabsichtigt, dem Heere Blüchers. Er zog mit den Truppen der Verbündeten am 31. März 1814 in Paris ein, begab sich nach Berlin zurück, wo am 15. August ein großes Siegesfest der Verbrüderung zwischen den russischen und preußischen Garden begangen wurde. Die wiedervereinigte Familie Heim befand sich unter den jubelnden Menschen, die in den Straßen der Hauptstadt den Frieden feierten.

Ernst Heim hatte in der Kriegszeit unendlich viel zu tun gehabt. Viele jüngere Kollegen standen im Felde, und es galt wegen des großen Ärztemangels, auch ihre Patienten zu betreuen. In den Lazaretten wuchs ständig die Zahl der Verwundeten, die ärztlicher Hilfe bedurften. Vor allem aber blieb Berlin nicht von Seuchen, den schrecklichen Begleit- und Folgeerscheinungen der Kriege, verschont.

Die Patientenkartei des Jahres 1813 weist 1158 ständig und mehrmals behandelte sowie etwa 3000 Fälle der Armenpraxis auf. Der noch immer wachsende Umfang der Arbeit wäre für Ernst Heim nicht zu bewältigen gewesen, doch zu seiner größten Freude hatte er in seinem Sohn einen umsichtigen und geschickten Helfer gefunden.

Krankheit und Leid

Nach den aufreibenden Wirren der vergangenen Jahre wurden die Weihnachtstage 1815 von der großen, glücklich wieder vereinten Familie besonders festlich begangen. Um das Ehepaar Heim versammelten sich alle Kinder, Schwiegersöhne und die inzwischen angewachsene, muntere Enkelschar.

Doch es gab im Leben des »glücklichen Heim« auch schwere Tage. Das zunehmende Alter ging nicht spurlos an ihm vorbei. Ein Unfall, den er bereits im Sommer 1788 erlitten hatte, behinderte ihn seit Jahren in der Ausübung seiner Praxis: »Als ich bei einem Krankenbesuch aus dem Wagen steigen wollte, und mit dem linken Fuß schon auf der Erde, mit dem rechten aber noch auf dem Wagentritt stand, fuhr der Kutscher plötzlich los, und ich verrenkte mir das linke Bein so, daß ich vor heftigen Schmerzen auf den Boden fiel, alle Knöpfe von den Beinkleidern abrissen und das Knie noch einmal so stark, als es war, anschwoll. Unbeschreiblich sind die Schmerzen, die ich jahrelang an diesem Bein ausgestanden habe, und über zehn Jahre lang habe ich bedeutend gehinkt«.[34]

Die Zahl der teilweise sehr gefährlichen Reitunfälle wurde von Heim schon gar nicht mehr registriert. Bisher hatte er sie auch alle mehr oder weniger glimpflich überstanden. Seine größte Sorge war es, derartige Zwischenfälle, die er als ärztliches Berufsrisiko betrachtete, vor seiner Frau geheimzuhalten. Das Tagebuch berichtet über einen solchen Vorfall. Beim Heimritt von einem Patientenbesuch hatte Heim sein Pferd gut gelaunt im Schritt laufen lassen. Im Stadtinnern wurde es durch die vorbeieilenden Wagen und Reiter aufgeschreckt, daß es sich in Galopp setzte. Heim zog es deshalb in Höhe der Friedrichstraße am Zügel, worauf es sich plötzlich aufbäumte und ihn abwarf. Er stürzte auf den Rücken, und das Pferd lief davon. »Ich ging in ein Haus und setzte mich halbtot auf die Treppe, um wieder etwas zur Besinnung zu kommen. Kaum aber vernahm ich von jemand, daß mein Pferd nach meiner Wohnung gebracht würde, so drängte ich mich durch die Menge, welche sich um mich versammelt hatte, holte den Mann ein, welcher mein Pferd führte, setzte mich sogleich auf und ritt nach Hause, damit meine Frau von diesem Vorfall nichts erführe ... Ich hatte viele Schmerzen am ganzen Leibe, nach und nach erholte ich mich doch wieder ... Ich muß künftig schlechterdings behutsamer mit meinen Pferden umgehen. Doch wie schwer wird dies sein.«[35]

Im Tagebuch finden sich im Verlaufe der Jahre immer häufiger Notizen über verschiedene gesundheitliche Störungen. Vor allem Schwächeanfälle, starker Husten und Darmbeschwerden als Folgen der Ruhr, werden erwähnt. Dazwischen aber finden sich immer wieder Äußerungen des Wohlbefindens. Auch bei Krankheit ließ es sich Heim nur in den seltensten Fällen nehmen, nach seinen Patienten zu sehen. Folgende Eintragung kann für sein Pflichtbewußtsein als typisch angesehen werden:

»Heute hatte ich einen sehr schlimmen Hals und litt sehr viele Schmerzen beim Schlucken der Speisen. Wäre ich nicht selbst Arzt, so würde ich zu einem geschickt, mich zu Bett gelegt und Medizin gebraucht haben. Ich habe aber nichts eingenommen und alle meine Kranken wie gewöhnlich besucht, so sauer es mir auch wurde.«[36] Im Kreise der Familie blieb Ernst Heim schweres Leid nicht erspart. Ende 1813 war sein Lieblingsbruder Anton gestorben, kaum ein Jahr später folgte ihm Bruder Christel. Als im Jahre 1819 der »große Bruder« Ludwig und wenig später auch Fritz Heim verschieden, war er, Ernst Heim, von der Brüderschar allein übrig geblieben. In Anbetracht des jahrzehntelangen engen Vertrauensverhältnisses der Brüder, die praktisch keine wesentlichen Entscheidungen getroffen hatten, ohne sich gegenseitig zu konsultieren, war das für Ernst Heim, für den der Tod der Brüder zugleich der Verlust seiner geliebten Heimat bedeutete, ein schwerer Schlag.

Doch er hatte bald noch weitaus schwereren Kummer zu tragen. Nach glücklich überstandener Geburt wurde im Jahre 1820 seine Tochter Henriette von dem tückischen Kindbettfieber dahingerafft. Von dem schweren Schmerz noch tief gezeichnet, verstarb in den Armen des tiefgebeugten Vaters wenige Monate später auch die Tochter Auguste. In den Monaten schwerer Trauer erwies sich Hufeland mit tatkräftigem Beistand als wahrer Freund. So wie Heim es ihm einst geraten hatte, so stürzte er sich jetzt selbst zur Betäubung des Leids in die Arbeit. Neben den zahlreichen Hausbesuchen hatte sich die Heimsche Morgensprechstunde zu einer festen Einrichtung der Berliner Armenkrankenversorgung entwickelt. Durch die Kriegswirren hatte Heim zwar seine Assistenten entbehren müssen, sie trafen erst nach und nach wieder ein, hatte aber den Betrieb aufrecht erhalten. Wie der Kliniker Johann Nepomuk Ringseis (1785–1880) in seinen Erinnerungen zeigt, suchten ihn auch durchreisende Ärzte auf, um das berühmte »Morgenklinikum« kennenzulernen:

»Vom Wichtigsten war mir der Verkehr mit dem ›alten Heim‹, dem gefeierten, aus Meiningen gebürtigen Arzte und Geheimrat, dessen Genialität als Diagnostiker und Praktiker sowie in seiner ganzen Persönlichkeit mir einen großen und dabei äußerst liebenswürdigen Eindruck hinterlassen hat. Seine freundliche Heiterkeit, seine anspruchslose Unbefangenheit, sein nicht selten kindlich anmutiger Scherz stachen auffallend ab von der kalt vornehmen Gemessenheit mancher seiner Kollegen, z. B. des ebenfalls berühmten Formey. Heim erwies mir die Ehre, zu seinen täglichen von 6 bis 7 Uhr stattfindenden Morgenordinationen an Arme (oder an Jeden, der die Stunde nicht scheute) mich aufzufordern, und täuscht mich nicht die Erinnerung, so war dazumal, vermutlich in Folge der kriegerischen Zeitläufte, kein anderer junger Arzt zugegen. Heim erschien hier noch in Hemdsärmeln und vollendete, um Zeit zu gewinnen, seinen Anzug während der Ordination.

Auch in der Privatpraxis nahm er mich in merkwürdigen Fällen mit sich, und überdies erfreute ich mich an seinem Tisch, zu dem er mich öfter geladen, seines geistvollen und heiteren Gespräches.

Ich habe bei Heim Verordnungen von höchster Genialität gesehen, womit ich nichts zu vergleichen wüßte, was ich vorher und nachher an anderen Ärzten beobachtete. Alle genialen Ärzte sind für gewöhnlich sparsam in ihren Mitteln, aber sie haben die Einsicht, wann sie das Außerordentlichste und Kühne wagen dürfen und müssen, und die Kühnheit, dieser Einsicht zu folgen.«[37]

Als Heim dem jungen Arzt dann auch noch eine freundliche Widmung auf den Weg gab, war die Freude groß. Ringseis zählte zu den Glücklichen. Stolz zitierte er Heims Eintragung in sein Reisetagebuch: »Es gehört zur Zufriedenheit und selbst zum Stolz des Arztes, sich bei seinen Kranken und ihren Umgebungen so zu benehmen, daß wenn sie, ob mit Recht oder Unrecht, mit ihm als solchem unzufrieden sind, sie ihn als Mensch doch noch ehren und schätzen und in der Folge ihr volles Zutrauen als Arzt in ihn wieder setzen müssen. – In den Morgenstunden, wo so mancher Kranke zu mir kommt, habe ich, mein lieber Herr Doktor, bei Ihren fast täglichen Besuchen bei mir, als einen wissenschaftlichen, fleißigen und humanen Arzt das Vergnügen gehabt, sie kennen zu lernen, so daß ich nicht zweifeln darf, jene Zufriedenheit werde Ihnen in Ihrer Praxis bei vorkommenden Fällen nicht fremd bleiben. – Behalten Sie mich, so wie ich Sie, in gutem Andenken. Berlin den 6. April 1815. Heim.«[38]

Würde und Bürde

Am 15. April 1822 beging Ernst Heim sein 50jähriges Doktorjubiläum, ein Fest, an dem ihm die Berliner Bevölkerung all ihre Liebe und Verehrung zeigte. Das »Berliner Morgenblatt« hatte schon am 8. März auf das bevorstehende Ereignis aufmerksam gemacht: »Ein Fest, an welchem gewiß die ganze Hauptstadt, ohne Ausnahme auch nur eines einzigen, den aufrichtigsten, wohlgemeintsten und herzlichsten Anteil nimmt – das Jubiläum ihres ältesten und außerordentlich verdienten Arztes, des allgemein beliebten Geheimen Rates Heim. Dieser Ehrenmann ist im eigentlichen Sinne des Wortes der Liebling der Residenz und verdient es zu sein nach dem Urteile aller, die ihn persönlich kennen. Ob er gleich im Wohlstand lebt und längst in den Jahren ist, wo jeder die Ruhe liebt, so wird er doch nie seine Hilfe verweigern, und schickte der Ärmste aus dem entlegensten Winkel der Stadt mitten in der Nacht zu ihm«.[39]

Schon die Vorfeiern an den beiden, dem Fest vorangegangenen Tagen, hatten erkennen lassen, was den Jubilar erwartete. Am Abend des 14. April formierte sich eine unübersehbare Menschenmenge, die sich in feierlichem Zuge mit einem großen Faß Rheinwein nach der Kronenstraße, zur Wohnung Heims begab. Musik und Fackeln gaben das Geleit durch die Markgrafen-, Charlotten- und Kronenstraße, in denen die Häuser festlich illuminiert waren.

Am frühen Morgen des 15. April wurde Ernst Heim von seiner Familie in den blumenübersäten Festsaal geleitet. Die fünfzehn Enkel waren die ersten des nicht abreißenden Stromes der Gratulanten. So belebt war die Kronenstraße noch nie gewesen. Die Stadt Berlin verlieh Heim die Ehrenbürgerrechte, die Universität Halle schickte eine Delegation zur Überreichung des erneuerten Diploms. Die Berliner Ärzte gaben zu Ehren ihres Nestors ein Festessen. Formey hielt die Laudatio, in der er die großen Verdienste Heims würdigte:

»Wer aber ist auch würdiger als unser Jubelgreis, Beweise von allgemeiner Achtung zu erhalten? Die herrlichste Vereinigung der ausgezeichnetsten Naturgaben mit dem edelsten Gemüt hat ihm diese längst erworben und gesichert. Überflüssig wäre es daher, in einer Versammlung seiner Verehrer und Freunde, und in Gegenwart von Männern, die seinen hohen Wert als Mensch und als Arzt zu würdigen wissen, die seltenen Vorzüge, die ihn auszeichnen, zu schildern. Wer kennt nicht diesen schnellen, durchdringenden und sicheren Forscherblick, diese Art von höherem geistigen Instinkt, der ihn zum ausgezeichneten Heilkünstler stempelt? Wer schätzt nicht an ihm jene rastlose Tätigkeit, jene ihm angeborene Heiterkeit, welche ihn, auch in den wichtigsten und verwickeltsten Umständen, nicht verläßt? Jene nie verlöschende moralische Kraft, wodurch er bei andern Mut und Vertrauen hervorruft? Wer bewundert nicht in ihm die unerschütterliche Seelenruhe, den anscheinenden Gleichmut, gepaart mit der herzlichsten Teilnahme? Wem entgeht an ihm die

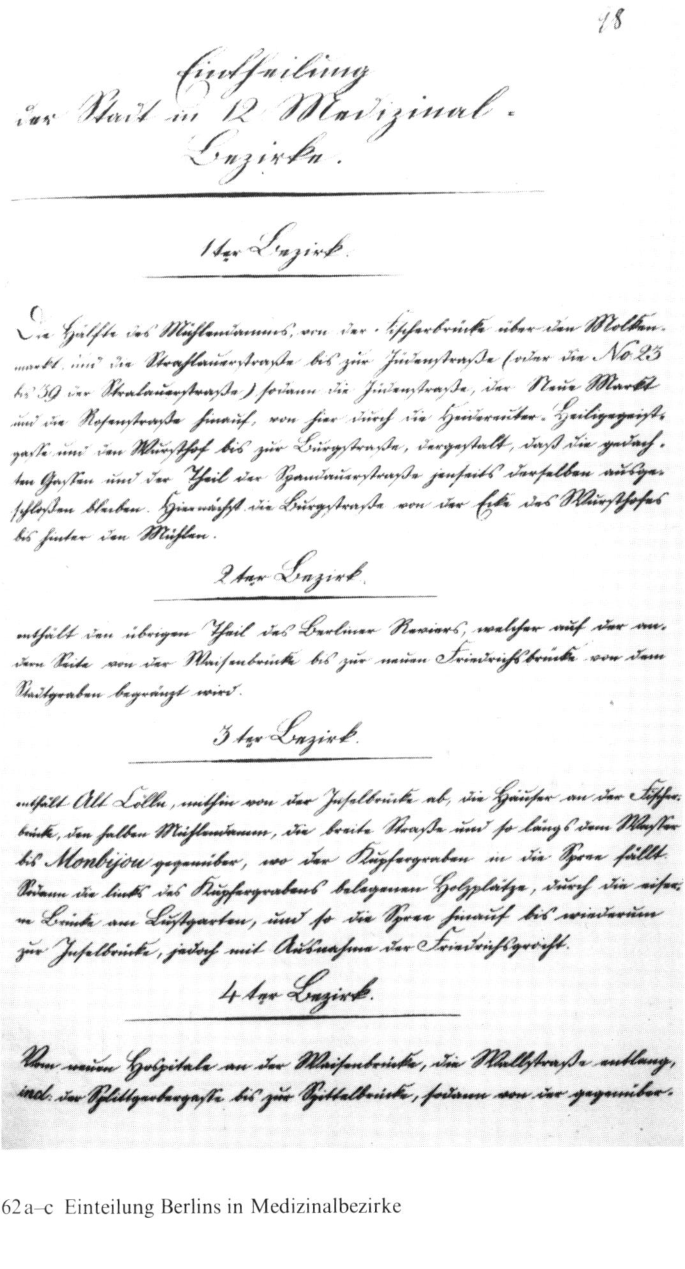

18

Eintheilung der Stadt in 12 Medizinal-Bezirke.

1ter Bezirk.

Die Hälfte des Mühlendammes, von der Fischerbrücke über den Molkenmarkt und die Stralauerstraße bis zur Judenstraße (oder die No. 23 bis 39 der Stralauerstraße) sodann die Judenstraße, den Neuen Markt und die Rosenstraße hinauf, von hier durch die Heidereuter-Heiligegeistgasse und den Mühlenhof bis zur Burgstraße, dergestalt, daß die gedachten Gassen und der Theil der Spandauerstraße jenseits derselben ausgeschlossen bleiben. Hiernächst die Burgstraße von der Ecke des Mühlenhofes bis hinter den Mühlen.

2ter Bezirk.

enthält den übrigen Theil des Berliner Reviers, welcher auf der anderen Seite von der Waisenbrücke bis zur neuen Friedrichsbrücke von dem Stadtgraben begränzt wird.

3ter Bezirk.

enthält Alt Cölln, mithin von der Inselbrücke ab, die Häuser an der Fischerbrücke, den halben Mühlendamm, die breite Straße und so längs dem Wasser bis Monbijou gegenüber, wo der Kupfergraben in die Spree fällt. Sodann die links des Kupfergrabens belegenen Holzplätze, durch die eiserne Brücke am Lustgarten, und so die Spree hinauf bis wiederum zur Inselbrücke, jedoch mit Ausnahme der Friedrichsgracht.

4ter Bezirk.

Vom neuen Hospitale an der Waisenbrücke, die Wallstraße entlang, incl. der Spittelgerbergasse bis zur Spittelbrücke, sodann von der gegenüber-

62a–c Einteilung Berlins in Medizinalbezirke

No. des Districts	Der District enthält.	
II	Die [Berlin] Klosterstraße von der Königsstraße bis neue Friedr: Straße. Königs Mauer Kleiner Jüdenhof Kalandsgasse. Neue Friedr: Straße von der Spandauer Brücke u. von der Klosterstraße bis zur Friedrichsbrücke Spand: Straße von 1–13. u. von 71–81 incl. Heidereuter } Gasse Rosmarin } Rosenstraße u. Kollonaden Burgstraße Heil: Geiststraße u. Gasse. Münzhof Spittelhof Kalandsgasse Jacobsgasse. in Cölln: Breite Straße Brüderstraße Schloßplatz Lustgarten neuer Packhof Stechbahn Domummgasse Sprengasse Werdersche Mühlen Schleusenbrück. Friedrichsgracht u. Kollonaden An der Schleuse. Gertraudtstraße Alte Grünstraße Kölnischer Fischmarkt Scharrnstraße Neue Kirchgasse Petri Platz Fischerbrücke die andere Hälfte des Mühlendamms	Herr Dr Weitsch wohnhaft Malzstraße No. 8 ohne Gehalt. Herr Chir: Kutzer, wohnt Alte Leipz. Str. 15 bezieht jährlich 100 r.

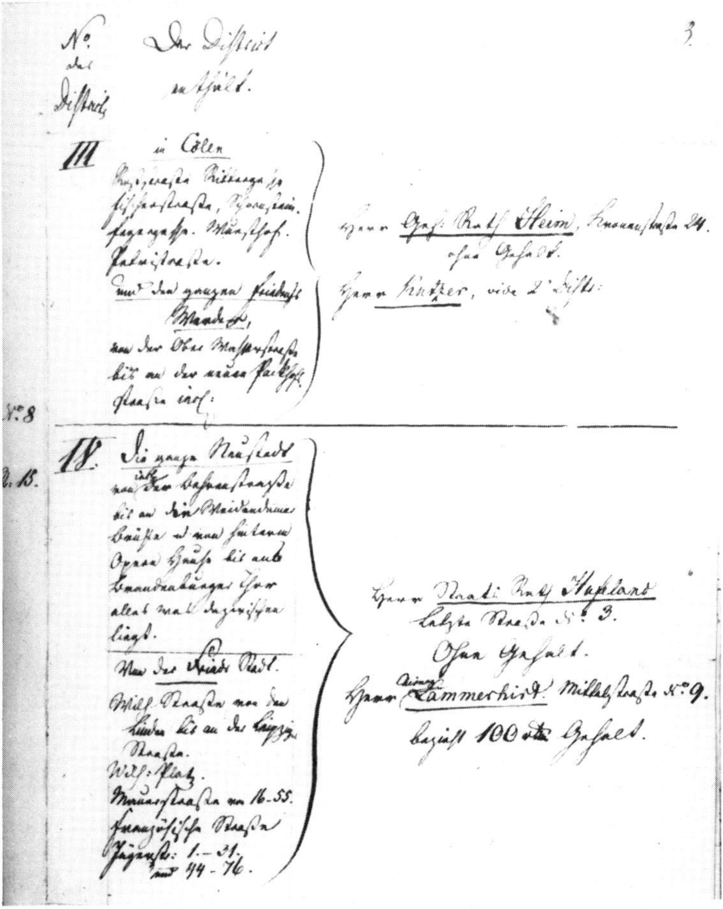
No. des Districts — Der District enthält.

III — in Cölln … — Herr Geh. Rath Heim, Kronenstraße 24. ohne Gehalt. — Herr Kutzer, vide 2. Dist.

IV — Die ganze Neustadt … — Herr Staats Rath Hufeland Letzte Straße No. 3. Ohne Gehalt. — Herr Chirurg. Lammerhirt Mittelstraße No. 9. bezieht 100 rth Gehalt.

63 Verzeichnis der Armenärzte und Wundärzte (Ernst Heim als unbesoldeter Armenarzt im 3. Bezirk)

64–65 Berliner Wohnungselend

Verzeichniß

sämmtlicher Herren Armen-Aerzte und Wundärzte in den verschiedenen Armen Distrikten, nebst Bemerkung ihrer Wohnungen und des Gehalts, welches sie beziehen.

No. des Distrikts	Der Distrikt enthält Straßen, Gassen und Plätze	Namen der Aerzte	Dessen Wohnung	Namen der Wundärzte	Deren Wohnung	bezieht an jährlichem Gehalt Rthl. gr.
I.	Poststraße Molkenmarkt Spandauerstraße 14–70 incl. Kalandsgasse, Nagelgasse, Probstgasse, Nikolai Kirchgasse, Eiergasse (Gassen) Krögel. Nikolai Kirchhof Mühlendamm bis an die Fischerbrücke Neue Straße Reddengasse. Stralauer Mauer Stralauer Brücke. Hätterwinkel Neue Friedrichstraße von der Stralauer Brücke bis an der Spandauer Brücke und von der Klosterstraße bis an die Stralauerstraße. Klosterstraße von der neuen Friedrichstraße bis an die Stralauer Straße und von letzterer bis an die Königstraße Siebergasse. Kronengasse. Jüdenstraße und Jüdenhofgasse Bischofstraße, Papenstraße Neue Markt, Marienkirchhof Neue Gasse, Königstraße Hoher Steinweg.	G. Moldenhauer	Jägerstraße No. 15	Herr Meyers	Neue Str. No. 11	100 — —
				G. Helling	Heil. Geist Straße 9.	— — —

11

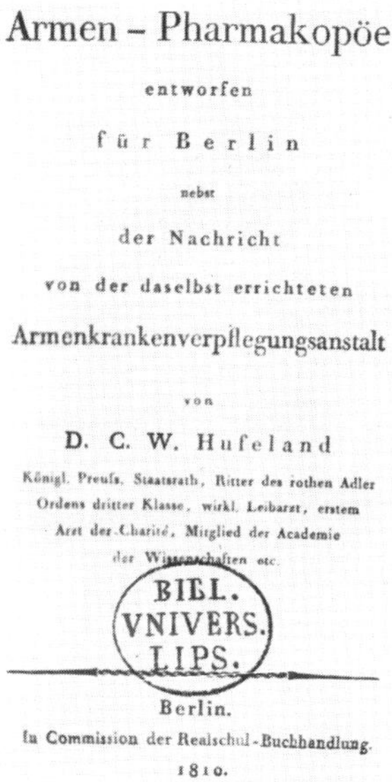

Armen – Pharmakopöe

entworfen

für Berlin

nebst

der Nachricht

von der daselbst errichteten

Armenkrankenverpflegungsanstalt

von

D. C. W. Hufeland

Königl. Preuſs. Staatsrath, Ritter des rothen Adler Ordens dritter Klasse, wirkl. Leibarzt, erstem Arzt der Charité, Mitglied der Academie der Wissenschaften etc.

Berlin.

In Commission der Realschul-Buchhandlung.

1810.

Reglement

für die

Stadt-Armen-Krankenpflege

der hiesigen Commune,

nebst

den Geschäfts-Anweisungen für die dabei angestellten Gesundheits-Beamten.

Zweite vervollständigte Auflage.

Berlin, 1825.

Gedruckt bei Wilhelm Dieterici.

66 Hufeland ergreift die Initiative

67 Die Behörden reglementieren

Vereinigter Geschichts-
Haushaltungs-
und
Garten-Kalender
auf das Gemein-Jahr
1817,
für Sr. Königl. Majestät von Preußen
Brandenburgische
und benachbarte Länder berechnet.
Herausgegeben von der Königl. Preuß. Kalender-Deputation.

68 Das berühmte Heimsche Tagebuch

December, Christmonat, hat 31 Tage.

Die Glocke schlägt! was hat's geschlagen?
Antworte Zeit! — die Zeit antwortet dir.
Ich habe dich zu lieb, ich mag es dir nicht sagen
Der Kirchhof ist nicht weit von hier! sehr gut.

Montag	1	56	25	2	trübe, Regen
Dienstag	2	54	—	0	
Mittwoch	3	50	27	9	
Donnerstag	4	35	28	4	vermischt. Schnee
Freitag	5	24	—	5	helle
Sonnabend	6	34	27	10	vermischt
Sonntag	7	44	—	—	trübe. Schnee
Montag	8	38	—	7	vermischt
Dienstag	9	45	—	6	
Mittwoch	10	40	—	8	
Donnerstag	11	42	—	11	
Freitag	12	41	28	3	
Sonnabend	13	45	—	4	
Sonntag	14	42	—	—	
Montag	15	40	—	—	
Dienstag	16	38	—	5	Abend etwas Schnee
Mittwoch	17	45	—	6	etwas Regen
Donnerstag	18	42	27	6	Trübe Schnee und Regen, Wind
Freitag	19	46	—	7	
Sonnabend	20	42	—	9	Nebel den ganzen Tag
Sonntag	21	45	18	10	
Montag	22	44	—	—	Schnee
Dienstag	23	36	—	—	vermischt
Mittwoch	24	35	—	2	
Donnerstag	25	34	—	—	trübe, etwas Schnee
Freitag	26	30	—	4	helle
Sonnabend	27	36	—	—	trübe Schnee den ganzen Tag
Sonntag	28	45	27	9	etwas Schnee, Wind
Montag	29	24	28	5	vermischt
Dienstag	30	36	—	3	
Mittwoch	31	38	—	4	

69 Heims Eintragungen über das Wetter

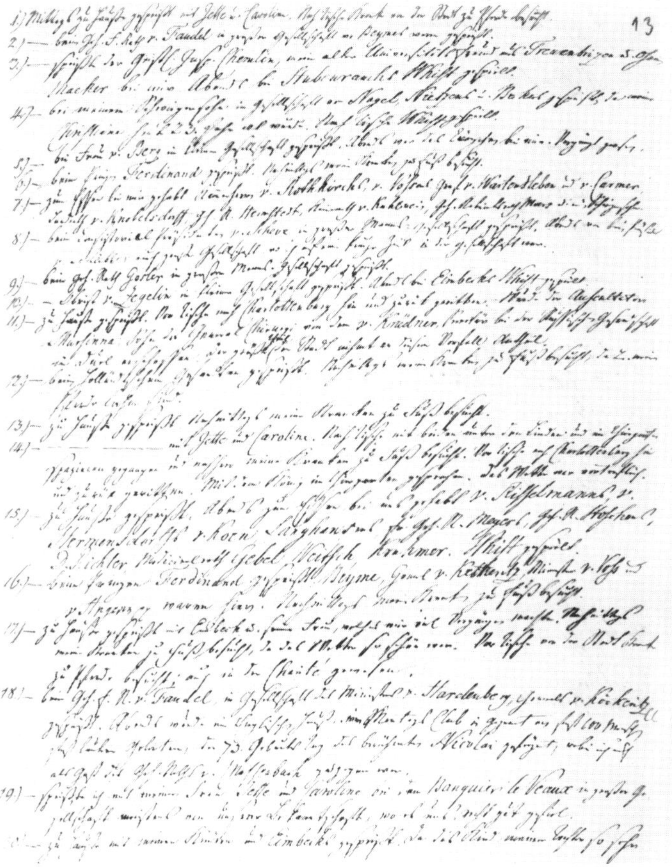

 den Tagesablauf

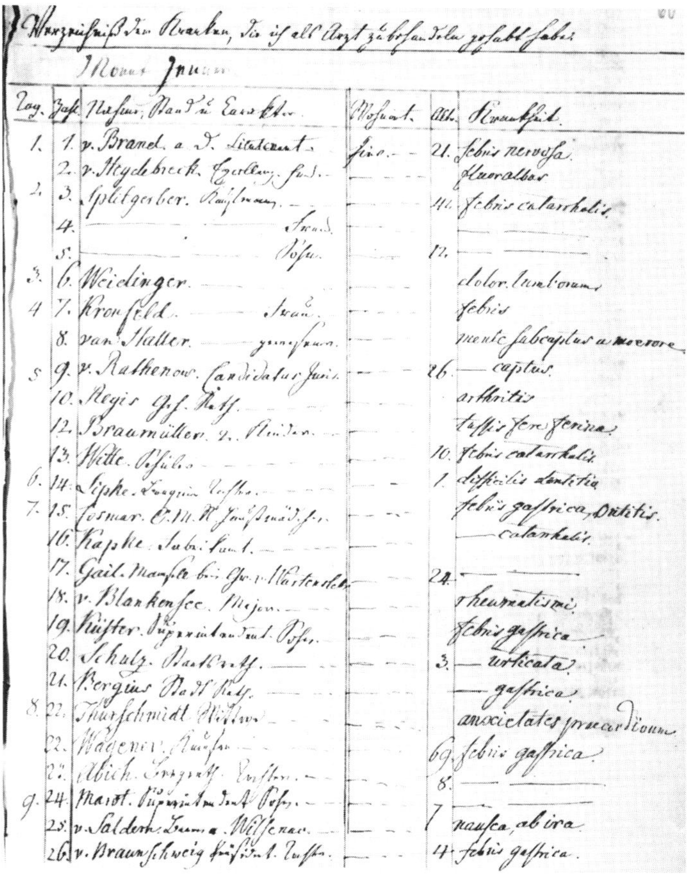

71 die Krankenbesuche

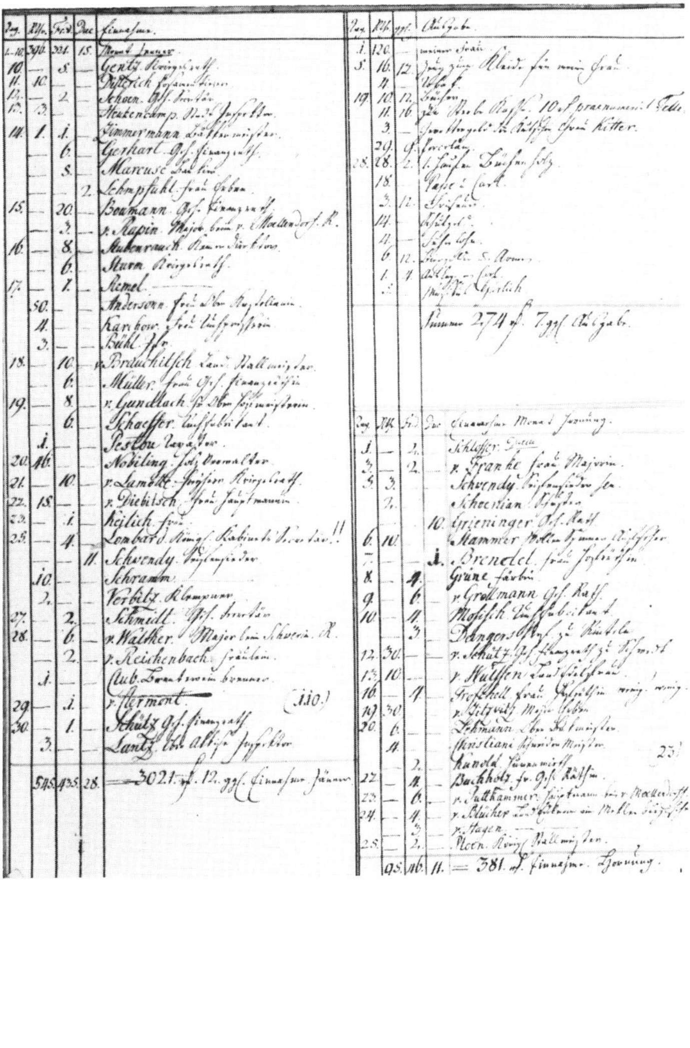

72 Einnahmen – Ausgaben

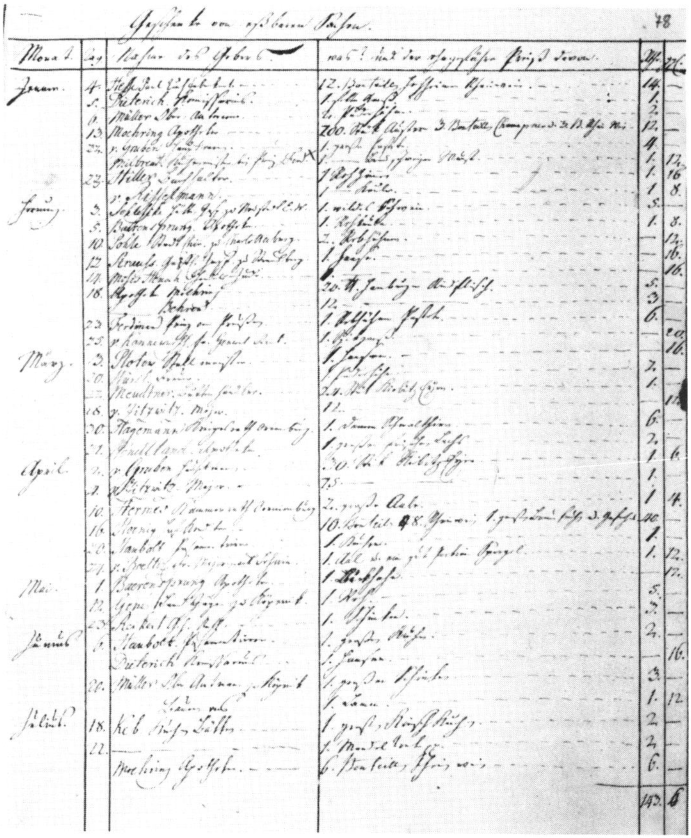

73 Geschenke

74 Heims Lieblingstochter Caroline von Arnim (1787–1862)
75 Enkeltochter Mathilde von Grolmann (1813–1900)

76 Johann Christian Reil (1759–1813)

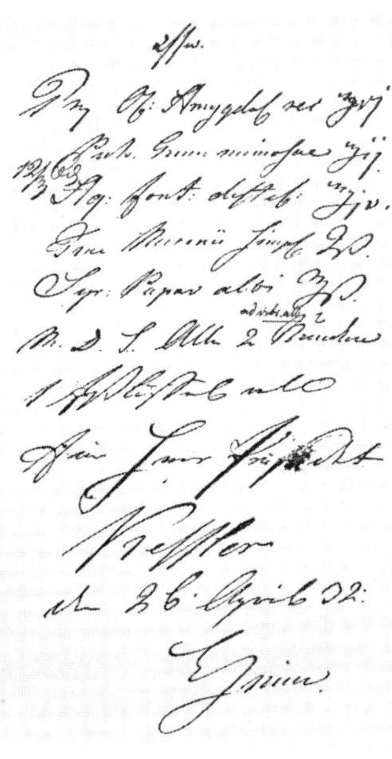

77 Rezept des Vater Heim

Berliner Cholera-Zeitung.

Materialien
zur
Geschichte und Behandlung
der
asiatischen Cholera,

mit
Benutzung amtlicher Quellen
und
unter Mitwirkung eines Vereins von Medicinal-Beamten,

herausgegeben
von

Dr. Johann Ludwig Casper,

Königlich-Preußischem Medicinal-Rath und Mitglied des Medicinal-Collegiums für die Provinz Brandenburg, Professor der Heilkunde an der Friedrich-Wilhelms-Universität zu Berlin, practischem Arzte,
und
Dirigenten der Cholera-Heilanstalt № IV.

Berlin,
bei Ferdinand Dümmler.
1831.

78 Cholera-Zeitung 1831

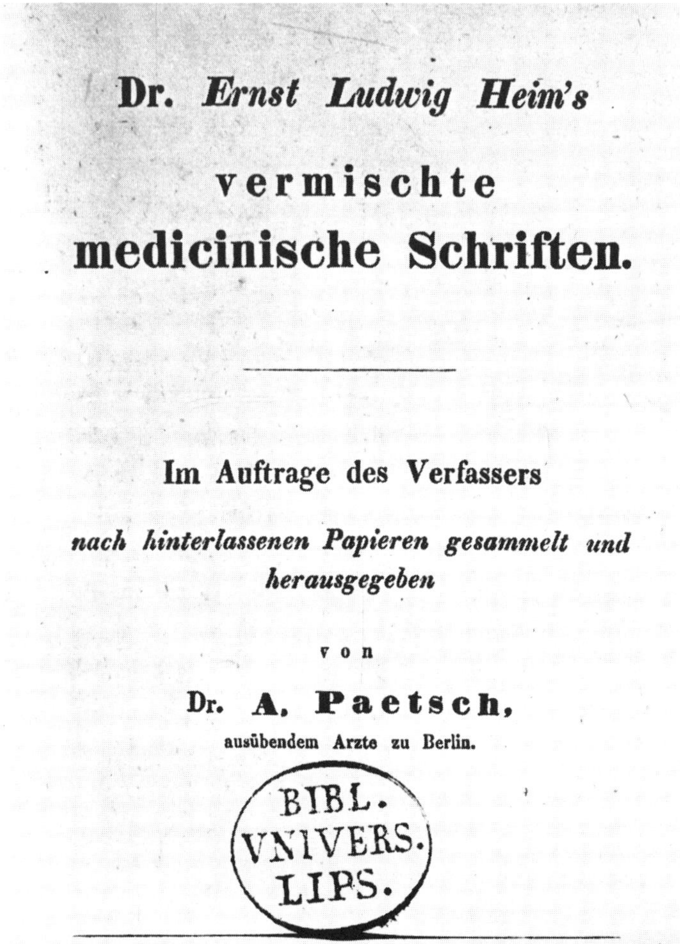

Dr. *Ernst Ludwig Heim's*

vermischte

medicinische Schriften.

Im Auftrage des Verfassers

nach hinterlassenen Papieren gesammelt und herausgegeben

von

Dr. A. Paetsch,

ausübendem Arzte zu Berlin.

Leipzig:

F. A. Brockhaus.

1836.

79 Nach Heims Tode veröffentlichte Schriften

regsame Liebe zu den schwierigsten Aufgaben der Kunst, deren mehrere sein stets eindringender Blick gelöst hat, verbunden mit dem hohen Mute und der besonnenen Dreistigkeit, bei der Ausführung schwieriger und doch vom Erfolg zweifelhafter Heilversuche? ... Ist er es nicht, der zuerst die so allgemein angefeindete und doch so wohltätige Impfung der Schutzblattern unter seinen Mitbürgern einführte? Aber was verdanken ihm wohl die Tausenden von Kranken und Gebrechlichen, deren Leben er erhalten, deren Leiden er gelindert hat? Hat er sich nicht mit gleicher Sorgfalt und Tätigkeit den verlassenen Armen als der wohlhabenden Vornehmen angenommen? Oh, könnten diese Dankbaren alle hier gegenwärtig sein! Wie würden sie des wahrhaft edlen Mannes liebevolle Behandlung preisen! Wie gern würden sie dem Kreise seiner Angehörigen, die ihn mit der wärmsten Liebe umfassen, dem Verein seiner Kunstgenossen, die ihn wegen seines musterhaften kollegialischen Betragens, seiner Entfernung von jeglicher unedlen Leidenschaft, so innig hochschätzigen, sich in diesem Augenblicke anschließen und mit ihnen vereint den Jubelgreis segnen!

Diese hohen Vorzüge des Geistes und des Gemüts sind es, hochgeehrter Herr Geheimrat, die Ihnen unsere hohe Achtung und unsere aufrichtige Liebe erworben haben.«[40]

Zur bleibenden Erinnerung erhielt der Jubilar eine von Christian Friedrich Tieck, einem Bruder Ludwig Tiecks, geschaffene Bronzebüste. Den Abend hatte sich Heim ausdrücklich für eine kleine Feier im engsten Familienkreise vorbehalten. Eine Whistpartie war das rechte Mittel, sich von den Anstrengungen des Tages abzulenken. Die Berliner Zeitungen informierten ausführlich über die Feierlichkeiten:

»Der 15. April und seine beiden vorhergehenden Abende, am 13. und 14., waren für die Familie, die nähern Bekannten, Freunde und Kunstgenossen unseres berühmten Arztes, des Herrn Geheimrats Heim, köstliche Feste aber der Anteil an ihm, seinen Freuden, Ehren und Kränzen schließt sich nicht in diesen engern Kreis ein. Denn, wem in unserer Stadt ist sein Name fremd, wer hat nicht an sich selbst, oder an seinen Verwandten und Freunden die wohltätige Kraft seiner Kunst im Schnellblick seines Geistes und vielleicht noch mehr in der freundlichen Sorge seines Herzens erfahren; wer kennt nicht seiner Sitten

Reinheit, wer hat nicht Züge seiner Uneigennützigkeit vernommen, und wem ist die liebenswürdige Orginalität seines Wesens und Tuns ganz unbekannt geblieben? So darf man also ohne alle Übertreibung behaupten, daß ganz Berlin den 15. April, den Tag, wo unser Heim vor fünfzig Jahren die Doktorwürde von der medizinischen Fakultät in Halle erlangte, mitgefeiert hat.«[41]

Drei Tage später wurden, das Jubiläum abschließend, das zu einem echten Berliner Volksfest geworden war, nochmals voller Hochachtung und Liebe Heims Verdienste gewürdigt:

»Alle Verhältnisse des Lebens erkennend und mit heiterem, regem Sinn aufgreifend, war er nicht nur der hilfreiche Arzt, er wurde mehr, er war der Teilnehmer des ganzen Lebens der Hilfesuchenden und da, wo die Grenzen der Kunst eintraten, war er noch Freund und Tröster und, wo es die Not forderte, noch Wohltäter. Wer sah ihn je ermüdet, wen hätte er ohne Hilfe gelassen, war es Tag oder Nacht? Nicht Witterung, nicht Entfernung konnten ihn hindern, immer bereit zu sein, seinem Berufe zu leben. Dies war ihm Bedürfnis und das reiche Leben und Wirken machte ihn allen wert; er gewann Verehrung und Liebe der Menschen.«[42]

Um den vielen Gratulanten zu danken, gab Heim in seinem Hause vier große Mittagsgesellschaften, dann endlich zog allmählich wieder der Alltag ein. Die Fülle der Ehrungen erwiesen sich anstrengender, als die mit Patientenbesuchen ausgefüllten Arbeitstage. Das Tagebuch enthält den Stoßseufzer: »Solche Auftritte, als ich seit acht Tagen gehabt habe, mag ich nicht wieder erleben!«[43] Unter den Ehrengaben befand sich auch eine ansehnliche Geldsumme. Heim legte noch 100 Taler hinzu und verwandte das Geld zur Unterstützung der Armen und Kranken.

Wenige Monate nach dem Jubiläum beging Heim am 22. Juli 1822 den 75. Geburtstag. Da ihm der Hochbetrieb sehr zugesetzt hatte, war er rechtzeitig mit der Familie in eine Gartenwohnung bei Potsdam entflohen und beging den Tag in beschaulicher Stille. Im Sommer packte ihn die Reiselust. Das Ziel war der Brocken. Allein wollte er nicht fahren und da ihm die Auswahl derjenigen, die ihn begleiten durften, sehr schwer fiel, nahm er, soweit es nur möglich war, die ganze Familie mit. So rollte ein Troß von drei Wagen über Wittenberg, Wörlitz, Dessau nach Alexisbad. In Köthen hätte Heim gern den Homöopathen Samuel Hahnemann (1755–1843) aufgesucht, der viel von sich reden machte. Leider hatte er es vorgezogen, nicht anwesend zu sein. Über Göttingen, wo Heim den verehrten Arzt und Naturforscher Johann Friedrich Blumenbach aufsuchte, ging die Reise nach Kassel. Von hier aus führte der Weg über Eisenach nach Bad Liebenstein, wo ein Treffen mit den Thüringer Verwandten vereinbart war. Das wurden recht traurige Stunden; zum ersten Mal mußte Heim bei einem Besuch in der Heimat auf die Brüder verzichten. Ein Trost war, daß der Neffe Fritz Heim, der das väterliche Pfarramt in Solz übernommen hatte, ein Mann so recht nach seinen Vorstellungen war. Heim hatte zu seinen Gunsten großzügig auf das Erbe verzichtet. Eine gelungene Überraschung war es, daß sich auch der alte Jugendfreund Murze Köpper eingefunden hatte. Die Hoffnung, in Weimar Johann Wolfgang Goethe kennenzulernen, erfüllte sich leider nicht, da er sich auf Reisen befand.

Nach der dreiwöchigen Erholungsreise nahm Heim unverzüglich die Berliner Praxis wieder auf. Am Jahresende 1822 zog er Bilanz. Diese war ihm mit 1026 aufgesuchten Patienten zu spärlich: »Ohne die Störung, welche die Jubelfeier in meinen ärztlichen Geschäften machte, und dann die dreiwöchentliche Harzreise würde die Zahl dieser Kranken merklich größer sein. Auch habe ich manchen aufzuschreiben vergessen. Seit vierzig Jahren haben arme Kranke freien Zutritt bei mir gehabt und wo möglich Rat und Hilfe von mir erhalten. Ihre Zahl belief sich monatlich auf 500 bis 900, so daß ich, wenngleich mehrere junge Ärzte mich unterstützten, des Morgens um 8 Uhr, wo ich auszufahren pflege, schon wie gekocht und ganz ermattet war.«[44]

Als Heim im Jahre 1827 sein 80. Lebensjahr vollendet hatte, begann er nach einer mehrwöchigen Erholungsreise, bei der er sich bei stundenlangen Bergmärschen als rüstiger Fußwanderer erwies, seine in Zeitschriften verstreuten Einzelarbeiten zu sammeln, um diesen wichtigen Erfahrungsschatz seinen Kollegen und Schülern zu bewahren. Da die noch immer großen Anforderungen der täglichen Praxis ihm nicht die Möglichkeit boten, das beabsichtigte Vorhaben zu Ende zu führen, erteilte er dem befreundeten Berliner Arzt A. Paetsch diesen Auftrag. Zur Anlage des Sammelbands erklärte Paetsch, es sei seine Absicht gewesen, »diejenigen unter seinen Aufsätzen, welche mir der Aufbewahrung wert scheinen möchten, zu sammeln, und in einer neuen Auflage, zu der ich in seinen Papieren schon Manches vorbereitet finden würde, dem Drucke zu übergeben.«[45]

Dabei konnte zwar keine Vollständigkeit erreicht werden, doch bot die Auswahl durchaus einen typischen Querschnitt der Themen, mit denen sich Heim in seinen Publikationen beschäftigt hatte. Im Vordergrund standen dabei Arbeiten zur Pockenimpfung und gegen Kinderkrankheiten. Es sind aber auch Veröffentlichungen aus seiner frühen »Viehdoktorzeit« und sehr aufschlußreiche Rezensionen wissenschaftlicher Werke enthalten. Leider wurde das Buch erst nach Heims Tode veröffentlicht.

Auf Initiative Alexander von Humboldts fand in der Zeit vom 18. bis 25. September 1828 die alljährliche Versammlung Deutscher Naturforscher und Ärzte in Berlin statt.[46] Es war bereits die 7. Zusammenkunft dieser von Lorenz Oken (1779 bis 1851) 1822 in Leipzig gegründeten Vereinigung, an deren Entwicklung der Arzt Carl Gustav Carus (1789–1869) hervorragenden Anteil hatte. Die in der Gründungsversammlung, an der unter anderen auch der Mitbegründer der wissenschaftlichen Geburtshilfe, Friedrich Ludwig von Froriep (1779–1847), Johann Ludwig Formey und Johann Friedrich Blumenbach teilgenommen hatten, beschlossenen Statuten, erwiesen sich als ein zutiefst politisches Programm, das neben der Förderung der Wissenschaft, die freiheitliche Zusammenkunft deutscher Gelehrter, über die willkürlichen Schranken feudaler Staatlichkeit hinweg, forderte. Carus' bedeutsame Leipziger Rede »Von den Anforderungen an eine künftige Bearbeitung der Naturwissenschaften«,[47] bildete das wegweisende Zukunftsprogramm naturwissenschaftlicher Forschung.

Die Berliner Versammlung, an der eine Teilnahme des Demokraten Lorenz Oken erst nach langwierigen Querelen dank des Einsatzes von Alexander von Humboldt ermöglicht werden konnte, leitete eine neue Etappe der Entwicklung der Vereinigung ein. In seiner Rede stellte Humboldt das Ziel, nicht nur

wissenschaftliche Erkenntnisse zu erstreben, sondern diese auch dem Volk in verständlicher Weise zu erschließen und dem gesellschaftlichen Fortschritt zu dienen. Er forderte zum wissenschaftlichen Meinungsstreit auf und veranlaßte zu dessen Förderung neben den Plenartagungen die Bildung von Fachsektionen. Er stellte dazu fest: »Entschleierung der Wahrheit ist ohne Divergenz der Meinungen nicht denkbar, weil die Wahrheit nicht in ihrem ganzen Umfange auf einmal und von allen zugleich erkannt wird. Jeder Schritt, der den Naturforscher seinem Ziele zu nähern scheint, führt ihn an den Eingang neuer Labyrinthe. Die Masse der Zweifel wird nicht gemindert, sie verbreitet sich nur wie ein beweglicher Nebelduft über andere Gebiete. Wer golden die Zeit nennt, wo Verschiedenheit der Ansichten oder, wie man sich wohl auszudrücken pflegt, der Zwist der Gelehrten geschlichtet sein wird, hat von den Bedürfnissen der Wissenschaft, von ihrem rastlosen Fortschreiten ebensowenig einen klaren Begriff als derjenige, welcher in träger Selbstzufriedenheit sich rühmt, in der Geognosie, Chemie oder Physiologie seit mehreren Jahrzehnten dieselben Meinungen zu verteidigen.

Die Gründer dieser Gesellschaft haben in wahrem und tiefem Gefühle der Einheit der Natur, alle Zweige des physikalischen Wissens (des beschreibenden, messenden und experimentierenden) innigst miteinander vereinigt. Die Benennungen Naturforscher und Ärzte sind daher fast synonym. Durch irdische Bande an den Typus niederer Gebilde gekettet, vollendet der Mensch die Reihe höherer Organisationen. In seinem physiologischen und pathologischen Zustande bietet er kaum eine eigene Klasse von Erscheinungen dar. Was sich auf diesen hohen Zweck des ärztlichen Studiums bezieht und sich zu allgemeinen naturwissenschaftlichen Ansichten erhebt, gehört vorzugsweise für diesen Verein. So wichtig es ist, nicht das Band zu lösen, welches die gleichmäßige Erforschung der organischen und unorganischen Natur umfaßt, so werden dennoch der zunehmende Umfang und die allmähliche Entwicklung dieses Instituts die Notwendigkeit fühlen lassen, außer dem gemeinschaftlichen öffentlichen Versammlungen ... auch sektionsweise ausführlichere Vorträge über einzelne Disziplinen zu halten. Nur in solchen engern Kreisen, nur unter Männern,

welche Gleichheit der Studien zueinander hinzieht, sind mündliche Diskussionen möglich. Ohne diese Art der Erörterung, ohne Ansicht der gesammelten, oft schwer zu bestimmenden und darum streitigen Naturkörper würde der freimütige Verkehr wahrheitssuchender Männer eines belebenden Prinzips beraubt sein ...«[48] Unter den etwa 600 Teilnehmern, darunter 165 Berliner Wissenschaftler, befand sich auch Ernst Heim, der an dem Geschehen regen Anteil nahm und eine Reihe Teilnehmer, vor allem Botaniker, als Gäste einlud. Er hatte inzwischen sein 81. Lebensjahr begonnen. Die Statistik wies für 1828 noch 604 mehrmals aufgesuchte Hausbesuchspatienten und 2030 Armenkonsultationen auf. Noch Ende Oktober war der betagte Arzt zu seinen Patienten geritten: »Vor Tische bin ich bei schönstem Wetter nach Charlottenburg geritten und seelenvergnügt gewesen; auch hat mich das Reiten nicht ermüdet. Gott, wie schön ist deine Welt.«[49]

Trotz aller Lebenslust und Aktivität blieben die Leiden des Alters nicht aus. Besonders die Beine begannen bei dem beschwerlichen Treppensteigen, ihren Dienst zu versagen, wenn es Heim, wie eine Tagebuchnotiz im April 1829 zeigt, auch nicht wahrhaben wollte: »Ich beschließe diesen Monat, wofür ich Gott herzlich danke, mit ziemlich guter Gesundheit. Der so lästige Husten hat sich ganz verloren, läßt mich wenigstens in der Nacht ruhen; ich habe vortrefflichen Appetit und keine Schmerzen. Bei Krankenbesuchen wird mir das Treppensteigen niemals sauer, ebensowenig das Gehen. Aber träge bin ich doch immer; Augen und Gehör, desgleichen mein Gedächtnis, werden schwach. Auch wollen Mißtrauen und Geiz sich bei mir einschleichen, aber noch haben sie keine Gewalt über mich. Meine herzensgute Frau hat immer die größte Sorgfalt für mich, die ich aber, wenn sie mir unerwartet kommt, nicht allemal mit dem gebührenden Dankgefühl annehme, worüber ich mir nachher viele innere Vorwürfe mache.«[50]

Am Ende des Jahres mußte er bekennen: »Einen großen Teil meiner Praxis habe ich niedergelegt und begnüge mich mit einer kleinen, wie es für einen alten Mann paßt.«[51]

Am 27. März 1830 beging das Ehepaar Heim das Fest der goldenen Hochzeit. Da es gelungen war, das Ereignis aus Furcht vor zu großem Trubel, geheim zu halten, konnte man im

engen Familienkreis einige glückliche, beschauliche Stunden verbringen.

Kurz darauf befiel Ernst Heim eine fieberhafte Erkrankung, die ihn ans Bett fesselte. Er war ein äußerst ungeduldiger Patient. Ein Leben ohne Arbeit war ihm unerträglich. Am 13. April findet sich in seinem Tagebuch die Notiz:

»Zuweilen bilde ich mir ein, ich hätte noch Kraft und Geist genug, um zu praktizieren, indessen gar bald ruft mir die Vernunft zu: Ohne Gedächtnis ist es aus mit dir in diesem Punkt – gewöhne dich, nichts zu tun und faul zu sein, so fordert es dein Alter.«[52] Das hohe Verantwortungsbewußtsein veranlaßte Heim auf Grund des Nachlassens seiner geistigen Kräfte, so schwer es ihm auch fiel, die ärztliche Praxis niederzulegen. Am 27. April bestätigte er seine Entscheidung, machte aber auch deutlich, wie es ihn bedrückte, untätig zu sein:

»Ich bin müde, matt und träge und unlustig zur Arbeit, mag mich oft nicht einmal mit meinem Moosen beschäftigen; das Gedächtnis wird mir immer untreuer; meine Füße stehen nicht fest, und das Gehen wird mir sauer ... Es ist mir oft schmerzhaft, daß ich der mir angeborenen Tätigkeit entsagen soll, daß Trägheit und Unlust zur Arbeit sich meiner so bemeistert haben.«[53]

Als sich die gefürchtete Cholera im Herbst 1831 in Berlin zu einer Epidemie ausweitete, hielt es »Vater Heim«, dessen Gesundheit sich seit Mitte 1830 wieder gefestigt hatte, nicht länger zurück. Er versuchte nicht nur, in intensiver Arbeit den Ursachen der Krankheit auf die Spur zu kommen, er nahm wieder seine Praxis auf und behandelte am 1. September die ersten Cholerakranken.

Die Gesundheitsbehörden hatten sich schwere Versäumnisse zuschulden kommen lassen. Erst als die Cholera, die bereits in Rußland und Polen wütete, sich den Grenzen Preußens näherte, wurde im Dezember 1830 eine Delegation entsandt, die an Ort und Stelle den Krankheitsverlauf studieren sollte. Die Leitung aller Maßnahmen hatte der vortragende Rat im Kultusministerium, Johann Nepomuk Rust (1775–1840), übernommen. Auf seine Veranlassung wurde zur Erledigung aller administrativen Angelegenheiten eine Kommission gebildet, deren erste Maßnahme die Errichtung eines Sperrgürtels war, in der Hoffnung, damit ein Übergreifen auf preußisches Gebiet zu verhindern. Um die Frage der Kontagiosität und damit der Zweckmäßigkeit dieser Absperrmaßnahme entbrannte ein heftiger Meinungsstreit. Die Forschungen nach der Ursache der Krankheit blieben erfolglos. Die in der Hauptstadt eingeleiteten Maßnahmen erschöpften sich im wesentlichen in der Bildung von Kommissionen. An diesen war kein Mangel. In insgesamt 61 Gesundheitsausschüssen wirkten etwa 1 500 Personen. Weitaus geringer war die zur Verfügung stehende Bettenzahl im Katastrophenfall. Es waren ganze dreizehn!

Um so eifriger waren üble Schwindler am Werke. Sie nutzten Not und Angst der Bevölkerung aus und boten allerlei wirkungslose, teure, zum Teil sogar gesundheitsschädliche Choleraverhütungs- und Vorbeugungsmittel an. Ihr Geschäft blühte. Wie wenig Vertrauen die Berliner den Maßnahmen der Gesundheitsbehörden, aber auch manchen Ärzten entgegenbrachten, zeigt ein Brief des liberalen Publizisten Karl August Varnhagen von Ense (1785–1858) an seine Schwester: »Unsere hiesigen Ärzte werden hierzu nicht eben das meiste beitragen, wie mich dünkt; sie zeigen sich im Ganzen nicht von sehr vorteilhafter Seite in dieser Krisis, am wenigsten die Großbenannten und Hochbetitelten, die lieber auf dem obrigkeitlichen Stuhl oder im vornehmen Saal als am Krankenbett sitzen und die Belohnungen und Ehrenauszeichnungen sich gelüsten lassen, welche vielleicht von Untergebenen verdient werden. Das medizinische Licht über die Cholera wird von hier nicht ausgehen, es müßten denn im Stillen junge Männer sinnen und arbeiten, deren Namen man noch gar nicht kennt. Schon daß keiner unserer Ärzte die Krankheit, welche man erwartete, an ihren früheren Aufenthalten zu sehen bemüht gewesen, sondern alle ihre Bekanntschaft hier abgewartet, gereicht der Behörde wie den einzelnen zum Vorwurf. Auch läßt sich mir hieraus der unselige Irrtum erklären, daß man gegen sie nach Analogie der Pest verfahren wollte, ein Irrtum, auf dem der sonst so geniale und gewandte Rust unglücklicherweise zu lange verharrte und nun, da der Augenblick des glimpflichen Einlenkens versäumt worden, mit Eigensinn und mit allen Kräften seines Ansehens und Einflusses fortbesteht.«

Am 21. August 1831 waren die ersten Choleraopfer in Berlin

zu beklagen. König, Adel und Besitzbürgertum suchten in panikartiger Flucht das Weite. Etwa ein Vierteljahr wütete die Cholera. Es erkrankten insgesamt 2335 Einwohner Berlins, davon starben 1426. Die meisten Opfer hatten die Armen zu beklagen, von der wohlhabenden Bevölkerung erkrankten insgesamt nur 144 Personen.

Während viele Ärzte ihre Arbeit hauptsächlich in den Kommissionen suchten oder große Theorien entwickelten, stürzte sich Ernst Heim in die Praxis und versuchte, so weit es seine Kräfte erlaubten, Hilfe zu bringen. Als im Oktober die Epidemie den Höhepunkt erreichte, notierte er: »Die Cholera liegt uns allen in den Gliedern. Es sind doch jetzt ganz erbärmliche Zeiten.«[54]

Glücklich konnte er schließlich am 5. Dezember vermerken: »Ist der erste Tag vom 31. August an, wo kein Cholerakranker gemeldet worden, und befinden sich nur noch sechs Kranke in der Behandlung«. Und vier Tage später: »Heute ist an der Cholera keiner gestorben noch hinzugekommen.«[55]

Während der schweren Cholerazeit hatte Ernst Heim letztmalig seine inzwischen bereits aufgegebene Praxis ausgeübt und damit zahlreichen Menschen das Leben gerettet. Jetzt zog er sich wieder zurück, doch bedeutete das keineswegs, daß er müßig war. Er widmete sich seiner Moossammlung, die er ordnete und systematisierte. Im Jahre 1834 übereignete er sie in Dankbarkeit für seine Ausbildung der Universität Halle. Heim bemühte sich, auf seinem Fachgebiet auf dem Laufenden zu bleiben. Jeden Abend mußte ihm ein Lektor das Neueste aus Büchern und Zeitschriften vorlesen. Heims Lieblingsbeschäftigung waren die allmorgendlichen Spazierfahrten, auf denen er von seinen dankbaren Berlinern herzlich begrüßt wurde. Nicht selten besuchte er dabei noch einzelne Patienten, mit denen ihn ein besonders enges Verhältnis verband.

Bis ins hohe Alter fand auch das politische Geschehen Heims Interesse. Voller Bitterkeit hatte er erleben müssen, daß das Volk nicht nur um die Früchte seines im Befreiungskrieg errungenen Sieges betrogen wurde, sondern daß die Reaktion mit aller Gewalt im Rahmen der »Demagogenverfolgungen« den Geist der Freiheit und die erkämpften demokratischen Rechte zu ersticken versuchte. Am 24. April 1824 notierte er:

»30 junge Leute, meistens Studenten, sitzen wegen demagogischer Grundsätze hier gefangen und werden von 100 Soldaten bewacht. Verdienen solche junge Leute, die sich demagogischer Umtriebe schuldig gemacht haben, solche strenge Aufmerksamkeit? Oder wäre es vielleicht besser, sie loszulassen und die, die sie hierhergebracht haben, hier einsperren zu lassen?«[56]

Offensichtlich vermochte Heim gegenüber den staatlichen Willkürmaßnahmen nicht zu schweigen, denn nach einem Besuch bei dem Minister von Motz vertraute er am 25. September 1827 dem Tagebuch an: »Beim Minister von Motz in großer Gesellschaft ganz vortrefflich bewirtet worden. Von den Demagogen vielleicht zu frei und laut gesprochen.«[57]

Die Nachricht vom Ausbruch der Pariser Julirevolution ließ ihn im Jahre 1830 Hoffnung auf Veränderung der Lage auch in Preußen schöpfen, während ihm die historische Bedeutung des Lyoner Seidenweberaufstandes verschlossen blieb, ja sogar Furcht einflößte. Großen Widerwillen löste bei ihm die beschämende Knauserei aus, mit der der preußische Staat hervorragende Wissenschaftler mit einem Hungerlohn abspeiste. Nach dem Besuch des namhaften Botanikers Thiele, der sich mit Heims Moossammlung beschäftigt hatte, stellte Heim am 29. Januar 1832 fest:

»Von Botanicus Thiele besucht worden, der trotz aller seiner vortrefflichen Mooskenntnis nur 10 Rthlr. monatlich Gehalt hat zur größten Schande des Ministers v. Altenstein und Prof. Link.«[58] Insgeheim hatte »Vater Heim« sein arbeitsreiches Leben schon abgeschlossen. So schreibt er im März 1833: »Schon seit mehreren Jahren glaubte ich beim Anfange eines jeden Viertels, daß ich dessen Ende nicht erleben würde; täglich dachte ich an meinen Tod. Und nun ist schon wieder ein Viertel abgelaufen, ich lebe noch und befinde mich eigentlich besser als seit drei Jahren. Seit kurzem haben meine Kräfte zugenommen, ich bin etwas stärker geworden und kann besser gehen«.[59]

Doch nachdem er am 22. Juli 1834, umgeben von 26 Nachkommen, zu denen bereits auch Urenkel zählten, glücklich und zufrieden den 87. Geburtstag gefeiert hatte, befiel ihn gegen Ende des Monats eine Darmerkrankung. Nachdem er, da ihm das Schreiben immer schwerer fiel, nur noch sehr kurze Eintragungen in das Tagebuch vorgenommen hatte, wurde das Dokument nun für immer abgeschlossen. Als er sich ab 10. September nicht mehr von seinem Lager erheben konnte, traf er voller Ruhe und Gelassenheit, bei der sich sogar sein tiefer Humor zeigte, die letzten Verfügungen. In der Mittagsstunde des 15. September 1834 trat sanft der Tod ein.

In Windeseile verbreitete sich die Trauernachricht in Berlin. Als der beliebte Volksarzt am 18. September beigesetzt wurde, gaben Tausende Berliner das Geleit und bildeten vom Trauerhaus in der Kronenstraße bis zum Friedhof vor dem Hallischen Tor ein dichtes Spalier. Zwölf junge Ärzte trugen den Sarg zur letzten Ruhestätte.

Erbe und Vermächtnis

Am 22. Oktober 1834 veröffentlichte die »Medizinische Zeitung« in einer Sonderbeilage den Nekrolog auf den Verstorbenen: »Was ihn ferner als Arzt vor allen auszeichnete, war die Unbefangenheit und Schärfe der Beobachtung, die daraus hervorgehende Sicherheit in der Erkenntnis und Beurteilung der Krankheiten, und die in der Medizin unerläßliche Skepsis, die nichts auf blinden Glauben annehmen läßt, sondern es erst der eigenen Untersuchung und Prüfung zu unterwerfen begehrt. Sein bestes ärztliches Wissen war aber seine Diagnostik, das schnelle Finden der Hauptsache, mit verhältnismäßig geringen Mitteln. Ein scharfes Fixieren des neuen Kranken, ein sorgfältiges, bedachtsames, stilles Würdigen der der Beobachtung sich darbietenden Persönlichkeit desselben, ein paar den Ausschlag gebende Fragen daneben, und er wußte, was überhaupt hier zu wissen und zu wissen nötig war. Bei seiner Beobachtungsgabe waren oft nur einige wenige Fragen nötig gegenüber dem stundenlangen Examinieren mancher Ärzte. Immer waren ihm die objektiven Data viel entscheidender für die Erkenntnis als die subjektiven. Was er selbst sinnlich wahrnahm, und oft gleich bei der ersten persönlichen Berührung mit dem Kranken fand, war ihm wichtiger als breite und oft ermüdende Schilderungen und Beschreibungen der Kranken, ja nicht selten ihrer bisherigen Ärzte.«

Hervorgehoben wird das für Heim bis ins hohe Alter typische Streben, sich in seinem Fache weiterzubilden und zu vervollkommnen: »Besonders rühmlich und nachahmungswürdig bleibt sein bis ins späte Alter fortgesetztes Forschen, seine Erkundigungen nach allem Neuen, und der warme Anteil, den er an den Erfolgen neuer Heilmittel und Methoden nahm, wobei er aber stets richtig, unbefangen und nie ohne die hier besonders unentbehrliche Skepsis verfuhr. Auch verschmähte er nicht die Mitteilungen von Nichtärzten, welche die Gelegenheit hatten, die Natur genau zu beobachten, und er gesteht selbst, gleich seinem berühmten Lehrer Gaubius, manches Nützliche und Gute auf diese Weise gelernt zu haben. Sein Verlangen, durch Sektionen seinen diagnostischen Bestimmungen Bestätigung und Berichtigung zu verschaffen, war ihm nach Morgagnis Beispiel, während seiner ganzen praktischen Laufbahn eigen.«[60]

Hufeland hob in seiner Trauerrede vor allem die hohen menschlichen Werte des Verstorbenen hervor: »Nicht blos der Kreis seiner Freunde, nicht blos Berlin und der Kreis der Hilfsbedürftigen, nicht blos die Wissenschaft und Kunst, sondern die Menschheit hat durch Heims Tod einen höchst schmerzlichen Verlust erlitten, denn er war mehr als ein trefflicher Arzt, er war einer der edelsten Menschen. – Ja, er war fürwahr in dieser Beziehung eine der Seltensten, erfreulichsten und zugleich originellsten Erscheinungen der Menschennatur. Wahr im Munde und ohne Falsch im Herzen, die reinste Herzensgüte und Liebe als Grundlage, vereint mit einer wirklichen Natürlichkeit, Unbefangenheit, Offenheit, die oft in die liebenswürdigste Naivität überging; scheinbarer Leichtsinn und doch die strengste Gewissenhaftigkeit in Erfüllung seiner Pflichten, ja die pünktlichste Ordnung bis zur täglichen Führung seines Tagebuches, große Bescheidenheit, Demut, Anspruchslosigkeit, verbunden mit großer Kraft, Kühnheit und mit einem Mute, der den größten Gefahren Trotz bot; bei dem äußeren Anscheine der höchsten Einfachheit die Fähigkeit großer Ideen und heldenmütigen Aufopferung; dabei ein immer sich gleicher, unzerstörbarer Frohsinn, auch bei den schwersten Schlägen des Schicksals. Wenn es von irgendeinem heißen kann: nicht sich, sondern andern, so galt dies von ihm. Nie dachte er an sich. Die höchste

Uneigennützigkeit und gänzlicher Mangel an Habsucht und Ehrfurcht waren seine Zierden. Sein ganzes Leben war Aufopferung für andere, immer bereit, immer sich gleich, bei Tag oder Nacht, bei Armen oder Reichen. Daher die allgemeine Liebe vom Höchsten bis zum Geringsten, die wohl noch keiner in dem Grade genossen hat wie er.«[61]

Es ist für unsere Gesellschaft charakteristisch, daß vor allem Ernst Heims hohe ärztliche Ethik und menschliche Güte als kennzeichnende Eigenschaften des großen Humanisten im Bewußtsein der Menschen einen festen Platz einnehmen. »Vater Heim« gilt geradezu als Prototyp des Volksarztes und damit als Leitbild der jungen Ärztegeneration. Wenn die Vertiefung dieses ärztlichen Vorbildes auch Hauptanliegen der Biographie war, so erschien es doch auch notwendig zu begründen, daß Ernst Heim nicht nur ein gütiger, sondern auch ein hochqualifizierter Arzt war, der sich bis ins hohe Alter um ständige Erweiterung seines Wissens und Vervollkommnung seiner praktischen Fertigkeiten bemühte und diese in den Dienst seiner Patienten stellte.

Heim erwarb sich bei der Entwicklung der medizinischen Wissenschaft und Praxis bleibende Verdienste. Er überprüfte und verallgemeinerte die empirischen Erfahrungen und trug entscheidend dazu bei, den Dualismus von Theorie und Praxis zu überwinden.

Die Herausbildung der modernen wissenschaftlichen Medizin vollzog sich im untrennbaren Zusammenhang mit den ökonomischen, sozialen und politischen Verhältnissen der Gesellschaft. Die enge Verbindung Heims mit dem Leben des einfachen Volkes bot die besten Voraussetzungen dafür, daß er mit seinem Wirken auch die sozialen Belange der sich entwickelnden wissenschaftlichen Medizin vertrat.

Bei der wissenschaftlichen Fundierung der Medizin waren die Erkenntnisse der Naturwissenschaften und die Übernahme naturwissenschaftlicher Methoden in die medizinische Forschung und Klinik von großer Bedeutung. Die Aufnahme des wissenschaftlichen Fortschritts wirkte sich zunächst jedoch vor allem auf eine Hebung des theoretischen Niveaus der Medizin aus, während in der Praxis noch weitgehend der Empirismus dominierte. Ernst Heim hat sich bei der Nutzung und Propagierung des Neuen auch in der ärztlichen Praxis große Verdienste erworben. Er kämpfte zugleich gegen die Vorherrschaft der Theorie und gab der praktischen Arbeit die notwendige theoretische Grundlage. Dabei faßte er Untersuchung, Diagnose, Therapie und Prognose als dialektische Einheit des Heilungsplanes auf. Heim sah den Patienten als Ganzheit, in der Einheit von biologischen und gesellschaftlichen Einflußfaktoren. Für ihn waren Krankheiten kausale Wirkungserscheinungen, deren Ursachen er sich aufzudecken bemühte. Dabei bediente er sich einer streng empirisch-rationalen und analytisch-synthetischen Methode. Nach Klärung der äußeren und subjektiven Faktoren erhob er die Anamnese, wobei er seine Kenntnisse und Vermutungen über Krankheitsbeginn, mögliche Ursachen und Einflüsse, Art und Weise des bisherigen Verlaufs sowie die festgestellten Symptome zu Grunde legte. Ergänzend zu der Anamnese, analysierte er die natürlichen Exkrete des Patienten (wobei er sich in Ermangelung von chemisch-technischen Hilfsmitteln auf seine Erfahrungen und Sinnesorgane stützen mußte). Aus der Anamnese und den Ergebnissen seiner Exkrete-Analysen stellte er die Diagnose, in der Heim nach übereinstimmender Aussage aller seiner Kollegen ein wahrer Meister war. Auf viele wirkte das, in Unkenntnis seiner hervorragenden Methodik, geradezu wie eine »begnadete Intuition«. So stellte mit einem Anflug von bewunderndem Neid Johann Christian Reil (1759–1813) fest:

»Unsereiner sieht und fragt und forscht wochenlang, ehe er zu behaupten wagt, er wisse, wo die Krankheit sitze. Ruft man nun Heim, so tritt er in seiner leichten Manier herein, sieht kaum nach dem Kranken, fragt ihn oft nicht einmal, und sogleich trifft er den Punkt, auf welchen uns erst eine lange, mühsame Kombination geleitet hat.«[62]

Doch was so »einfach« schien, war Ergebnis harter, zielstrebiger Arbeit. Der Diagnose folgten die Indikation für gezielte therapeutische Methoden und Maßnahmen und schließlich die Prognose. In der dialektischen Logik seines Methodensystems hatte die anatomisch-pathologische Sektion einen hohen Stellenwert. Heims spezielle medizinische Leistungen lagen im Bereich der exanthematischen Kinderkrankheiten, vornehmlich Scharlach, Röteln und Masern. Heim war Wegbereiter der Pockenimpfung und erwarb sich in der schwierigen Diagnose von Schwangerschaften außerhalb der Gebärmutter Verdienste.

Das »Geheimnis« seiner ärztlichen Heilerfolge beruht nicht zuletzt auf der ungewöhnlichen Ausstrahlungskraft seiner Persönlichkeit, dem festen Vertrauen, das ihm seine Patienten entgegenbrachten. Tief im Volke verwurzelt, prägten hohes Wissen, großes Können, ständige Einsatzbereitschaft, menschliche Wärme und das vertrauensvolle, enge Arzt-Patient-Verhältnis die Arztpersönlichkeit Ernst Ludwig Heims. Sein Werk ist uns Mahnung und Verpflichtung.

Zitatnachweis

Reifejahre

1 Heim, Johann Ludwig: Kurzgefaßte Geschichte vom dreißigjährigen Kriege und darauf erfolgten Westfälischen Frieden. Meiningen 1748.
–: Kurzgefaßte Geschichte von dem Religions- oder schmalkaldischen Kriege, sammt darauf erfolgten passauischen Vertrage und augsburgischen Religionsfrieden. Meiningen 1755.
–: Beschreibung der Schlösser Dißburg und Hutsberg. Frankfurt a. M. 1761.
–: Von der Schlacht bei Fladenheim zwischen Kaiser Heinrich IV. und den Sachsen an den Grenzen des Amtes Fischberg. – Von den ältesten Besitzern des Amtes Fischberg und der hennebergischen Erbgerechtigkeit. Meiningen 1766.
–: Hennebergische Chronik, als ein dritter Teil der Spangenbergischen Chronik. Meiningen 1767 und 1776.

2 Keßler, Georg Wilhelm: Leben des königlich preußischen Geheimen

Rathes und Doctors der Arzneiwissenschaft Ernst Ludwig Heim. Leipzig 1835. Bd. 1. S. 12–13.

3 Siehe hierzu Medizin in der Periode des sich festigenden Kapitalismus (etwa 1700–1830). In: Geschichte der Medizin. Herausgegeben von Dietrich Tutzke. Berlin 1980. S. 91 ff.

4 Siehe hierzu Quellenangaben in Fischer, Alfons: Geschichte des deutschen Gesundheitswesens. Bd. II. Berlin 1933. Kap. II.

5 Zitiert nach Dietz, Johann: Die Lebensbeichte des Johann Dietz. Berlin 1964. S. 315.

6 Zitiert nach Keßler, Georg Wilhelm, a. a. O. S. 12–13.

7 Hertzberg, G. F.: Geschichte der Stadt Halle an der Saale. Halle 1893.

8 Heinecke, E.: Die wirtschaftliche Entwicklung der Stadt Halle unter brandenburg-preußischer Wirtschaftspolitik 1680–1806. Halberstadt 1929.

9 Kaiser, W., und W. Piechocki: Hallesches Druck- und Verlagswesen des 18. und des frühen 19. Jahrhunderts im Dienste der medizinisch-naturwissenschaftlichen Publizistik. In: Wissenschaftliche Zeitschrift Universität Halle (Math.-naturwiss. Reihe) XX (1972). 4. S. 61–85.

10 Kaiser, W., und W. Piechocki: Die pharmazeutische Industrie von Halle in der zweiten Hälfte des 18. Jahrhunderts. In: Mü. med. Wo. 110 (1968). S. 420–430.

11 Piechocki, Werner: Die Stadt Halle in der zweiten Hälfte des 18. Jahrhunderts. In: Wissenschaftliche Beiträge der Martin-Luther-Universität Halle-Wittenberg. Halle 1977 (T 20). S. 36–48.

12 Siehe hierzu Kaiser, W., und K. Krosch: Zur Geschichte der Medizinischen Fakultät der Universität Halle im 18. Jahrhundert. In: Wiss. Zeitschr. Univers. Halle (Math.-naturwiss. Reihe) XIV (1965). S. 357–396.

13 Kaiser, W., und W. Piechocki: Der vorbeugende Gesundheitsschutz in der Stadt Halle im 18. Jahrhundert. In: Ebenda XX (1971). S. 123–130.

14 Kathe, Heinz: Die Universität Halle in der 2. Hälfte des 18. Jahrhunderts. In: Wissenschaftliche Beiträge a. a. O. S. 49–56.

15 Kaiser, Wolfram: Die Naturwissenschaften im halleschen Lehrprogramm des 18. Jahrhunderts. In: Ebenda S. 57–93.

16 Kaiser, Wolfram: Johann Andreas Segner. Leipzig 1977. S. 62 ff.

17 Kraus, G.: Der Botanische Garten der Universität Halle. Leipzig 1888. Kümmel, F.: Zur Geschichte des Botanischen Gartens der Martin-Luther-Universität Halle Wittenberg in Halle im Zeitraum von 1698–1817. In: Hercynia 10 (1973). S. 366–393.

18 Keßler, Georg Wilhelm. a. a. O. S. 44–45.

19 Ebenda S. 45.

20 Ebenda S. 49.
21 Ebenda S. 48–50.
22 Ebenda S. 57.
23 Ebenda S. 32.
24 Keienburg, Ernst: Doktor Heim. Berlin 1969. S. 79.
25 Zur Geschichte des Aderlasses siehe Castiglioni, Arturo: Der Aderlaß. In: Ciba-Zeitschrift. 66 (1954). S. 2186–2212.
26 Antike Heilkunst. Ausgewählte Texte aus dem medizinischen Schrifttum der Griechen und Römer. Hrsg. von J. Kollesch und D. Nickel. Leipzig 1979. S. 87–88.
27 Keienburg, Ernst. a. a. O. S. 84.
28 Keßler, Georg Wilhelm. a. a. O. S. 83.
29 Ebenda S. 79–80.
30 Ebenda S. 87.
31 Der alte Heim. Ein Familienbuch nach Briefen, Tagebuchaufzeichnungen, mündlicher und schriftlicher Überlieferung. Berlin o. J. S. 42.
32 Keßler, Georg Wilhelm. a. a. O. S. 104.
33 Ebenda S. 104–105.
34 Ebenda.
35 Ebenda S. 108, 115.
36 Der alte Heim. a. a. O. S. 38.
37 Keienburg, Ernst: Doktor Heim. a. a. O. S. 107.
38 Keßler, Georg Wilhelm. a. a. O. S. 150.
39 Der alte Heim. a. a. O. S. 49.

Auf Bildungsreise

1 Bayer, Friedrich Wilhelm: Reisen deutscher Ärzte ins Ausland (1750–1850). Berlin 1937.
2 Zur Geschichte der Balneologie siehe Steudel, Johannes: Therapeutische und soziale Funktion der Mineralbäder im 19. Jahrhundert. In: Der Arzt und der Kranke in der Gesellschaft des 19. Jahrhunderts. Hrsg. von W. Artelt und W. Rüegg. Stuttgart 1967. S. 82–97.
3 Hufeland, Christoph Wilhelm: Praktische Übersicht der vorzüglichsten Heilquellen Teutschlands. Berlin 1815.
4 Spengler, Ludwig: Was wir bringen? In: Balneologische Zeitung 16 (1855). S. 2.
5 Vetter, August: Theoretisch-praktisches Handbuch der Heilquellenlehre. In zwei Bänden. Berlin 1838.
6 J. Vogel in Band 1, 1855. K. E. Hasse in Band 4.1. 1855, F. R. von Pitha in Band 6.2. 1855.

7 Eisenreich, Walter: Die Physiologie in der Mitte des 18. Jahrhunderts auf Grund des kleinen Leitfadens von Haller. München 1953.
Mallepree, Klaus: Die physiologischen Reizmethoden Hallers. Münster 1966.
Siegrist, Christoph: Albrecht von Haller. Stuttgart 1967.
Wimmer, Ursula: Eine Geschichte der Physiologie von Haller. Bern 1968.
Zanett, Carl: Eine Geschichte der Anatomie von Haller. Bern 1966.
8 Keßler, Georg Wilhelm. a. a. O. S. 186.
9 Ebenda S. 194.
10 Maliey, C. D.: Andreas Vesalius of Brussels 1514 bis 1564. Berkeley, Los Angeles 1964.
Timar, L.: Andreas Vesalius Bruxelleusis – De humani Corporis fabrica. Budapest 1972.
11 Dewhurst, Kenneth: Thomas Sydenham (1624–1689). His life and original writings. Berkeley, Los Angeles 1966.
12 In Memoriam Hermann Boerhaave (1668–1738). Herausgegeben von W. Kaiser und Chr. Beierlein. Halle 1969.
Lindeboom, Gerrit Arie: Hermann Boerhaave. The Man and his Work. London 1968.
13 Diepgen, Paul: Hermann Boerhaave und die Medizin seiner Zeit mit besonderer Berücksichtigung seiner Wirkung nach Deutschland. In: Hippokrates 10 (1939). S. 289–306, 345–351.
Schnepgen, H.: Niederländische Universitäten und deutsches Geistesleben von der Gründung der Universität Leiden bis ins späte 18. Jahrhundert. Münster 1960.
14 Kaiser, Wolfram, und Heinz Krosch: Leiden und Halle als medizinische Zentren des frühen 18. Jahrhunderts. In: Zeitschrift für die gesamte Innere Medizin und ihre Grenzgebiete 23. 1968. S. 330–337.
15 Breschka, Frank T.: Gerard van Swieten and his world. In: Arch. internat. d'histoire des idées. 36. 1970.
Müller, Willibald: Gerard van Swieten. Wien 1883.
16 Keßler, Georg Wilhelm. a. a. O. S. 213.
17 Der alte Heim. a. a. O. S. 55.
18 Keßler, Georg Wilhelm. a. a. O. S. 222.
19 Tögemann, Heinz: Das Leben und das Werk des englischen Arztes William Hunter. Düsseldorf 1940.
20 Ebenda S. 25.
21 Radke, Edgar: Das Leben des englischen Arztes John Hunter und sein Werk über Blut, Entzündungen u. Schußwunden. Düsseldorf 1941.
22 Zirnstein, Gottfried: William Harvey. Leipzig 1977.
Tagel, W.: New Light on William Harvey. Basel, München, London, New York 1976.

Keynes, G.: The life of William Harvey. Oxford 1966.
Chauvois, L.: William Harvey. London 1957.
23 Bobrow, E. G.: Karl Lennej. Leningrad 1970.
Goerke, Heinz: Carl von Linné – Arzt, Naturforscher, Systematiker 1707 bis 1778. Stuttgart 1966.
Hageberg, Knut: Carl Linnaeus. Stockholm 1957.
Jahn, Ilse und Konrad Senglaub: Carl von Linné. Leipzig 1978.
24 Ley, H.: C. Fr. Wolff als Evolutionstheoretiker. In: Biologie in der Schule. 1965. H. 11.
Uschmann, G.: Caspar Friedrich Wolff. Leipzig, Jena 1955.
25 Jahn, J.: Matthias Jacob Schleiden. In: Natur-Tradition-Fortschritt. Beiheft NTM. Berlin 1963.
Straaß, G.: M. J. Schleidens Beitrag zur Methodologie der biologischen Wissenschaften. In: Ebenda.
26 Keßler, Georg Wilhelm. a. a. O. S. 243.
27 Keienburg, Ernst. a. a. O. S. 174.
28 Der alte Heim. a. a. O. S. 60.
29 Keßler, Georg Wilhelm. a. a. O. S. 250–251.
30 Lambach, K.-H.: Die Teratologie des Ambroise Paré. o. O. 1945.
Schmidt, Rixa: Gynäkologie und Geburtshilfe bei Ambroise Paré. Kiel 1966.
31 Schäffer, Jacob Chr. Gottlieb: Briefe auf einer Reise durch Frankreich, England und Italien in den Jahren 1787 und 1788. Regensburg 1794.
32 Ahrbeck, Rosemarie: Jean-Jacques Rousseau. Leipzig, Jena, Berlin 1978.
33 Rousseau, Jean-Jacques: Bekenntnisse. Leipzig o. J. Band II. S. 403.
34 Jansen, A.: Jean-Jacques Rousseau als Botaniker. Berlin 1885.
35 Zitiert nach Ahrbeck, Rosemarie: Jean-Jacques Rousseau. a. a. O. S. 108–109.
36 Zitiert nach Kaiser, Wolfram und Reinhard Mocek: Johann Christian Reil. Leipzig 1979. S. 10.
37 Keßler, Georg Wilhelm. a. a. O. S. 267.
38 Der alte Heim. a. a. O. S. 67.
39 Ebenda.
40 Ebenda S. 73.
41 Muzell, Friedrich Hermann Ludwig: Medicinische und chirurgische Wahrnehmungen. Berlin 1783.
42 Artelt, W.: Ärzte um Friedrich den Großen. In: Ciba-Zeitschrift. 6 (1955). S. 2384–2392.
Mamlock, Gotthold Ludwig: Friedrich des Großen Beziehungen zur Medizin. Berlin 1902.
43 Keßler, Georg Wilhelm. a. a. O. S. 284.

Als Stadt- und Kreisphysikus von Spandau

1 Dilschmann, Joh. L.: Diplomatische Geschichte und Beschreibung der Stadt und Festung Spandow. Berlin 1784.
Krüger, A.: Chronik der Stadt und Festung Spandau. Spandau 1867.
Schulze, D. H.: Zur Beschreibung und Geschichte von Spandau. Band 1–2. Spandau 1913.
Kuntzemüller, O.: Urkundliche Geschichte der Stadt und Festung Spandau. Von der Entstehung der Stadt bis zur Gegenwart. Band 1–2. Spandau 1928.
2 Der alte Heim. a. a. O. S. 75.
3 Kuntzemüller, O., a. a. O. Band 2. S. 141.
4 Ebenda S, 139–140.
5 Ebenda Band 1. S. 129.
6 Ebenda S. 530.
7 Heim, Ernst Ludwig: Vermischte medizinische Schriften. Berlin 1836 S. 42. (weiter zitiert als »Schriften«.)
8 Ebenda S. 39.
9 Siehe hierzu Genschorek, Wolfgang: Robert Koch. Leipzig 1979.
10 Keßler, Georg Wilhelm. a. a. O. S. 308–309.
11 Ebenda S. 313.
12 Ebenda.
13 Zitiert nach Mägdefrau, Karl: Geschichte der Botanik. Stuttgart 1973. S. 112.
14 Keßler, Georg Wilhelm. a. a. O. S. 315.
15 Ebenda. S. 329.
16 Der alte Heim. a. a. O. S. 84.
17 Keßler, Georg Wilhelm. a. a. O. S. 348.
18 Ebenda.
19 Ebenda.
20 Ebenda.
21 Ebenda S. 350–351.
22 Der alte Heim. a. a. O. S. 89.
23 Keßler, Georg Wilhelm. a. a. O. S. 351.
24 Ebenda S. 353.
25 Der alte Heim. a. a. O. S. 92–93.
26 Ebenda.
27 Keßler, Georg Wilhelm. a. a. O. S. 364–365.
28 Der alte Heim. a. a. O. S. 93–94.
29 Keßler, Georg Wilhelm. a. a. O. Band 2. S. 21.
30 Ebenda S. 22–23.
31 Ebenda S. 23–24.
32 Ebenda.

1 Zur Berliner Theatergeschichte siehe Otto, Werner: Die Lindenoper. Ein Streifzug durch ihre Geschichte. Berlin 1977.
2 Keßler, Georg Wilhelm. a. a. O. Bd. 2. S. 6.
3 Ebenda S. 7.
4 Ebenda S. 12.
5 Ebenda.
6 Die Tagebücher befinden sich in der Handschriftensammlung der Deutschen Staatsbibliothek Berlin. Der Historiker Georg Siegerist veröffentlichte im Jahre 1901 eine Auswahl: Heim, Ernst Ludwig: Tagebuchaufzeichnungen aus den Jahren 1795 bis 1834. Herausgegeben von Georg Siegerist. Berlin 1901. (Archiv der Brandenburgia. Band 7.) Weiter zitiert als »Tagebuch«.
7 Keßler, Georg Wilhelm, a. a. O. Bd. 2. S. 43.
8 Ebenda S. 37.
9 Zitiert nach Vogler, Günter, und Klaus Vetter: Preußen. Von den Anfängen bis zur Reichsgründung. Berlin 1975. S. 116.
Über Friedrich II. siehe Mittenzwei, Ingrid: Friedrich II. von Preußen. Berlin 1979.
10 Zitiert nach Vogler, Günter, und Klaus Vetter. a. a. O. S. 120.
11 Ebenda S. 119.
12 Zitiert nach Vehse, Eduard: Berliner Hof-Geschichten. Düsseldorf 1970. S. 202.
13 Ebenda S. 203.
14 Ebenda S. 204.
15 Ebenda S. 247–248.
16 Zitiert nach Stürzbecher, Manfred: Untersuchung über den Einfluß der medizinischen Versorgung auf den Gesundheitszustand der Berliner Bevölkerung im 18. Jahrhundert. Berlin 1961. S. 78.
17 Joachim, H.: Die neue preußische Medizinaltaxe historisch entwickelt. Berlin 1896.
18 Stadtarchiv Berlin Rep. 03. Armendirektion. Nr. 447 betr. Anstellung von vier Chirurgen.
19 Ebenda Nr. 509–512 betr. Organisation der Armenkrankenpflege.
20 Wille, Paul: Die Geschichte der Berliner Hospitäler und Krankenhäuser von der Gründung Berlins bis zum Jahre 1800. Berlin 1930.
21 Stadtarchiv Berlin Rep. 03. Armendirektion. Nr. 792–793 betr. Dorotheenspital.
Nr. 795 betr. Vereinigung des Dorotheen-, Koppeschen- und Spletthaus-Hospitals.
22 Ebenda Nr. 896–897 betr. Geschichte des Großen Friedrichs-Waisenhauses.

23 Siehe Jetter, Dieter: Geschichte des Hospitals. Band 1. Sudhoffs Archiv. Betr. 5. Wiesbaden 1966.
24 Zitiert nach Stürzbecher. a. a. O. S. 91.
25 Süßmilch, Johann Peter: Gedanken von den epidemischen Krankheiten des 1757ten Jahres. Berlin 1758. S. 9.
26 Zitiert nach Stürzbecher. a. a. O. S. 111–112.
27 Ebenda.
28 Ebenda S. 113.
29 Formey, Johann Ludwig: Versuch einer medizinischen Topographie von Berlin. Berlin 1796. S. 285.
30 Heischkel, Edith: Die Ärzte der Berliner Charité im 18. Jahrhundert. In: Ärzteblatt für Berlin 41 (1936). S. 673–678, 695–697.
31 Zitiert nach Vehse, Eduard a. a. O. S. 31.
32 Angaben nach Buchhold, E. W., und W. Köllmann: Raum und Bevölkerung in der Weltgeschichte. Bd. 2. Würzburg 1955.
33 Siehe hierzu Nitsche, Joachim: Die wirtschaftliche und soziale Lage der arbeitenden Klassen in Berlin von 1800 bis 1830. Berlin 1964.
34 Formey, Johann Ludwig, a. a. O. S. 86.
35 Siehe hierzu Skoda, Rudolf: Wohnhäuser und Wohnverhältnisse der Stadtarmut, dargestellt insbesondere an der Rosenthaler Vorstadt von Berlin zwischen 1750 und 1850. Weimar 1968.
Hegemann, W.: Das steinerne Berlin. Geschichte der größten Mietskasernenstadt der Welt. Berlin 1931.
36 Stadtarchiv Berlin. Rep. 03. Armendirektion. Nr. 1055 betr. Die physischen und moralischen Zustände der Bewohner der vom Baron von Wülckwitz erbauten Familienhäuser.
37 Stadtarchiv Berlin. Rep. 03. Armendirektion. Nr. 1051 betr. Überhandnehmen der Armut.
38 Zitiert nach Streckfuß, A.: 500 Jahre Berliner Geschichte. Berlin 1886. S. 575.
39 Formey, Johann Ludwig. a. a. O. S. 86.
40 Stadtarchiv Berlin. Rep. 03. Armendirektion. Nr. 19051. Vol. I. Bl. 21.
41 Ebenda Bl. 19.
42 Ebenda Bl. 21 ff., siehe auch Nr. 18575 Vol. I. Bl. 114.
Über die Zusammensetzung der Armenkommissionen siehe Rep. 03. Nr. 27–28.
43 Formey, Johann Ludwig. a. a. O. S. 17.
44 Artelt, Walter: Medizinische Wissenschaft und ärztliche Praxis im alten Berlin. Berlin 1948. S. 143.
45 Der alte Heim. a. a. O. S. 104.
46 Ebenda S. 107.
47 Ebenda S. 108.

48 Ebenda S. 126.
49 Ebenda S. 127.
50 Ebenda.
51 Tagebuch. a. a. O. S. 14.
52 Ebenda S. 32.
53 Ebenda.
54 Ebenda.
55 Ebenda S. 31.
56 Der alte Heim. a. a. O. S. 151.
57 Ebenda S. 109.
58 Choulant, Ludwig: Anleitung zur ärztlichen Praxis. Leipzig 1836. S. 172.
59 Vieler, Ingrid: Die deutsche Arztpraxis im 19. Jahrhundert. Mainz 1958.
60 Der alte Heim. a. a. O. S. 178–179.
61 Tagebuch. a. a. O. S. 14.
62 Zitiert nach Waldeyer-Hartz, Wilhelm von: Lebenserinnerungen. Bonn 1920. S. 272.

Kampf gegen die Pocken

1 Zur Geschichte der Pocken und ihrer Bekämpfung siehe Roland, Franz Peter: Geschichte der Pocken. Frankfurt/M. 1952.
Kübler, P.: Geschichte der Pocken und Impfungen. Berlin 1911.
Oldtmann, H.: Die Geschichte der Pocken, ein Kulturkampf der Medizin. Frankfurt/M. 1881.
2 Wernher: Das erste Auftreten und die Verbreitung der Blattern in Europa bis zur Einführung der Vaccination. Gießen 1882.
3 Zitiert nach Roland: Geschichte der Pocken. a. a. O. S. 36.
4 Zur Geschichte der Variolation siehe Olberg, Franz: Beiträge zur Literatur der Blattern und deren Einimpfung von 1768–90. Halle 1791.
Klebs, Arnold C.: Die Variolation im 18. Jahrhundert. Gießen 1914.
5 Kennedy, P.: An essay on external remedies. London 1715.
6 Pilarini, Anton: Nova et tuta variolas excitandi per transplantationem methodus, nuper inventa et in usum tracta. Venedig 1715.
7 Montagu, Mary: Briefe aus dem Orient. Stuttgart 1962.
8 Siehe Bergner, Tilly: Voltaire. Berlin 1976. S. 72–94.
9 Zitiert nach Genschorek, Wolfgang: Christoph Wilhelm Hufeland. Leipzig 1980. S. 54.
10 Baylies, William: Nachricht von der Pocken-Inokulation in Berlin. 1776.

11 Zitiert nach Artelt, W. a. a. O. S. 148.
12 Siehe hierzu Genschorek, W.: Christoph Wilhelm Hufeland. a.a.O.
13 Neue Ansichten zur Ausrottung der Blattern. In: Teutscher Merkur. 1786.
14 Zitiert nach Genschorek, W.: Hufeland. a. a. O. S. 55.
15 Fisk, D.: Doctor Jenner of Berkley. London 1959.
16 Zur Entwicklung der Literatur über die Kuhpockenimpfung siehe: Krünitz, Joh. G.: Verzeichnis der vornehmsten Schriften von den Kuhpocken und deren Einimpfung. Leipzig 1868.
17 Keßler, Georg Wilhelm a. a. O. Bd. 2. S. 122.
18 Reumont, Gerhard: Neueste Nachrichten aus England. In: Journal d. practischen Arzneykunst und Wundarzneykunst. Herausgegeben von Chr. W. Hufeland. 11 (1801). S. 182–187.
19 Hannoversches Magazin. 1800. Nr. XV–XVI.
20 Ebenda Nr. LXVII–LXXI.
21 Stromeyer, Georg Friedrich: Erinnerungen eines deutschen Arztes. Hannover 1875. S. 28–29.
22 Ebenda S. 30.
23 D. Marcus Herz an den D. Dohmeyer, Leibarzt des Prinzen August von England, über die Brutalimpfung und deren Vergleichung mit der humanen. Berlin 1801.
24 Zitiert nach Genschorek, W.: Hufeland. a. a. O. S. 143.
25 Ebenda S. 130.
26 Heim, Franz: Über den gegenwärtigen Stand der Vaccination und Revaccination in England. In: Heidelberger Klin. Annalen. Bd. 4 (1828) S. 66–99.
27 Archiv für medizinische Erfahrung. Herausgegeben von Horn. 1809. Bd. X.
28 Zitiert nach Heim. E. L.: Schriften. a. a. O. S. 111.
29 Willan, Robert: Über die Kuhpockenimpfung. Göttingen 1808.
30 Ebenda S. IV.
31 Journal der practischen Arzneykunst. a. a. O. März 1809.
32 Heim, E. L.: Schriften. a. a. O. S. 112–113.
33 Ebenda S. 113.
34 Ebenda S. 154.
35 Ebenda S. 162.
36 Journal der practischen Arzneykunst. a. a. O. 1810. Band IX.
37 Archiv für medizinische Erfahrung. Herausgegeben von Horn. 1811. Bd. II.
38 Heim, E. L.: Schriften. a. a. O. S. 171–172.
39 Ebenda S. 163.
40 Lüders, Adolph Friedrich: Versuch einer kritischen Geschichte der bei Vaccinierten beobachteten Menschenblattern, nebst Untersuchun-

gen über die Natur, die Ursachen und die Verhütung dieser Krankheit. 1824. S. 1–2.
41 Ebenda S. 3.
42 Ebenda S. 5.
43 Heim, E. L.: Schriften. a. a. O. S. 176.
44 Ebenda S. 177.
45 Ebenda.
46 Ebenda.
47 Ebenda S. 184–185.

»*Vater Heim*«

1 Keßler, Georg Wilhelm. a. a. O. Band 2. S. 69.
2 Ebenda.
3 Tagebuch. S. 102.
4 Zitiert nach Manfred, A. S.: Napoleon Bonaparte. Berlin 1978. S. 468.
5 Tagebuch. a. a. O. S. 103.
6 Ebenda.
7 Neue Beiträge zur Natur- und Arzneiwissenschaft. Herausgegeben von Selle. 1783. Teil 2.
8 Aufsätze und Beobachtungen aus der gerichtlichen Arzneiwissenschaft. Herausgegeben von J. T. Pyl.
9 Archiv für medizinische Erfahrungen. Herausgegeben von Horn. 1807.
10 Heim, E. L.: Schriften. a. a. O. S. 58.
11 Ebenda S. 59.
12 Ebenda.
13 Archiv für medizinische Erfahrungen. a. a. O. 1808.
14 Heim, E. L.: Schriften. a. a. O. S. 83.
15 Ebenda.
16 Archiv für medizinische Erfahrungen. a. a. O. 1809.
17 Heim, E. L.: Schriften. a. a. O. S. 99.
18 Ebenda.
19 Archiv für medizinische Erfahrungen. a. a. O. 1817.
20 Heim, E. L.: Schriften. a. a. O. S. 336.
21 Ebenda S. 364.
22 Ebenda S. 187.
23 Harles, Christian Friedrich: Einige praktische Bemerkungen über innere Entzündungen bei Kindern. 1810. S. 3.
24 Archiv für medizinische Erfahrungen. a. a. O. 1810. Bd. 12.
25 Heim, E. L.: Schriften. a. a. O. S. 280.
26 Ebenda.

27 Tagebuch S. 16.
28 Der alte Heim. a. a. O. S. 142–143.
29 Keßler, Georg Wilhelm. a. a. O. Bd. 2. S. 89.
30 Tagebuch. a. a. O. S. 108.
31 Keßler, Georg Wilhelm. a. a. O. Bd. 2. S. 91.
32 Tagebuch. S. 112.
33 Ebenda S. 118.
34 Der alte Heim. a. a. O. S. 104.
35 Keßler, Georg Wilhelm. a. a. O. S. 56.
36 Ebenda S. 76.
37 Ringseis, Johann Nepomuk: Erinnerungen. Bd. 1. Regensburg 1886. S. 177–178.
38 Ebenda.
39 Der alte Heim. a. a. O. S, 169.
40 Keßler, Georg Wilhelm. a. a. O. S. 146–147.
41 Ebenda S. 130.
42 Ebenda S. 137.
43 Ebenda S. 150.
44 Ebenda S. 154.
45 Heim, E. L.: Schriften. a. a. O. Einleitung.
46 Siehe hierzu Scurla, Herbert: Alexander von Humboldt, Berlin 1972. S. 263 ff.
47 Siehe hierzu Genschorek Wolfgang: Carl Gustav Carus. Leipzig 1980. S. 89 ff.
48 Zitiert nach Scurla, Herbert. a. a. O. S. 269–270.
49 Keßler, Georg Wilhelm. a. a. O. S. 163.
50 Ebenda S. 164.
51 Der alte Heim. a. a. O. S. 186.
52 Ebenda S. 191.
53 Ebenda S. 181–182.
54 Tagebuch. a. a. O. S. 32.
55 Ebenda.
56 Ebenda S. 119.
57 Ebenda.
58 Ebenda S. 71.
59 Keßler, Georg Wilhelm. a. a. O. S. 182.
60 Ebenda S. 199.
61 Ebenda S. 201.
62 Ebenda S. 129.

Literaturauswahl

Der alte Heim. Ein Familienbuch nach Briefen, Tagebuchaufzeichnungen, mündlicher und schriftlicher Überlieferung. Herausgegeben von Agnes Keßler. Berlin (1932).

Heim, Ernst Ludwig (Schriften in chronologischer Folge des Erscheinens)

De origine calculi in viis urinariis, quatenus est arthriditis effectus. Halae 1772.

Erfahrungen über die Furunkeln, nebst Beobachtungen über eine ansteckende Art derselben. In: Archiv für medizinische Erfahrung. Herausgegeben von Horn. 1808.

Einige Fälle von temporärem Verluste des Bewußtseins und der Empfindung bei sonst gesunden Individuen. In: Ebenda 1809.

Über die Diagnostik der falschen Pocken, mit Hinsicht auf die neuerlich behaupteten Fälle von echten Pocken nach vorhergegangener Vaccination. In: Ebenda 1809.

Erfahrungen über den Nutzen des Arseniks als Fiebermittel, nebst Anweisung zu einer zweckmäßigen Anwendungsart desselben. In: Ebenda 1810.

Noch zwei Worte über das Vorkommen echter Pocken nach vorhergegangenen echten Kuhpocken. In: Ebenda 1811.

Erfahrungen und Bemerkungen über Schwangerschaften außerhalb der Gebärmutter. In: Ebenda 1812.

Bemerkungen über die Verschiedenheit des Scharlachs, der Rötheln und Masern. Vorzüglich in diagnostischer Hinsicht. In: Journal der practischen Arzneykunst. Herausgegeben von Hufeland. 1812.

Von einer Bauchschwangerschaft, bei welcher das Kind zu vollen Tagen ausgetragen und durch den Bauchschnitt zur Welt gebracht wurde. In: Magazin für die gesamte Heilkunde. Herausgegeben von Rust 1818.

Von der idiopathischen hitzigen Herzentzündung. In: Ebenda 1819.

Meine jetzigen Ansichten über den Einfluß der Schutzblattern auf Menschenpocken. In: Archiv für medizinische Erfahrung. Herausgegeben von Horn. 1825.

Tagebuchaufzeichnungen aus den Jahren 1795 bis 1834. Deutsche Staatsbibliothek. Handschriftenabteilung. Ms. Boruss. quart 444tt.

Tagebuchaufzeichnungen aus den Jahren 1795 bis 1834. (Auswahl) Herausgegeben von Georg Siegerist. Berlin 1901. (Archiv Brandenburgia. Band 7.)

Vermischte medizinische Schriften. Berlin 1836.

Hertwig, Hugo: Der glückliche Heim. Roman-Biographie. Leipzig 1980.
Keienburg, Ernst: Doktor Heim. Lebensroman eines Volksarztes. Berlin 1985.
Keßler, Georg Wilhelm: Leben des königlich preußischen Geheimen Rathes und Doctors der Arzneiwissenschaft Ernst Ludwig Heim. Leipzig 1935.

Bildquellennachweis

Autor (35), Universitätsbibliothek, Leipzig (33), Karl-Sudhoff-Institut, Leipzig (7), Deutsche Staatsbibliothek, Berlin (7), Stadtarchiv, Berlin (3), K. Hartung von Hartungen (2)

Personenregister

In dieser Reihe sind erschienen:

Harald Breyer

Johann Peter Frank

184 Seiten mit 45 Abbildungen, 12,5 × 20 cm, Leinen 14,– M
Ausland 19,80 M
Bestell-Nummer 796 833 4

Johann Peter Frank, einst als „Fürst unter den Ärzten Europas“ gefeiert, von den Kaisern dreier Länder umworben, dessen Wort aber auch unter seinen zeitgenössischen Ärzten höchstes Gewicht hatte, ist heute selbst unter den Hygienikern kaum noch als einer der Begründer ihrer Fachdisziplin in Erinnerung. Als Arztpersönlichkeit des ausgehenden 19. Jahrhunderts, versuchte Frank im Geiste der Aufklärung die neuesten Erkenntnisse aller Zweige der Medizin den Menschen seiner Zeit nutzbar zu machen. Aus heutiger Sicht, kann J. P. Franks Schaffen für die Entwicklung der Medizin und des öffentlichen Gesundheitswesens seiner Zeit, als epochal angesehen werden. Der Autor würdigt mit dieser Biographie in eindrucksvoller Weise und mit großer Detailtreue das Leben und Schaffen J. P. Franks und gibt damit gleichzeitig auch einen Einblick in die gesellschaftlichen Verhältnisse dieser Zeit.

S. Hirzel Verlag Leipzig

Harald Breyer

Max von Pettenkofer

3., unveränderte Auflage 1985, 234 Seiten mit 65 Abbildungen, 12,5 × 20 cm,
Leinen 14,– M; Ausland 19,80 M
Bestell-Nummer 796 813 1

In Max von Pettenkofer (1818–1901) tritt dem Leser ein vielschichtiger, von inneren Widersprüchen nicht freier, bedeutender Wissenschaftler entgegen. Obwohl promovierter Mediziner, war Pettenkofer niemals als praktizierender Arzt tätig. Seine Arbeiten galten der naturwissenschaftlichen Hygiene, einem damals völlig neuen Fachgebiet der Medizin, und legten somit den Grundstein der modernen Hygiene.

Die Reihe „Humanisten der Tat“ ist eine Gemeinschaftsausgabe mit dem Verlag B. G. Teubner Verlagsgesellschaft Leipzig.

S. Hirzel Verlag Leipzig